普通高等学校规划教材

高校学生安全知识教育

周德贵　主编

人民交通出版社股份有限公司
China Communications Press Co.,Ltd.

内 容 提 要

本书以高校安全管理工作实践、学生安全教育工作实践为基础编写。全书共15章,围绕大学生安全教育的实用知识,将学术性和应用性有机结合。着重介绍当今社会背景下传统意义上的安全防范知识,以及"互联网+"时代下的安全防范、法治与廉洁意识培养和对自然灾害的应对。

本书既可以作为高校进行安全教育的教材,也可以作为大学生教育中从事安全教育的教师、学生工作干部、保卫干部、安全管理干部的参考用书。

图书在版编目(CIP)数据

高校学生安全知识教育 / 周德贵主编 . —北京:人民交通出版社股份有限公司, 2019.8
ISBN 978-7-114-15749-3

Ⅰ.①高… Ⅱ.①周… Ⅲ.①大学生—安全教育 Ⅳ.①G641

中国版本图书馆 CIP 数据核字(2019)第 154876 号

普通高等学校规划教材

书 名:	高校学生安全知识教育
著 作 者:	周德贵
责任编辑:	刘永芬
责任校对:	孙国靖 扈 婕
责任印制:	张 凯
出版发行:	人民交通出版社股份有限公司
地 址:	(100011)北京市朝阳区安定门外外馆斜街 3 号
网 址:	http://www.ccpcl.com.cn
销售电话:	(010)59757973
总 经 销:	人民交通出版社股份有限公司发行部
经 销:	各地新华书店
印 刷:	北京市密东印刷有限公司
开 本:	787×1092 1/16
印 张:	15.25
字 数:	357 千
版 次:	2019 年 8 月 第 1 版
印 次:	2023 年 8 月 第 7 次印刷
书 号:	ISBN 978-7-114-15749-3
定 价:	45.00 元

(有印刷、装订质量问题的图书由本公司负责调换)

《高校学生安全知识教育》编委会

主　　编：周德贵

副主编：薛　勇　黄廷强　石加友

编　　委：孙渝莉　任海涛　童　隆　彭亚聪　庞贺峰
　　　　　苗国厚　王琬琼　黄警秋　宋　鹄　周书华
　　　　　唐　镭　杨　凡　曾　兵

前　言

大学生安全教育是当今高校教育工作的重要组成部分，推进安全教育进课堂、进教材、进头脑，使大学生接受正规、系统的安全教育和培训，有利于解决大学生安全防范知识、法律知识欠缺等问题，有利于大学生在面临危险时，有更多的方法和知识来应对和处置，减少和避免不必要的经济损失和人身伤害。

大学生是祖国未来发展和建设的希望。高校的安全教育工作是否到位，直接关系到高校学生能否健康成长，关系到高校是否可以健康有序地发展，关系到社会的稳定和进步。因此，加强学校安全教育，是大学生全面健康发展的重要前提，是高校教学事业顺利开展的保证，是学校教育工作的一项重要内容。

加强大学生的安全教育，提升大学生的安全意识和自救自护能力，是坚持以人为本、关心爱护学生的重要体现，是加强学校安全稳定工作的重要基础，也是推进"平安校园"建设的重要措施。本书的作者长期从事大学生思想政治教育和学校安全管理工作，直接参与大学生安全教育，在广泛深入师生调查研究、收录现实案例和广泛借鉴先进研究成果的基础上编写了本书，内容紧贴高校实际，具有较高的知识性、针对性和系统性。

这本安全教育教材，是中国高等教育学会"十三五"规划课题"大学生人生教育理论与实践系统研究"（16ZD025）的阶段成果。编写本书的宗旨是：促使大学生从讲政治、保稳定的高度出发，充分认识安全的重要性和必要性，增强大学生参与安全教育的责任感和使命感，从而牢固树立"珍爱生命，珍爱健康"的理念，进一步增强对国家、对社会、对家庭、对自己的责任意识，增强安全意识和法治观念，提高安全防范和应急救护能力。希望大学生通过本书的学习，掌握安全相关知识，为自己未来的幸福和健康发展撑起一片蓝天。

作　者
2019 年 8 月

目　　录

第一章　大学生安全教育概述 … (1)
第一节　大学生安全教育的必要性 … (1)
第二节　大学生安全教育的意义 … (2)

第二章　国家安全 … (5)
第一节　国家安全的概念 … (5)
第二节　大学生与国家安全 … (6)

第三章　消防安全 … (7)
第一节　消防常识 … (7)
第二节　火灾成因 … (13)
第三节　火场逃生自救 … (15)

第四章　交通安全 … (18)
第一节　交通安全常识 … (18)
第二节　交通事故成因 … (37)
第三节　交通事故的预防和处理 … (39)

第五章　人身安全 … (45)
第一节　防溺水伤害 … (45)
第二节　防家教陷阱 … (48)
第三节　防校外租房风险 … (50)
第四节　防性骚扰、性侵害 … (52)
第五节　电梯自救及案例 … (55)
第六节　应对校园滋扰 … (57)
第七节　远离非法组织 … (59)

第六章　财产安全 … (61)
第一节　宿舍防盗 … (61)
第二节　校园公共场所防盗 … (65)
第三节　旅途财产安全 … (67)
第四节　校园内防抢 … (69)
第五节　防止飞车抢夺 … (71)
第六节　远离传销 … (72)
第七节　避免求职陷阱 … (75)

第七章　网络安全 ……（78）
- 第一节　网上购物与就业安全 ……（78）
- 第二节　网上个人信息安全 ……（84）
- 第三节　银行卡诈骗 ……（85）
- 第四节　正确认识校园贷款 ……（88）
- 第五节　网络交友需谨慎 ……（92）
- 第六节　正确应对网络不良信息 ……（93）
- 第七节　沉溺网络的危害 ……（96）

第八章　日常生活安全 ……（98）
- 第一节　注意饮食安全 ……（98）
- 第二节　常见病、伤的预防和处理 ……（102）
- 第三节　正确就医用药 ……（106）
- 第四节　倡导健康生活方式 ……（108）
- 第五节　严防疾病传染 ……（109）
- 第六节　实习实验安全 ……（112）
- 第七节　文体活动安全 ……（116）

第九章　心理健康安全 ……（119）
- 第一节　拒绝赌博 ……（119）
- 第二节　远离毒品 ……（121）
- 第三节　正确对待爱情 ……（123）
- 第四节　维护心理健康 ……（125）

第十章　养成教育 ……（130）
- 第一节　养成教育的现状及必要性 ……（130）
- 第二节　养成教育的特征和内容 ……（135）
- 第三节　养成教育的实施途径 ……（139）

第十一章　生命教育 ……（142）
- 第一节　热爱生命　成就生命 ……（142）
- 第二节　尊重生命　珍惜生命 ……（145）

第十二章　挫折教育 ……（150）
- 第一节　挫折与挫折教育 ……（150）
- 第二节　大学生挫折承受能力提升 ……（154）
- 第三节　挫折防卫机制运用与挫折心理应对 ……（159）

第十三章　法治教育 ……（163）
- 第一节　加强法治教育　增强法治观念 ……（163）

第二节　加强法治教育　增强自我保护能力 …………………………（168）
　　第三节　加强法治教育　提高道德修养 ……………………………（172）
第十四章　廉洁教育 ………………………………………………………（177）
　　第一节　腐败 …………………………………………………………（177）
　　第二节　廉洁 …………………………………………………………（183）
　　第三节　大学生廉洁教育 ……………………………………………（187）
第十五章　自然灾害 ………………………………………………………（191）
　　第一节　应对雷电 ……………………………………………………（191）
　　第二节　应对暴雨、洪水、泥石流、滑坡 …………………………（194）
　　第三节　应对地震 ……………………………………………………（199）
附录1　中华人民共和国高等教育法 ……………………………………（202）
附录2　普通高等学校学生安全教育及管理暂行规定 …………………（209）
附录3　普通高等学校学生管理规定 ……………………………………（212）
附录4　学生伤害事故处理办法 …………………………………………（221）
附录5　高等学校校园秩序管理若干规定 ………………………………（226）
参考文献 ……………………………………………………………………（229）

第一章　大学生安全教育概述

第一节　大学生安全教育的必要性

高校的"大安全"面临严峻的形势，表现在以下几个方面：

一、高校方面

高校安全问题是一个"老生常谈"的话题，但是近年来，高校中发生的"惨案"依然屡见不鲜。究其原因，一方面是高校学生安全意识和教育相脱节，安全观念没有深入人心。一些高校只注重学生的应试教育和就业效果，把安全工作摆在了次要的地位，认为学生的主要任务就是学习，评优以课程成绩为主，过英语四、六级是硬性要求，考研找工作成了高校学生的奋斗目标。在这种教育机制下，学校完全忽视了安全教育的重要性。另一方面是学校对其重视程度不够，各种监管和机构设置不到位。"三无"现象继续存在，无专门机构开展安全教育，无专门的师资，无专门的课程和教材。这些无疑会使高校安全教育在理论和实践上成为空中楼阁，使得高校不能积极有效地应对突发事件。

二、境内外敌对势力的渗透、颠覆和破坏活动不断

当今社会，虽说"冷战"结束，两极分化解体，但西方一些反华势力的冷战思维仍然阴魂不散，他们出于各种目的的考虑，根本不愿意看到一个强大、统一的社会主义中国存在并日益发展。境内外敌对势力相互勾结，进行一些渗透、颠覆和破坏活动，对我国的社会稳定造成极为不利的影响，这一影响也成为高校不安全的潜在因素之一。一部分高校学生由于思想单纯，缺乏判断力，对西方世界盲目轻信，很容易成为敌对势力的利用对象。

三、民族分裂势力的破坏

中国自古以来就是一个多民族国家，各民族之间形成一种平等互助的关系。自中华人民共和国成立以来，根据各少数民族大散居、小聚居的特殊情况，国家制定了民族区域自治制度，各族人民获得了前所未有的民主权利。但一些少数民族分裂分子肆意诋毁民族区域自治的政策，通过各种途径妄图分裂国家。不可否认，这些民族分裂势力的背后有一些境外敌对势力的支持和鼓动，殊不知他们自己实际上是在充当反华势力的"马前卒"，为国人所不齿。这些民族分裂势力的活动往往呈现出恐怖主义倾向，因而对社会和高校安全存在巨大的威胁。

四、非法宗教势力的活动

随着社会的发展，人们的宗教信仰也更加多样化。我国实行宗教信仰自由的政策，保护人民群众的宗教信仰自由不受干扰。政府通过各种方式积极引导宗教与社会主义相适应，依法管理宗教事务，同时引导宗教活动服从和服务于国家的最高利益和民族的整体利益，努力挖掘和发扬宗教中的积极因素，为祖国统一、民族团结和社会发展贡献自己的力量，成为构建和谐社会的积极因素。但是，部分不法分子披着宗教的外衣进行一些非法活动，具有很

大的迷惑性;一些高校学生由于对宗教不尽了解,很容易成为非法宗教势力利用和伤害的目标。

五、有害网络信息的负面影响

网络的普及是一把双刃剑,人们在充分享受网络带来便捷的同时,不可避免地遭受着网络不良信息的侵害,比如暴力游戏、色情、邪教等,这些不良网站利用高校学生意志力不强和处于青春期的特点,通过一些具有强烈感官刺激的图片、视频等引诱高校学生追求不良的生活方式。少数学生上网成瘾,为满足上网需要,不仅花费大量时间损害自己的身体,甚至走上了抢劫、偷盗的犯罪道路。网络游戏的暴力倾向也反映到现实生活中,少数学生模仿游戏中的方式,通过暴力解决问题,甚至因为一点生活琐事将别人致死致伤,造成了不可估量的损失和伤害。

第二节　大学生安全教育的意义

一、高校安全教育体系建设是实现整个社会安全的有效途径

在安全视野下,不仅能形成新型高校安全理念,在安全稳定的环境中培养造就高素质人才,为高校安全管理以及安全预警提供建设性意见,这是促进学校发展的内在要求和有效途径。而且针对目前较为严峻的公共安全形势,高校适时加强大学生公共安全教育已是大势所趋。通过安全教育,可以激发大学生参与公共事务的热情,培养社会责任感和公德意识,从而带动整体国民公共道德水平和整体安全意识的稳步提高,这是构建和谐社会精神的具体体现。

一方面,高校是社会主义社会建设的重要组成部分,而高校的主体——学生也将会走向社会,融入社会,参与社会的大循环,加入到市场经济这个新的大熔炉中。构建高校的校园"大安全",不仅让即将步入社会的"新鲜血液"增强自身的安全防范意识,敢于和社会一些不安全行为做斗争,保护自己和他人的合法权益,同时教育学生在未来的工作和生活中做到以诚待人,用正能量去感染周围的人,使自己在他人心中建立良好的形象。

另一方面,加强高校安全体系建设有利于增强校园每一个成员的大安全意识,即国家安全意识。目前,我国经济迅速发展,综合国力不断增强,国际地位不断提升,但却淡化了国家安全意识,特别是高校学生,由于利益驱使,思想变得麻木;甚至有些学生,在这种和平的大环境下放松了对国内外不法分子和敌对势力的警惕,泄露国家机密,给国家安全和经济等方面造成重大损失。总之,我们国家现在面临着前所未有的考验,严峻的国际国内形势要求高校的每一个成员都提高安全意识。特别是高校学生,作为祖国未来的建设者和接班人,更需要强化安全观念,时刻注意自身安全意识的培养,并引导和教育身边的人,树立新的安全观。

二、高校安全教育体系建设是提高校园管理水平的需要

随着改革开放的不断深入,校园逐渐开放。校园管理方式更加社会化,办学形式相对多样化,而学生结构也呈现复杂化趋势,这就造成校园治安形势不容乐观的局面:高校由原来单一的教学封闭型环境转为全方位、多功能、开放型的"小社会"。校园内不仅有教学区、生活区,还有相配套的生活设施,如超市、书店、医院、小餐馆等,这使得高校的不安全因素增多,诸如校园偷盗、抢劫诈骗等犯罪活动频发,直接影响高校的健康发展和安全稳定。一些

高校合并办学,打破了原来院校独立办学的格局,不仅增加了学生和教职工数量,还增大了校园面积,这就使得各校区相对分散,而相邻校区之间的车流增多,又让校园交通安全存在一定的隐患。

当前高校周边的治安形势依然严峻,侵害学校师生人身及财产安全的治安、刑事案件时有发生。据有关数据统计表明:高校内发生的治安、刑事案件或安全问题,大多数与学生有关,这些问题的发生,不仅会给学生自身和学生家庭造成伤害,而且也会直接影响学校正常的教学和生活秩序,严重时将危及整个社会的稳定,带来的损失和消极影响不可估量。

三、高校安全教育体系建设是提高高校学生自我保护能力的需要

近年来,人们经常能听到一些关于高校校内外学生发生意外的事件,这些事件发生的原因各不相同,但是有一个不可否认的共同之处,那就是大多数当事人对意外事故的发生没有任何的心理准备和自我保护意识,面对伤害不知所措。当前,高校学生的自我防范意识和自我保护能力主要存在以下几个方面的问题:

第一,缺乏社会经验。现在的高校学生大多是在父母和老师的呵护下长大的,没有经受过什么挫折,思想比较单纯,对社会上的不良风气和坏人坏事缺乏理性的认识,没有自我管理贵重物品的经验,很容易发生一些财物被盗或上当受骗的事件。还有一部分学生在受到不法侵害时,不知道如何用正确有效的方法保护自己。

第二,缺乏安全防范意识。高校学生安全防范意识淡薄,对可能发生的各种安全问题缺乏必要的重视和警惕,忽视种种安全隐患。如宿舍未锁门,随意摆放贵重物品,违反学校宿舍安全规定,在宿舍随意拉电线、违章使用电器等。

第三,缺乏对社会消极因素的抵御能力。在社会转型期,各种思想随着市场经济进入中国,西方一些资产阶级腐朽思想也随之进入。对于高校学生来说,他们的价值观仍未成熟,又很容易被蛊惑和引诱,一些学生自觉或不自觉地受到拜金主义、享乐主义的侵蚀。

对学生而言,学校是人生的大课堂,是微缩的小社会,安全教育与每一位高校学生息息相关。高校的安全效用不仅影响着学校,还影响着社会。而大学生安全教育视野下的高校安全教育体系,不仅要培养学生的安全意识,更要提高学生的自我保护能力。

四、高校安全教育体系建设是建设和谐校园,促进高校健康、有序、快速发展的需要

第一,大学生安全教育视野下高校安全教育体系,有利于整合高校各种资源,协调不同利益群体之间的关系,使全体高校教职工都能各尽其所,各得其所,发挥其最大价值,为高校的可持续发展提供强大的动力支持和有力的保障。

第二,大学生安全教育视野下高校安全教育体系,有利于维护校园和谐。维护校园稳定,保持安定团结的校园局面,是全体师生共同的愿望,是维持正常教学秩序的重要保障,是做好各项工作的重要前提。只有校园安全了,广大师生员工才能一心一意干事业,求发展。

第三,大学生安全教育视野下高校安全教育体系,有利于增加校园的创新能力。创新能力是学校的生命力,"大安全"教育有利于高校安全的构建,校园环境是增强学校创新能力的重要保障。只有在平安和谐的环境中,学生学的积极性、教师教的积极性、干部和职工工作的积极性才能得到充分调动,这是办好学校、促进学校可持续发展的必要条件。只有这样,学生的创造性才能得到尊重和保护,学生的个性特长才能得到承认和发挥,学校的创新能力

才能不断增强,学校的发展步伐才能逐渐加快。

五、安全教育是解决高校共同面临的各种公共安全问题的现实需要

大学生是一个同质性较强的群体,公共安全问题在当前已上升到了一个新的层级。构建安全教育体系能有效促进安全工作的制度建设、技防设施建设和安全保卫及应急队伍等建设,能做到人防、物防、技防和制度防的高度统一。全面提高安全防范能力,能使开展大学生安全教育不再是单个学校处理个别公共安全事件的应急任务,而是所有高校都必须履行的重要职责。

第二章 国家安全

在中国,中华人民共和国国家安全部统一管理国家安全工作。2014年1月24日,为了进一步完善国家安全体制和国家安全战略,确保国家安全,中共中央决定设立国家安全委员会。

第一节 国家安全的概念

国际关系学院编著的《国家安全学》一书中对"国家安全"概念的论述为:国家安全是国家的基本利益,是一个国家处于没有危险的客观状态,也就是国家没有外部的威胁和侵害,也没有内部的混乱和疾患的客观状态。当代国家安全包括10个方面的基本内容:国民安全、领土安全、主权安全、政治安全、军事安全、经济安全、文化安全、科技安全、生态安全、信息安全,其中最基本也是最核心的是国民安全。

《中华人民共和国国家安全法(2015)》第二条:"国家安全是指国家政权、主权、统一和领土完整、人民福祉、经济社会可持续发展和国家其他重大利益相对处于没有危险和不受内外威胁的状态,以及保障持续安全状态的能力。"

国家安全就是一个国家处于没有危险的客观状态,也就是国家既没有外部的威胁和侵害,又没有内部的混乱和疾患的客观状态。这是国家安全的基本含义。

首先,国家安全是国家没有外部的威胁与侵害的客观状态。所谓外部的威胁与侵害,大致可分为外部自然界的威胁和侵害与外部社会的威胁和侵害两大类,但由于国家安全是一种社会现象,国家的外部威胁和侵害也就主要是指处于一国之外的其他社会存在对本国造成的威胁和侵害。从威胁和侵害层面看,这种外部威胁和侵害包括:①其他国家的威胁;②非国家的其他外部社会组织和个人的威胁,如某些国际组织或地区组织对某国的威胁和侵害;③国内力量在外部形成的威胁和侵害,如国内反叛组织在国外从事的威胁和侵害本国的活动。

其次,国家安全是国家没有内部的混乱与疾患的客观状态。危及国家生存的力量不仅来源于一个国家的外部,而且还时常来源于一个国家的内部。国内的混乱、动乱、骚乱、暴乱,以及其他各种形式的疾患,都会直接危害到国家生存,导致国家的不安全。因此,国家安全必然包括没有内部混乱和疾患的要求。仅仅是没有外部的威胁和侵害,国家并不一定就会安全。

最后,只有在同时没有内外两方面的危害的条件下,国家才安全,因此,只有这两个方面的统一,才是国家安全的特有属性。无论是"没有外部威胁",还是"没有内部混乱",都不是国家安全的特有属性,由此并不能把国家安全与国家不安全完全区别开来,单独从这两个方面的任何一方来定义国家安全,都是片面的、无效的。但是,如果把这两个方面结合起来,表述为"既没有外部威胁和侵害,又没有内部混乱与疾患",那么这就把国家安全与国家不安全区别开了,因而也就抓住了国家安全的特有属性,从而形成一个真实有效的定义:"国家安全是国家既没有外部威胁和侵害也没有内部混乱与疾患的客观状态。"

第二节　大学生与国家安全

大学生作为中国特色社会主义事业的建设者和接班人，更应成为国家安全和利益的自觉维护者。

第一，要牢固树立国家利益高于一切的观念。国家安全涉及国家社会生活的方方面面，是国家、民族生存与发展的首要保障。科学技术没有国界，但知识分子不能没有自己的祖国。居安思危，把国家安全放在高于一切的地位，既是国家利益的需要，又是个人安全的需要，也是世界各国的一致要求。

第二，要密切关注国际斗争形势，增强敌情观念和防范意识。大学生应站在国家利益与国家安全的高度，学会运用辩证唯物主义和历史唯物主义的立场、观点和方法，从纷繁复杂的国际斗争形势中认清敌对势力对我们进行渗透、颠覆和破坏的险恶用心和真实面目，克服麻痹思想，保持清醒头脑，增强责任意识，充分认识西方不良文化的恶劣影响，坚决抵制不良文化观念的侵蚀。在对外交往中，既要热情友好，又要内外有别、不卑不亢；既要珍惜个人友谊，又要牢记国家利益；既要争取各种帮助、资助，又不失国格、人格。

第三，要努力掌握维护国家安全的有关法律、法规。改革开放以来，我国先后制定了大批有关国家安全和国家安全工作的法律、法规、规章及其他规范性文件，初步形成了较为完整的国家安全法律的体系框架，为依法开展国家安全工作，防范、制止和惩治危害我国国家安全的违法犯罪行为提供了有力的法律武器。大学生应努力学习，掌握维护国家安全的有关法律、法规，明确什么是危害国家安全的行为、公民和组织维护国家安全的义务和权利以及危害国家安全的法律责任等，进一步增强法律意识和国家安全意识，增强维护国家安全的责任感、义务感和荣誉感。

第四，要积极配合国家安全机关的工作。我国宪法和国家安全法规定，中华人民共和国公民有维护祖国的安全、荣誉和利益的义务，不得有危害祖国的安全、荣誉和利益的行为；国家安全机关是国家安全工作的主管机关；国家安全机关在国家安全工作中必须依靠人民的支持，动员、组织人民防范、制止危害国家安全的行为。为此，每个学生应深刻认识到，维护国家的安全和利益，不仅是国家安全机关的神圣职责，也是每个公民和组织应当履行的法定义务。它主要包括：公民和组织应当为国家安全工作提供便利条件或者其他协助；公民发现危害国家安全的行为，应当直接或者通过所在组织及时向国家安全机关或者公安机关报告；在国家安全机关调查了解有关危害国家安全的情况、收集有关证据时，公民和有关组织应当如实提供，不得拒绝等。

第三章 消防安全

水火无情,火灾不仅带来了巨大的经济损失,还会断送人的性命。然而,现实生活中到处都存在着潜伏的火灾危机,人们的生命和财产处于火灾的威胁之中。隐患险于明火,防患胜于救灾。因此,将与人们生活息息相关的消防知识和技能作为学习课题,让大学生全面了解学校的消防现状,探寻提高高校消防安全意识的途径,掌握必要的消防安全技能,对提高大学生的自我保护与救助能力,具有重要的现实意义。

第一节 消防常识

火灾是指在时间或空间上失去控制的燃烧所造成的灾害。所谓燃烧是指可燃物与助燃剂作用发生的放热反应,通常伴随有火焰、发光和发烟现象。燃烧必须同时具备可燃物、助燃物和着火源三个条件,缺一不可。有时在一定的范围内,虽然三个条件具备,但由于它们没有互相结合、互相作用,燃烧的现象也不会出现;破坏燃烧的任何一个条件,火都会熄灭。消防安全不是一切,但失去了安全就没有了一切,必须使学生们充分认识火灾及其危害性,提高安全防范意识,切实加强消防知识的学习,提高自防自救能力。只有这样,才能有效地预防和减少火灾危害,营造一个安全的学习和生活环境。

一、火灾的发展规律

人们在实践中认识到,多数火灾是从小到大、由弱到强,逐步形成的。火灾的形成过程一般分为初起、成长、猛烈、衰退四个阶段,前三个阶段是造成危害的关键。

1. 火灾初起阶段

一般固体可燃烧物质发生燃烧,火源面积不大,火焰不高,烟和气体的流速不快,辐射热不强,火势向周围发展的速度比较缓慢。这段时间的长短,随建筑物结构及空间大小的不同而不同。在这种情况下,只需少量的人力和简单的灭火工具就可以将火扑灭。

2. 火灾成长阶段

如果初起阶段的火未被发现或扑灭,随着燃烧时间的延长,燃烧强度增大,温度逐渐上升,燃烧区内逐步被烟气所充满,周围的可燃物在短时间内被加热,此时气体对流增强,燃烧速度加快,燃烧面积迅速扩大,会在一瞬间形成一团大的火焰。在这种情况下,必须有一定数量的人力和消防装备,才能及时有效地将火扑灭。

3. 火灾猛烈阶段

随着燃烧时间的延长,燃烧速度不断加快,燃烧面积迅速扩大,燃烧温度急剧上升,持续温度达 600~800℃,辐射热最强,气体对流达到最高速度,燃烧物质的放热量和燃烧物达到最高数值,此时建筑材料和结构受到破坏,会发生变形或倒塌。这段时间的长短和温度高低,取决于建筑物的耐火等级。在这种情况下,需要组织较多的灭火力量和花费较长的时间,才能控制火势,扑灭大火。

4. 火灾衰退阶段

猛烈燃烧后,火势衰退,室内温度下降,烟雾消散,火灾渐渐平息。

二、高校常见的火灾类型

高校发生的火灾根据发生的原因可分为生活火灾、电气火灾、自然现象火灾、人为纵火等类型。

1. 生活火灾

生活用火一般是指人们的炊事用火、取暖用火、照明用火、吸烟、烧荒、燃放烟花爆竹等,由生活用火造成的火灾称为生活火灾。随着社会的全面进步发展,炊事、取暖用火的能源选择日益广泛,有燃气、烧煤、烧油、烧柴、用电等多种形式。大学生生活用火造成的火灾现象屡见不鲜,原因也多种多样,主要有:在宿舍内违章乱用燃气、燃油、电器火源;火源位置接近可燃物;违反规定存放易燃易爆物品;使用大功率照明设备,用纸张、可燃布料作为灯罩;乱扔烟头,躺在床上吸烟;在室内燃放烟花爆竹;玩火等。

案例:2010年12月5日深夜2时许,某高校19号男生公寓发出爆炸声,浓烈的燃烧异味迅速蔓延。不少同学被惊醒,跑到楼下"避难"。经查,一名男生在该公寓五楼一开放阳台处打电话,随手丢弃烟头,引燃了堆积的塑料袋、塑料瓶等垃圾,放置在此处的自行车被烧爆胎。所幸,这起火灾被及时控制,没有造成人员伤亡。

2. 电气火灾

目前大学生拥有大量的电器设备,大到电视机、计算机、洗衣机等,小到台灯、充电器、电吹风机,还有违章购置的电热炉、电热毯,甚至电饭锅等。由于学生宿舍所设电源插座较少,少数学生违章乱拉电源线路,不规范地安装操作致使电源短路、断路、节点接触电阻过大、负荷增大等引起电气火灾的隐患因素较多。所购置的电器设备如果不合格,也是致灾因素。而电器的超量使用,引发火灾的危险性最大。

案例一:2015年国庆节前后,德州市某大学化学系一男生在宿舍内给电瓶车的电瓶充电时,正在充电的电瓶突然爆炸,导致宿舍失火。所幸,那个时段学生们正在教学楼上晚自习,宿舍内没有学生,火灾没有造成人员伤亡。

案例二:2016年1月10日上午11点35分左右,北京某大学实验室一房间内冰箱发生燃烧,所幸被及时扑灭。据公安消防部门初步调查,系因冰箱电线短路引发自燃,过火面积约$2m^2$,现场无人员伤亡及其他财产损失。

案例三:2015年8月4日中午12时许,某高校学生宿舍2号楼四楼的一个房间起火,火情被及时控制。因起火时宿舍内没有学生,事故未造成人员伤亡。起火的宿舍被烟尘熏黑,不少墙皮被烧得脱落,室内物品除了床架外都被烧坏。起火原因是一名同学在宿舍内使用吹风机,宿舍突然停电后,她下楼充值买电。宿舍来电后,因吹风机未断电,运行的吹风机引燃了宿舍的被褥。

3. 自然现象火灾

自然现象火灾并不常见,这类火灾基本有两种:一是雷电,二是物质的自燃。

雷电是常见的自然现象,它是大气层运动产生高压静电再放电,放电电压有时达到几万伏,释放能量巨大。当作用于地球表面时,具有相当大的破坏性,产生的电弧可成为引起火灾的直接火源,摧毁建筑物或窜入其他设备可引起多种多样的火灾。预防雷电火灾必须合理安装避雷设施。自燃是物质自行燃烧的现象。如黄磷、锌粉、铝粉等燃点低的一类物质在自然环境下就可燃烧;钾、钠等碱金属遇水即剧烈燃烧;不干燥的柴草、煤泥、沾油的化纤、棉纱等大量堆积,经生物作用或氧化作用聚集大量热量,物质达到自燃点而自行燃烧发生火灾。所以,对易燃物品一定要以科学的态度和手段加强日常管理。

4.人为纵火

人为纵火都带有一定的目的,一般多发生在晚间夜深人静之时,有较大的危害性。有旨在毁灭证据、逃避罪责或破坏经济建设等多种形式的刑事犯罪分子纵火,还有旨在烧毁他人财产或危害他人生命的复仇纵火等。这类纵火都是国家严厉打击的犯罪行为。另外,还有精神病人纵火,是由于病人对自己的行为无法控制而产生的,所以,精神病人的监护人一定要履行好自己的监护职责。

案例:2009年9月11日晚,济南市大学科技园某高校学生公寓地下室发生火灾。所幸,火情发现得早,火灾被及时扑灭,没有造成重大损失。经学校保卫部门查证,嫌疑人系某学院大四学生任某。任某交代,他在担任社团负责人期间,和社团成员关系不和,被他们告到学院。他还怀疑他们故意把留有自己联系电话的寻同性恋野广告张贴在教学楼公共厕所内,经常有陌生人对他进行电话骚扰,影响了他正常的学习生活,诱发了他打击报复、纵火焚烧社团财物的违法行为。

三、发生火灾时人的心理与行为的误区

遭遇火灾的一些人汇集成群,共同拥有不安和恐惧的情绪,虽然害怕和恐惧的程度因人而异,但都显示出发生火灾时特有的心理,会导致比火灾本身更加严重的灾害。这个人群是由本无联系的人未经组织而形成的团体,混乱时,如果没有可依赖的人,就必定会陷入周围的氛围中;由于共同具备的不安,就易于听从谣言或受错误的诱导。从心理角度看,人群具有下列特征:

1.都因为有共同关心的问题而聚集在一起

该团体是偶然、临时产生的,是一个没有任务分担的团体,易受周围人的情绪支配。

2.愿意靠近人群

人们是由于某种原因汇集到一起的,这些汇集起来的人群会产生从众心理。遇到火灾时的烟雾、异臭、停电、嘈杂等状况,常常会产生恐慌,加上不了解周围环境,人们常常无法做出冷静的判断。比如在逃离时,往往会返回到来时的线路上,由此可能会造成更大的险情。

3.朝着光亮处

人们在日常生活中,除了就寝之外,大部分时间生活在明亮的环境下。对黑暗都有一种不安的感觉。因此,当突如其来的烟雾遮挡住视线,陷入无法照明的黑暗世界时,习惯上都会朝着有亮光的方向逃生。

4.回避危险

遇到烟和火时,人们往往会朝着没有烟和火的方向逃生。逃生行动往往变成只着眼于脱离眼前危险的单纯行动。被烟和火围困没有其他办法逃生时,往往会采取从高处跳下等意想不到的冲动行为。

5.随大流

人们往往不是靠自己的判断来确定逃生的方向,而是跟随前面的人或是走在大多数人的后面。

6.其他

由于烟雾和火的刺激,人的判断力减弱以及身体不适会使人惊慌失措,从而延误采取正确行动的时机。其中某一个因素往往就会导致恐慌的发生。

知识链接

1.根据《中华人民共和国刑法》第一百一十四条和第一百一十五条规定,犯了放火罪的,尚未造成严重后果的,处三年以上十年以下有期徒刑;致人重伤、死亡或者使公私财产遭受重大损失的,处十年以上有期徒刑、无期徒刑或者死刑。

2.根据《中华人民共和国刑法》第一百一十五条的规定,犯失火罪的,处三年以上七年以下有期徒刑;情节较轻的,处三年以下有期徒刑或拘役。

四、消防的相关标识

通过学习消防相关的标志标识(图 3-1),可以在一定程度上预防火灾的发生,并在火灾发生时可以更加快捷地逃离火场或协助灭火,减少火灾所造成的损失与影响。

序号	图　案	名　称
1		禁止吸烟
2		禁止放易燃物
3		禁止烟火
4		禁止燃放鞭炮

图 3-1

序号	图　案	名　　称
5		禁止带火种
6		当心易燃物
7		消防水泵接合器
8		逃生梯
9		灭火设备方向
10		发声警报器
11		火警电话
12		灭火设备

图　3-1

序号	图案	名称
13		手提式灭火器
14		消防软管卷盘
15		地下消火栓
16		地上消火栓
17		消防手动启动器
18		推开
19		拉开
20		疏散方向

图 3-1

序号	图　案	名　称
21		安全出口
22		滑动开门
23		当心爆炸物

图 3-1　消防标识

第二节　火灾成因

高校发生的火灾,客观上的原因是学生人数多、居住密集度高,教学及实验室存在一定的火灾危险,一些房屋建筑耐火性等级较低、电气线路老化等;主观上则是由于部分师生的消防意识淡薄,违反学校管理规定及缺乏基本的消防安全常识而造成的。分析火灾事故产生的原因,很大程度上离不开"人为"因素,突出表现在以下几个方面:

一、消防安全意识淡薄

少数大学生认为火灾离自己很远,可能不会在自己身边发生,心存侥幸;对于学校举行的消防安全知识教育和培训,往往认为是多此一举,没有必要;面对一些火灾案例和图片展示时,只是觉得很凄惨,却没有从思想深处引起足够重视。有的人认为只要学习好了就行,其他的可以无所顾忌;有的人认为消防工作是领导和学校甚至是消防部门的事情,与自己无关。

案例一:2006 年 6 月 3 日,北京某大学一间实验室的杂物间突发爆炸,巨大的冲击力掀掉了该房的房顶并引发大火。发生爆炸的实验室杂物间里存放有用来做实验的单基粉和其他一些杂物。实验人员做完实验后,未按规定将实验用的易燃单基粉存放在固定的容器里,结果引发爆炸。

案例二:2015 年 9 月 22 日,北京某大学实验室发生一起火灾,因过火面积小,没有造成人员受伤。经了解,是一学生使用火焰枪(氢气、氧气)在通风柜内给石英管封管,操作过程中火焰枪与氢气管连接处脱落,氢气管喷出的氢气被引燃。

1.违规使用大功率电器

为了图方便,有些学生经常违规使用电磁炉、热得快及电水壶等大功率电器,导致电线难以承受负荷引起火灾。

案例：2008年11月14日早晨6时许，上海某学院一女生宿舍楼602室的2名女生沈某和张某发现宿舍里一个堆放杂物的下铺冒起了火苗，因为火苗不是很大，她们以为用脸盆接水就可以将火扑灭。没想到，等她们接完水返回宿舍时，却发现宿舍门已经打不开了。然后，她们就听到房间内传出一阵阵尖叫声和求救声。因为房间内住着6名同学，被子、蚊帐和衣物等易燃物迅速燃烧，没过几分钟就冒出了大量浓烟。着火寝室内的4名女生被大火逼至阳台，在逃路无门的情况下，先后从楼上跳了下来，4个年轻如花的生命就此陨落。据事后调查，失火宿舍的一名女生前一天晚上违规用完"热得快"后没有拔下插头，第二天早晨宿舍供电后，"热得快"空烧导致周围的杂物堆起火。

2. 私自乱接电源

随着计算机、手机等电子设备的普及，一些学生便在宿舍内私拉乱接电线，增加了线路负荷，加上大多数使用的是低负荷的软电线，长期超负荷运行后会出现绝缘老化，从而极易导致火灾的发生。

案例：2014年12月26日晚6时30分左右，某高校学生公寓一女生宿舍突然起火，过火面积$16m^2$。发生火灾时，涉事宿舍内没有学生，其他宿舍的学生被及时从楼上疏散下来，事故未造成人员伤亡。据调查，涉事宿舍的一女生用"热得快"烧水洗头，匆忙出门时忘记拔掉电源，致使水壶内的水被烧干引发火灾。

3. 乱扔垃圾

烟头表面的温度为200~300℃，中心温度甚至可达700~800℃，超过了棉麻、毛织物、纸张、家具等可燃物的燃点，许多学生对此认识不足。一个乱扔的烟头，一旦与可燃物接触就会很容易燃烧，甚至酿成火灾。

案例：2013年5月10日凌晨3时许，北京某大学学生公寓6号楼一处突然起火，起火因学生将未熄灭的烟头扔到4层厕所内杂物上所致，楼内所有学生紧急疏散，火势及时得到有效控制。6号宿舍楼是该校区最大的宿舍楼，共18层，容纳4000余名学生住宿。如果火势不能被及时控制，在宿舍楼内迅速蔓延，后果将不堪设想。

4. 随意焚烧杂物

使用明火，最易发生火灾。因为明火实际上就是正在发生燃烧，燃烧一旦失去控制马上便会转化为火灾。这些道理虽然很简单，但有的学生却常常不以为然，随意在宿舍内焚烧废弃物，最终不仅会自食其果，还会殃及他人。

5. 擅自使用炉具

宿舍是学生学习和休息的地方，但是有的学生图方便常在宿舍煮面条，还有的将火锅端到寝室里搞聚会。凡此种种，无一不给校园安全造成隐患，对学生的生命和财产安全构成威胁。

6. 随意点燃蚊香

蚊香具有很强的阴燃特性，点燃后没有火焰，但能长时间持续燃烧，中心温度可高达700℃，超过了多数可燃物的燃点，一旦接触到可燃物就会引起燃烧，甚至扩大成火灾。

二、消防基本知识贫乏

1. 不了解电气基本知识

许多大学生对基本的电气知识不了解，往往由于无知而导致火灾的发生，诸如用铜丝代替熔断丝、照明灯距离蚊帐太近、充电器长时间充电等。

2.不懂得灭火基本常识

很多学生由于平时不在乎、不注意对消防基本知识的学习,在发现火灾险情后,不知道如何处理,失去了最好的灭火时机,导致火势发展蔓延。

第三节 火场逃生自救

火场往往会如同一个恶魔一样吞噬人们的生命和财产。身临火场时,由于浓烟毒气的熏烤和烈焰包围的灼烧,很多人因此受伤甚至殒命火场,当然也有不少人能死里逃生、安全脱险。

面对浓烟和烈焰,只要平时多掌握一些火场自救的方法,现场冷静机智,灵活运用火场自救与逃生知识,就有可能化险为夷,拯救自己。例如,1993年2月14日,唐山市林西百货大楼发生特大火灾,死84人,伤53人。在幸存者中有一位刘姓女士,着火时她正在三楼购物,当时烟雾已经弥漫开,混乱中她根据自己掌握的逃生知识,采用匍匐姿势,趴在地板上,顺着楼梯爬到二楼,从窗户中爬出,安全逃离了火场。

所以,大学生既要具备良好的安全防火意识,掌握一定的灭火技能,更要知晓一些火场逃生的方法,这样才能在遇到火灾时冷静处置,安全逃生。

一、火场逃生常识

平时就要做火灾逃生的预案,对所在建筑物的结构及逃生路线要做到了然于胸;熟悉建筑物内的消防设施及自救逃生的方法。这样一旦发生火灾,就不会觉得手足无措了。

①通道出口,畅通无阻。楼梯、通道、安全出口等是火灾发生时最重要的逃生之路,应保证畅通无阻,切不可堆放杂物或设闸上锁,以便紧急时能安全迅速地通过(请记住:自断后路,必死无疑)。

②屋内应常备灭火设备,一些常用的消防器材如灭火器等是不可缺少的。

③失火时,不宜先抢救财物,以免失去逃生的时机。

④火势不大时,要当机立断披上浸湿的衣服或裹上湿毛毯或者湿被褥勇敢地冲出去,但千万不要披塑料雨衣。

⑤逃离时,要用湿毛巾掩住口鼻。现代建筑虽然比较坚固,但大多数的装潢材料为可燃物品。这些化学装饰材料燃烧时会散发出有毒气体,使人窒息死亡。同时,燃烧中产生的热空气一旦被人吸入,会严重灼伤呼吸系统的软组织,严重的也可致人窒息死亡。唐山市林西百货大楼特大火灾死亡人中绝大多数均系窒息而死。

⑥逃生的人员多数要经过充满浓烟的路线才能离开危险的区域。所以,逃生时可把毛巾浸湿(可用自来水、鱼缸水,甚至用尿液),叠起捂住口鼻。无水时,干毛巾也可。身边若没有毛巾,餐巾布、口罩、衣服也可以替代。要多叠几层,以增大滤烟面积。捂严口鼻可增加滤烟效果。

⑦在浓烟中避难逃生,应尽量放低身体或用膝、肘着地匍匐前进,因为烟气和毒气比空气轻,贴近地面的空气一般比较清新且含氧量较多。

⑧烟雾较浓时,在非上楼不可的情况下,必须屏住呼吸上楼。

⑨当被大火围困又没有其他办法可以自救时,可以用手电筒、醒目物品不停地发出呼救

信号,以便消防队员及时发现,组织营救。

⑩带婴儿逃离时,可用湿布轻蒙在婴儿的脸上,一手抱着,一手着地爬行逃出。

二、楼房火场逃生常识

目前,多数大学生学习、生活乃至娱乐的场所都是在楼房里,所以学习起火时如何从楼房里逃生是非常必要的。

案例:2016年5月1日深夜1时许,某大学中心校区12号女生宿舍楼外堆放的废品起火。事发后,该宿舍楼学生骨干赶紧拨打校园"110"电话和"119"报警电话,并与宿舍楼管理人员一起迅速组织学生撤离到宿舍楼外安全地带,学校公安处工作人员第一时间赶到现场进行灭火。在消防车到来之前,该宿舍楼和其他宿舍楼的消防志愿者与学校公安处工作人员一起灭火,火势得到及时控制,事故未造成人员伤亡。

①看好楼房的示意图,选择好逃生路线。

②在火灾初期,楼道、走廊没有被大火完全封住时,把被子、毛毯或褥子用水淋湿裹住身体,用湿毛巾捂住口鼻,低姿前行,要走最近的安全通道,迅速逃离火灾现场。

③楼下着火,楼上的人应关闭通向走廊和阳台的门窗,在室内或阳台上等待援救,切忌跳楼或往楼下的火场里跑。

④当身处低层楼房时,可考虑将床单、桌布等撕成布条,结成绳索,并用浸湿、打结等方法增强牢固度,牢系窗槛,再用衣角护住手心,顺绳滑下。

⑤房间外墙壁上有落水或供水管道时,有能力的人,可以利用管道逃生,这种方法一般不适用于妇女、老人和小孩。

⑥逃生时,要从疏散楼梯安全逃离,不要乘坐普通电梯;在屋里等待消防人员营救,即使再危险也不要从窗子里跳下去。

⑦脱险后,要立即向消防人员说明大楼内的人员、物品分布情况,协助疏散人员和物品。

三、公共场所逃生常识

商场、宾馆、酒楼、歌舞厅等都是公共场所,这里人员密集,易燃物品较多,通道堵占的现象比较严重,一旦起火,很容易酿成群死群伤的惨剧。2003年2月2日(正月初二),黑龙江省哈尔滨市道外区天潭酒店发生特大火灾,33人死亡。克拉玛依大火、辽宁省阜新市的歌舞厅大火、唐山林西百货大楼的大火以及巴拉圭的超市大火都酿成了数十乃至数百人死亡的惨剧。

尽管大火无情,但如果人们掌握了基本的公共场所逃生知识,平安逃生也是有可能的。如1985年4月18日深夜,哈尔滨市天鹅宾馆发生特大火灾,起火的楼层是11楼。当时该楼层旅客中有一位外国客人,他具有非常良好的消防安全意识,在入住客房时,首先在门口看了看周围环境,掌握了疏散出口和路线。当夜里察觉到失火后,立即起身,冷静地穿过烟雾弥漫的走廊直往疏散通道摸去,死里逃生。

以下是专家们总结出的公共场所逃生的8个要点,同学们一定要认真掌握。

①**熟悉环境**:当人们走进商场、宾馆、酒楼、歌舞厅等公共场所时,要留心看一看太平门、安全出口、灭火器的位置,以便遇到火警时能及时疏散或采取灭火措施。上述例子里的外国客人就是通过这个方法逃生的。

②**迅速撤离**:当意识到自己可能被烟火围困时,千万不要迟疑,要立即跑出房间设法脱

险,切不可延误逃生良机。在辨别逃离方向时,一定要注意朝着明亮处迅速撤离。切忌乱挤乱跑,以免因拥挤、踩踏造成不必要的伤亡。在楼梯上,应尽可能往下跑,因为火主要是向上蔓延的。如果楼梯已经烧断或被烈火封闭,那么就应当借助屋顶上的天窗、阳台、下水道等建筑物结构中的突出物逃生。

③争分夺秒:一旦听到火灾警报或意识到自己可能被烟火包围,千万不要迟疑,要立即跑出房间,设法脱险,切不可延误逃生良机。

④通道疏散:楼房着火时,应根据火势情况,优先选用最便捷、最安全的通道和疏散设施,如疏散楼梯、消防电梯、室外疏散楼梯等。疏散通道是公共场所逃生的关键所在,而在造成人员重大伤亡的公共场所火灾案例中,大多数都存在疏散通道不畅的问题,上述几个案例便是如此。

⑤低姿逃离:从浓烟弥漫的建筑物通道向外逃生时,可先向头部、身上浇些凉水,然后用湿衣服、湿床单、湿毛毯等将身体裹好,低姿行进或匍匐爬行,穿过险区。如无其他救生器材时,可考虑利用建筑的窗户、阳台、屋顶、避雷线、落水管等脱险。

⑥扑灭身火:在火灾现场,如果身上着火,千万不能随便奔跑,因为奔跑时会形成小股的风,使大量新鲜空气冲到着火人身上,火会越烧越旺。着火的人到处乱跑,还会引起新的燃烧点,所以身上着火时,应先把衣服脱掉。如果来不及脱掉衣服,也可卧倒在地上打滚,把火苗压灭。

⑦绳索滑行:当各通道全部被浓烟烈火封锁时,可先利用结实的绳子,或将窗帘、床单、被褥等撕成条,拧成绳,用水沾湿,然后将其拴在牢固的暖气管道、窗框或床架上,被困人员逐个顺绳索沿墙缓慢滑到地面或下到未着火的楼层,脱离险境。

⑧低层跳离:被火困在二层及以下的人如果没有条件采取其他自救方法并得不到救助的话,在万不得已的情况下,也可以采用跳楼逃生的方法。但在跳楼之前,应先向地面扔些棉被、床垫、大衣等柔软物品,以便"软着陆"。然后用手扒住窗台,身体下垂,头上脚下,自然下滑,以降低跳落高度,并使双脚首先落在柔软物上以减少下落时的冲击力。如果是被困在三层以上的高层内,则千万不要急于跳楼,因为距地面太高,若向下跳就容易造成重伤和死亡。但凡有一线生机,就不要冒险跳楼。

第四章 交通安全

第一节 交通安全常识

交通安全,涉及所有的社会人,只要有路、有车,就有交通安全的问题,所以,交通安全是一个涉及社会所有公民的、永恒的、最广泛的论题。交通安全,是一个社会和谐发展和文明程度的集中表现,是公民文化素质的集中体现。安全是一种意识,是一种习惯,是对无数交通事故发生之后的教训总结,是为了防范交通事故而以法律的形式加以规范人们交通行为的一种强制措施。一些交通安全谚语,就充分展示了交通事故血的教训。譬如,十次事故九次快;思想麻痹事故来;驾驶员一杯酒,亲人两行泪。

遵守交通规则,是安全的基本保证,是交通参与者安全的基本要求。对人们的交通行为进行规范,是减少交通事故、防患于未然的需要,需要大家的理解和支持。

一、行人的规则,安全通行的要点

1. 走人行道,责任他负

走在人行道上是保证安全的最基本的要求。在城市,一般都设有人行道,有人行道的要走人行道;在这个区域发生的交通事故,行人基本不负责任,机动车、非机动车与人在人行道上发生事故,要负全部的赔偿责任。

2. 借道通行,责任自负

在没有施划人行道的地段,要求行人都靠路边通行,距路边一般不超过70厘米,必要时,要靠路边站立,让机动车优先通行。在横穿道路找不到斑马线时,要在确保安全的情况下,借道通行。借道通行发生事故,借道行人应负90%以上的责任。因此,在没有人行道的地方通行,必要的借道通行先要对交通情况做出判断,在不安全的条件下,是绝对不可冒险通过的。

3. 红灯是禁止通行标志

在行驶机动车的时间段,人行横道红灯亮起时,行人禁止进入人行横道。如果行人不遵守规定,进入人行横道,引发安全事故,行人应负安全责任。

二、行人交通事故应急要点

①行人与机动车发生事故后,应立即报警,并记下肇事车辆的车牌号,等候交通警察前来处理。

②行人一旦被机动车严重撞伤,驾驶员应立即拨打110、122报警,并拨打120求助,同时检查伤者的受伤部位,并采取初步的救护措施,如止血、包扎或固定。应注意保持伤者呼吸通畅。如果呼吸和心跳停止,应立即用心肺复苏法抢救。

③行人与非机动车发生交通事故后,在不能自行协商解决的情况下,应立即报警。

④发生重大交通事故时,伤者很可能会有脊椎骨折,这时千万不要翻动伤者。如果不能判断脊椎是否骨折,也应该按发生脊椎骨折处理。

三、自驾游安全驾驶要点

①遵守道路交通规则:不超速,不超载,不疲劳驾车,不酒后驾车。
②养成良好习惯:不喝酒、不吸烟、不接听手机、不攀谈、系好安全带、照顾好儿童。
③给对方让出空间:不贴前、不尾随,并确保后空间要充足。
④与车流同行:减少超车。
⑤放松心态:宽容,不急躁,有耐心,不负气驾车。
⑥熟悉路线、路况:生疏地段要使用导航或找熟人带路。
⑦熟悉相关的交通标志标牌。

四、交通出行相关的标志

1.警告标志(图4-1)

警告标志是指警告车辆、行人注意危险地点的标志。警告标志的颜色为黄底、黑边、黑图案,形状为等边三角形,顶角向上。驾驶员见到警告标志后,应引起注意,谨慎驾驶、减速慢行。

序号	标志类型	标 志	标志解读
1	交叉路口标志		十字交叉路口
2			错位交叉路口
3			Y形交叉路口
4			环形交叉路口

图 4-1

序号	标志类型	标志	标志解读
5	交叉路口标志		T形交叉路口
6	急弯路标志		向左急弯路
7	反向弯路标志		反向弯路
8	连续弯路标志		连续弯路
9	陡坡标志		上陡坡
10			下陡坡
11	连续下坡标志		连续下坡

图 4-1

序号	标志类型	标 志	标志解读
12	窄路标志		两侧变窄
13			右侧变窄
14			左侧变窄
15	窄桥标志		窄桥
16	双向交通标志		双向交通
17	注意行人标志		注意行人
18	注意儿童标志		注意儿童

图 4-1

序号	标志类型	标 志	标志解读
19	注意牲畜标志		注意牲畜
20	注意野生动物标志		注意野生动物
21	注意信号灯标志		注意信号灯
22	注意落石标志		注意落石
23	注意横风标志		注意横风
24	易滑标志		易滑
25	傍山险路标志		傍山险路

图 4-1

序号	标志类型	标 志	标志解读
26	堤坝路标志		堤坝路
27	村庄标志		村庄
28	隧道标志		隧道
29	渡口标志		渡口
30	驼峰桥标志		驼峰桥
31	路面不平标志		路面不平
32	路面高突标志		路面高突

图 4-1

序号	标志类型	标志	标志解读
33	路面低洼标志		路面凹陷
34	过水路面(或漫水桥)标志		过水路面或漫水桥
35	铁路道口标志		有人看守铁路道口
36			无人看守铁路道口
37	注意非机动车标志		注意非机动车
38	注意残疾人标志		注意残疾人
39	事故易发路段标志		事故易发路段

图 4-1

序号	标志类型	标志	标志解读
40	慢行标志		慢行
41			左右绕行
42	注意障碍物标志		左侧绕行
43			右侧绕行
44	注意危险标志		注意危险
45	施工标志		施工
46	建议速度标志		建议速度
47	隧道开车灯标志		隧道开车灯

图 4-1

序号	标志类型	标　　志	标志解读
48	注意潮汐车道标志		注意潮汐车道
49	注意保持车距标志		注意保持车距
50	注意分离式道路标志		十字平面交叉
51			丁字平面交叉
52	注意合流标志		注意合流
53	避险车道标志		避险车道
54	注意不利气象条件标志		注意不利气象条件

图 4-1

序号	标志类型	标志	标志解读
55	注意前方车辆排队标志		注意前方车辆排队

图 4-1 警告标志

2.禁令标志(图4-2)

禁令标志是交通标志中主要标志的一种,对车辆加以禁止或限制的标志,如禁止通行、禁止停车、禁止左转弯、禁止鸣喇叭、限制速度、限制重量等。

序号	标志	标志类型
1		停车让行标志
2		减速让行标志
3		会车让行标志
4		禁止通行标志
5		禁止驶入标志

图 4-2

序号	标　志	标志类型
6		禁止机动车驶入标志
7		禁止载货汽车驶入标志
8		禁止电动三轮车驶入标志
9		禁止大型客车驶入标志
10		禁止小型客车驶入标志
11		禁止挂车、半挂车驶入标志

图　4-2

序号	标 志	标志类型
12		禁止拖拉机驶入标志
13		禁止三轮汽车、低速货车驶入标志
14		禁止摩托车驶入标志
15		禁止非机动车进入标志
16		禁止某两种车驶入标志
17		禁止畜力车进入标志

图 4-2

序号	标　志	标志类型
18		禁止人力客运三轮车进入标志
19		禁止人力货运三轮车进入标志
20		禁止人力车进入标志
21		禁止行人进入标志
22		禁止向左转弯标志
23		禁止超车标志

图 4-2

序号	标 志	标志类型
24		解除禁止超车标志
25		禁止停车标志
26		禁止长时间停车标志
27		禁止鸣喇叭标志
28		限制宽度标志
29		限制高度标志

图 4-2

序号	标　志	标志类型
30		限制质量标志
31		限制轴重标志
32		限制速度标志
33		解除限制速度标志
34		停车检查标志
35		禁止运输危险物品车辆驶入标志

图 4-2

序号	标 志	标 志 类 型
36	海关 DOUANE	海关标志
37	30 区域	区域限制速度标志
38	30 区域	区域限制速度解除标志

图 4-2 禁令标志

3.指示标志(图 4-3)

指示标志是交通标志中主要标志的一种,用以指示车辆和行人按规定方向、地点行驶。指示标志的颜色,除个别标志外,为蓝底、白图案;形状分为圆形、长方形和正方形。表示只准一切车辆向左(或向右)转弯的标志,设在车辆必须向左(或向右)转弯的路口以前适当位置。有时间、车种等特殊规定时,应用辅助标志说明或附加图案。

序号	标 志	标 志 类 型
1	↑	直行标志
2	↑←	立体交叉直行和左转弯行驶标志

图 4-3

序号	标　　志	标志类型
3		环岛行驶标志
4		单行路标志
5		步行标志
6		鸣喇叭标志
7		最低限速标志
8		路口优先通行标志
9		会车先行标志

图 4-3

序号	标 志	标志类型
10		人行横道标志
11		右转车道标志
12		公交线路专用车道标志
13		机动车车道标志
14		非机动车车道标志
15		多乘员车辆专用车道标志
16		停车位标志

图 4-3 指示标志

五、掌握交通安全常识典型案例

1. 出行路况观察

案例一：2012年6月22日14时45分许，某大学东门外1000米处发生重大交通事故。一辆凌志轿车突然驶入道路左侧非机动车道内，与非机动车道上正在骑行的某单车俱乐部自行车爱好者车队相撞，致5人死亡、3人受伤，某高校一名教师在这起交通事故中不幸身亡。

案例二：2011年11月12日上午，济南市某高校一名大三男生穿过学校北门外的世纪大道，正站在公路中间等待车辆过去，一辆越线逆行的大货车疾驰而来，将他卷入车轮，并拖行了约40米。该男生经抢救后虽无生命危险，但最终还是高位截肢。

案例三：2012年8月7日上午8时许，某市会展中心附近路段发生一起交通事故。两辆公交车在会展中心站牌停靠时，一名女大学生下了公交车，从两辆公交车中间穿过到马路对面，正巧两车追尾，这名女大学生被夹在两车中间不幸身亡。

2. 选择安全出行方式

案例一：2015年2月27日下午2时许，江苏某高校一女大学生在扬州汽车西站搭乘了一辆"黑车"。没想到，驾驶员朱某途中突然变脸，把该女生载至偏僻地段，强行与她发生了性关系。据犯罪嫌疑人朱某交代，他起初只是想拉客赚钱，见该女大学生长得漂亮，就萌生了歹念。

案例二：2015年7月14日，某市大学城某高校女大学生陈某为了节省打车费，选择了搭乘费用低廉的"黑车"从火车东站回学校。然而，让她没有料到的是，黑车司机巴某竟然将她拉载到了新城区某工业园区内的一片无人荒地上实施了强奸。据犯罪嫌疑人巴某交代，他夜间拉载单独出门的年轻女子时总是心生歹念，故意与对方搭讪。得知对方是女大学生时，他就要对方的电话号码，还加对方的微信，对其进行威胁恐吓。

3. 安全驾驶交通工具

案例一：2014年2月，洪某驾驶小型客车在高速公路上行驶时，因过度疲劳仍继续驾驶，导致车辆碰撞高速公路护栏，造成车辆及高速公路护栏部分损坏。经交警大队认定，洪某负事故全部责任。

案例二：2014年8月26日，某市驾驶员马某驾驶某公司宇通牌大客车乘载61人（含11名儿童），因极度疲劳且超速行驶，在前方无障碍物情况下向左猛打方向盘冲入对向车道，与对向重型仓栅式半挂车相撞，造成15人死亡、35人受伤。经调查，马某事发前10天内连续驾车往返宁夏新疆两地未休息，单趟行程2300公里，事发时已极度疲劳，连下身线裤掉落膝盖都无知觉。

疲劳驾驶会导致判断能力下降、反应迟钝、操作失误增加，甚至会出现下意识操作或短时间睡眠情况，严重时会失去对车辆的操控能力，极易引发交通事故。春运期间，客货运驾驶岗位人员紧张、工作强度加大，驾驶员超时限、超负荷、疲劳运营现象易发高发。公安部交管局提示，客运企业要加强驾驶员安全教育，合理安排驾驶员休息，充分利用动态监控手段确保驾驶员连续驾驶时间不超过4小时；乘客如发现驾驶员出现疲劳驾驶症状或连续驾驶时间过长，应及时制止其继续驾驶。

案例三：2016年6月18日凌晨4时许，司机孙某驾驶的别克商务车搭载吴某、朱某等4人，沿武汉市某地下通道由北向南行驶至南出口处时，所驾车头撞击路中隔离花坛，发生单方交通事故,致车内5人受伤,吴某、朱某经医院抢救无效死亡。行车前情况是:吴某一行2人乘坐的从北京飞往武汉的航班比预定时间晚点约2小时,武汉的3名接机人一直在机场等候至凌晨3时许,司机孙某由于没有睡觉,疲劳驾驶导致了该起交通事故的发生。事发当时,吴某、朱某坐在后座,因未系安全带,头部和颈部撞击前排座椅而遇难。两位前排的乘客因为系了安全带全部幸免于难。

第二节　交通事故成因

我国的道路交通事故频发的主要原因,归纳起来主要有以下几个方面:
①驾驶技术拙劣。
②无视交通法规的存在。
③行人交通安全意识淡漠。
④交通管理的水平还有待提高。
⑤交通道路设计不合理。
各种因素混杂在一起,是我国的交通事故发生率居于世界之首的原因。校园作为社会的一部分,存在交通问题的普遍性和其自身的特殊性。

一、校园内的交通局限

对于新入校的大学生,刚离开父母,安全意识一般相对较差,很容易忽视校园交通安全,认为校园内不容易发生交通事故,思想上处于放松状态。事实上,校园内往往都存在一定的安全隐患,原因如下所示:
①路面窄、弯道多。
②不同的时间和地点,人流量和车流量不均衡。例如,上下课高峰期交通流量较大;开学时和放假时明显出现人流量和车流量聚集的状况;大型聚会或文体活动结束,交通秩序易发生混乱;食堂、主教学楼等特殊地点周围路段人流量和车流量都相对较大。
③校际交流、交往相对频繁,外校教师或学生不熟悉本校的交通线路。
④交通安全配套设施相对滞后,无专职交通管理人员。

二、学生的交通安全意识淡漠

这些安全隐患的存在,如果学生在思想和行动上不予以高度重视,就会导致校园交通事故的发生。而常见的校园交通事故有:
①在校园内行走时注意力不集中。一些学生边走路边看书或者听音乐,甚至边走路边低头玩手机。一些学生甚至会在道路上嬉戏打闹,引发与机动车或者行人相撞事故。
②在校园道路上运动。大学生作为年轻人,活泼好动,在校园道路上踢球、拍球,无视交通秩序,极易摔倒或者被撞受伤。某高校2名学生在操场上踢完球后,余兴未尽,在回宿舍的路上还在边跑边互相传球,此时,正好驶过一辆摩托车,驾驶员来不及躲闪,撞向其中一名学生,造成其右小腿骨折。
③骑车过快或驾车过快。校园内,宿舍、教室、图书馆之间的距离一般较远,不少学生买了自行车、电动车,甚至有的同学买了汽车,认为校园内没有红绿灯,骑车或驾车的速度就可以比较随意,从而发生行人被撞伤,甚至死亡的事故。

④一些外来车辆在校园内行驶过快,有时会造成人员伤亡。

⑤校内职工、学生数量相对集中,造成校内车流、人流交汇。

三、交通事故成因典型案例

1.安全意识淡漠引发事故

案例一:2007年8月25日,济南市大学科技园某高校学生程某与陈某在横过104国道炒米店路口时,被由南向北行驶的泰安籍货车撞倒。程某当场死亡,陈某经抢救无效于当晚死亡。

案例二:2009年发生的"杭州飙车案"曾引起社会的广泛关注和热议。2009年5月7日晚,杭州市某高校学生胡某驾驶三菱跑车行驶至西湖区文二西路一小区门口时,因超速行驶撞上了正在过斑马线的路人谭某。谭某经抢救无效死亡,胡某以交通肇事罪被判处有期徒刑3年。

案例三:2015年9月18日晚,济南市某高校,一辆白色轿车在该校操场内玩飙车,在操场一拐角处发生了漂移,将在操场散步的宋某和另外一名男同学撞伤,其中宋某的左小腿被当场撞断。

2.突发情况引发事故

案例一:2013年3月30日下午5时左右,济南市某学院郭店校区门口发生惨烈的一幕,一辆大货车在躲避另外一辆汽车时,突然冲向人行道,将正在行走的该学院3名大二学生撞伤,其中一名学生经抢救无效死亡。

案例二:2013年10月25日下午,济南市某学院大门外十字路口附近发生一起车祸。一辆黑色轿车违章闯红灯,将该学院一名学生撞倒,导致学生的胳膊受伤,轿车驾驶员驾车逃离现场。

3.拒绝酒驾

案例一:2014年5月16日晚,济南市大学科技园某高校大一学生吕某酒后驾驶私家车行驶至大明湖西南门附近,因车速过快,先是撞倒了路边停放的摩托车,然后撞上了一辆轿车。据警方调查,吕某驾驶的车辆悬挂的不是原号牌,车内还存有一副假号牌。吕某因涉嫌酒后驾驶机动车、违法使用其他车辆号牌、交通肇事逃逸等4项交通违法行为,受到拘留15日、罚款4400元的处罚。

案例二:2016年3月的一个晚上,上海市某高校女大学生王某与朋友喝酒后,因为看到对方驾驶的是一辆奥迪牌轿车,一时虚荣心作祟,想感受一把。王某刚开出50米就在路口与一辆自行车发生碰撞,导致骑车人多处骨折。经酒精呼气测试,王某体内的酒精含量已达醉酒标准,同进在警方数据平台上未找到王某的驾驶证记录。王某未取得驾驶证驾驶机动车,被徐汇公安分局处以行政拘留15日、罚款500元的行政处罚。王某醉酒后驾驶机动车的犯罪行为,警方另案追究其刑事责任。

知识链接

1.《中华人民共和国刑法》第一百三十三条规定:违反交通运输管理法规,因而发生重大事故,致人重伤、死亡或者使公私财产遭受重大损失的,处三年以下有期徒刑或者拘役;交通运输肇事后逃逸或者有其他特别恶劣情节的,处三年以上七年以下有期徒刑;因逃逸致人死亡的,处七年以上有期徒刑。

2.酒驾是指车辆驾驶人员血液中的酒精含量大于或者等于20mg/100ml,小于80mg/100ml的驾驶行为。醉驾是指车辆驾驶人员血液中的酒精含量大于或者等于80mg/100ml的驾驶行为。

《中华人民共和国道路交通安全法》第九十一条规定:饮酒后驾驶机动车的,处暂扣六个月机动车驾驶证,并处一千元以上二千元以下罚款。因饮酒后驾驶机动车被处罚,再次饮酒后驾驶机动车的,处十日以下拘留,并处一千元以上二千元以下罚款,吊销机动车驾驶证。

醉酒驾驶机动车的,由公安机关交通管理部门约束至酒醒,吊销机动车驾驶证,依法追究刑事责任;五年内不得重新取得机动车驾驶证。

饮酒后或者醉酒驾驶机动车发生重大交通事故,构成犯罪的,依法追究刑事责任,并由公安机关交通管理部门吊销机动车驾驶证,终生不得重新取得机动车驾驶证。

第三节 交通事故的预防和处理

尽管生活中一些意外灾祸是难以避免的,但是通过增强安全意识,有一些意外还是可以避免的。

一、行走时的交通事故预防

行人在道路交通中应自觉遵守道路交通管理法规,增强自我保护和现代交通意识,掌握行人交通安全规律才能有效防止交通事故的发生。

①行人要走人行道,没有人行道的要靠路边行走。

②横穿车行道时须走人行横道;有交通信号控制的人行横道,应做到红灯停、绿灯行;遇到没有交通信号控制的人行横道,须注意来往的车辆,不要急停猛跑;设有人行过街天桥或地道的须走人行过街天桥或地道。

③横穿没有人行横道的车行道时,须认真观察,应优先让车辆先行,不要在车辆临近时强行横穿。

④横穿没有设置人行横道的道路时须直行通过,不要图方便走捷径,或在车前车后乱穿道路。

⑤不要在道路上强行拦车、追车、扒车或朝行驶的车辆抛物。

⑥不要在道路上玩耍、坐卧,或从事其他妨碍交通的行为。

⑦不要钻越、跨越人行护栏或道路隔离设施。

⑧不要进入高速公路、高架道路或者有人行隔离设施的机动车专用道。

⑨穿行居民区、胡同时,要注意观察居民住户窗户上摆放的物品,还要注意是否有人在活动,从正在施工的建筑物旁经过要注意建筑物施工场所是否有安全标志线和安全设施,尽量避免从工地上直接穿过。

⑩夜间外出尽量选择有路灯的道路行走。在没有路灯的情况下尽量使用照明工具,注意观察路边的下水沟和排水井,注意路边停放的车辆是否要起动、是否有非机动车车辆往来,特别是在混合道上通过时,不要匆忙,注意车辆。

⑪雨雪天出行,要注意观察路面和周围的环境,如路边的变压器、供电线路及郊区高压线路;路边有无高大树木、有无电缆通过等,在这些环境下都是极易发生危险的。

二、乘坐交通工具时交通事故的预防

生活中,人们都离不开交通工具,然而便利的交通工具在给人们的生活带来方便的同时,也潜藏着危险。特别是城市里,人流量较大,车辆来往较多,人车拥挤,在这种情况下更应该增强安全意识,提高出行的自我保护意识和交通安全防范能力。

1.乘坐汽车时的注意事项

①乘车购票时,需要到运输部门指定的客运售票处购票,问明乘车地点按时进站,不要从路边拉客的或票贩手里购买,特别是节假日人流高峰期,以防被票贩子欺诈和骗子坑害;若是中途搭车,须向驾驶员或售票员索要车票。

②乘车时应在指定站台或指定地点排队候车,待车停稳后,先下后上,不可以越过安全候车线。下车后不要因急于赶路在车的前后乱窜或猛跑横穿公路。无人行道时要等车辆驶过,看清左右情况后安全通过。

③乘坐出租车时,应当在规定的出租车停靠站候车。若无出租车专用停靠站的地方或城市,选择在道路宽阔、视线好的地方候车,不要在车行道上或交叉路口处招呼出租车。不要乘坐无经营许可证路边拉客的"黑车"。

④乘车时要注意系好安全带,坐在副驾驶位置的乘客,更要系好安全带。

⑤车辆行驶中,乘车人不要和驾驶员攀谈,不应催驾驶员开快车,或用其他方式妨碍驾驶员正常驾驶。车辆行进中,抓牢扶手或椅背,避免汽车起动或制动时的惯性或发生意外情况而造成伤害。不要将身体的任何部位伸出车外,更不能跳车。不要在车内吸烟、吃零食,以免在会车、避让或颠簸时发生意外。

⑥乘坐长途汽车,上车后要将行李物品安置好,以防途中散落伤人。中途停车休息和用餐时关好车窗,记好车牌号,按时上车。如在中途搭车,注意车辆停稳后再上车。

⑦外出乘车时,注意周围的乘客群体,切忌露财。路途中人员复杂,不要轻信他人。不得跟随他人出走,不要随意购买一些陌生人提供的贵重物品,不要吃陌生人给的饮料或其他食物,也不要参与乘客中带赌博性质的游戏。

2.乘坐火车时的注意事项

火车因有其独特的优势,成为人们长途外出或旅行的主要交通工具,如载客量大、费用低、不受天气影响、发车时刻固定、开车时间准确等。所以,大多数学生会选择火车出行,但也要注意以下问题:

①进入火车站上车时,应走规定的检票口,通过天桥或地道,不可穿行铁路、钻车或跳车。

②上车前后避免拥挤。上车时和开车前,站台上及车厢内人多拥挤,此时旅客的注意力大都集中在办理上车手续、寻找车厢和座位上,容易忽略自己的行李及口袋内的手机和钱包。因此,旅客进站上车时要听从工作人员指挥,有序排队进站上车,避免互相拥挤给小偷制造机会。

③中途停车要看住行李。一些职业扒手会假扮旅客,携带简单行李,买一张短途火车票,混入车厢中,伺机作案,得手后下车逃脱。因此,列车停车前,要特别注意看管好自己的行李物品,防止别的下车旅客拿错行李以及小偷趁乱行窃。

④尽量不下车购物。列车沿途一些停靠站一般都不是封闭式车站,因而可能会有小偷在站台上趁旅客下车购物时盗窃旅客随身携带的物品。因此,列车中途停站后,旅客应尽量

不下车,如需下车购物时要多加小心。

⑤警惕有人频翻行李。一些不法分子会携带大行李袋或与旅客相同的行李袋上车,并放在一起,在旅途中频频翻动行李架上的行李,顺势翻动旅客行李进行盗窃。因此,旅客上车摆放行李时要避免和形状与颜色相同的行李放在一起,以免下车时拿错。

⑥夜间休息别忘行李。当列车进入夜间行车时,长途行驶的硬座车厢旅客往往会很疲倦,打起瞌睡。这时不法分子往往会借机行事,找机会下手。若是与亲友同行,应分时轮换休息,至少留有一人看护行李。如单身旅行,可与同座位的旅客互相轮换。

⑦防人之心不可缺少。一些不法分子会利用"老乡""同行"等借口主动搭讪,或主动赠送食品及物品,在人们放松警惕时实施诈骗和盗窃。旅途中,不要将自己的行李物品交给不认识或认识不久的人看管,不要食用或饮用不认识或认识不久的人赠送的食品或饮料。

⑧手机千万不要外借,或被外人翻看。已经发生多起有人先佯装借手机使用或欣赏手机,记住电话号码,然后打电话谎称生病,要汇钱到指定账户实施诈骗。

3.乘坐飞机时的注意事项

①登机前,随身携带的一切行李物品,必须接受机场安检部门的安全检查。

②务必在飞机起飞前的半小时办好登机手续,因此,应视交通状况和距机场路途远近提前到机场,特别是在黄金周、春运等交通繁忙期间更应提早到达机场。

③登机后按所购机票的机舱类别、座位号就座,喜欢靠窗户座位的可以在换登机牌时让办理人员安排。随身物品一般应放到头顶上方的行李柜内,有的物品也可以放到座位下边,但注意不要把物品堆放在安全门或出入通道上。在飞机上,除了上厕所等一些必要的活动外,一般要留在座位上,不要随意走动,更不要接近驾驶舱。

④大件行李切勿随身携带上飞机,要尽量托运。携带的水果刀最好放在行李中托运,否则可能会被没收。另外,小动物不允许被带上飞机,要托运也要有检疫证明,手续比较麻烦。盆栽植物、花卉等是可以带上飞机的。

⑤熟记空中乘务员所做的飞行安全示范,注意聆听乘务员讲解的飞行安全须知。

⑥托运的凭证一般贴在机票上,到达目的地并取出行李后,会有工作人员检查托运凭证和行李上的标签是否相对应。注意不要错拿别人的行李。

4.乘坐轮船时的注意事项

①不夹带危险物品上船。

②不要乘坐缺乏救护设施、无证经营的小船,也不要冒险乘坐超载的船只或者"三无"船只(没有船名、没有船籍港、没有船舶证书)。

③上下船时,必须等船靠稳,待工作人员安放好上下船的跳板后方可行动;上下船时不要拥挤,不得随意攀爬船杆,不跨越船挡,以免发生意外落水事故。

④上船后,要仔细阅读紧急疏散示意图,了解存放救生衣的位置,熟悉穿戴流程和方法,留意观察和识别安全出口,以便在出现意外时掌握自救主动权。同时按船票规定的舱位或地点休息和存放行李,行李不要乱放,尤其不能放在会阻塞通道和靠近水源的地方。

⑤客船航行时不要在船上嬉闹,不要紧靠船边摄影,也不要站在甲板边缘向下看波浪,以防眩晕或失足落水。观景时切莫一窝蜂地拥向船的一侧,以防船体倾斜,发生意外。

5.乘坐轻轨(地铁)时的注意事项

①乘坐轻轨时首先要在轻轨站口或售票处查看线路图,弄清楚轻轨行进的方向,认清自

己所在的位置和目的地站名。进站后车票仍要保管好,不能丢弃。

②需要换乘时,要注意收听到站提示,以免错过换乘站,车辆往返线路有可能会不同,有可能去程只换乘1次,返程却需要换乘2次。

③车门关闭时,不要强行上车,注意不要让随身物品接近正在关闭的车门,以防被正在关闭的车门夹住而发生意外。

④出站时,认清不同的出站口,以免走错出口。

三、预防交通事故典型案例

1.选择安全交通工具

案例一:2008年4月26日,武汉部分高校的70余名师生乘坐租用的客车外出春游。返回途中,一辆载有37人的客车翻下山崖,一名学生当场死亡,5名学生经抢救无效死亡,数名学生重伤。经调查,此次旅游是由一名班主任老师和一名学生组织策划的,他们乘坐的这辆出事车已近报废年限,并刚被取消营运资格,组织者没有为学生购买意外保险,遇难学生无法得到保险公司的赔偿。

案例二:2015年3月15日下午,一辆面包车因超载被济南市市中交警大队查处。连同司机在内,核载9人的面包车竟载了14人,超载车辆上的13名乘客全部是在校大学生。"知道车辆超员行驶存在安全隐患,但为了早一点赶回学校,就不在乎这些了。"一名大学生向民警表示,"也听说过超员车出车祸的,感觉那种事离我太远,不可能发生在我身上,毕竟路不是太远。"民警对车辆进行安全检查时,在堆满大大小小八九个行李箱的车辆后备厢中,竟发现了一个油改气的储气罐。车辆如果因颠簸引发气体泄漏,或者遇明火发生爆炸,后果将不堪设想。

2.遵守道路交通管理法规

案例一:2010年10月1日,济南市大学科技园某高校新生王某"十一"放假回家时,因没有遵守交通信号违规横穿马路,被一辆机动车撞出10余米后,又被随之而来的第二辆车拖挂20多米。王某虽经及时抢救,但还是不幸身亡。

案例二:2013年10月8日晚9时许,济南市某高校一女生行走在山大路科技市场附近时,因一边走路一边低头看手机刷微博,没有注意到前面有施工围挡,不小心撞了上去。该女生仰面摔倒在地面上,并磕破了鼻子,鼻血直流,右脚也扭伤了。

3.乘车安全带不能忘

案例:2015年5月23日上午,济南市某高校的34名学生集体包车去济南市南部山区游玩,乘坐的大巴车在调头时轧断搭在排水沟上的水泥板侧翻,车内同学从车窗爬出,一名学生的胳膊被车窗玻璃划伤。因同学们乘车时都系着安全带,大巴车翻车时没有造成学生受伤。但让人后怕的是,同学们并没有跟大巴车车主或驾驶员签订相关协议,也没有购买相应的人身保险。

四、交通事故的处理

1.行走时发生交通事故的处置方法

①若与机动车发生事故,应立即拨打122报警,并记下肇事车辆的车牌号,等候交通警察来处理。发生事故有受伤的,伤势不重时注意检查受伤部位,并采取初步的救护措施;如若受伤严重,赶快拨打110或120急救电话。

②与非机动车车辆发生事故后,双方情绪要保持克制,及时检查伤情。伤情不重需要赔偿的尽量通过协商解决;不能协商解决的,应立即报警。如果伤者伤势较重,应求助他人迅速将伤者送往附近医院检查救治或拨打120求助。

③居民区发生高空坠物伤害事故后,首先要注意观察是否有物体继续下落,并迅速转移到安全地;然后检查伤者受伤情况,采取初步的救护措施,同时报警求救,保护好现场,以便相关部门调查取证和处理。

④发生坠入窖井事故后,首先应观察井下情况,是否有积水和异味,并与落井者保持联系。如落井者无严重受伤,意识正常,可求助他人就地取材开展营救;如发现意识不正常,不得擅自下井营救,以免发生中毒,应立即报警求救,请专业人员开展救援工作。

2.乘坐交通工具时发生交通事故的处置方法

①当乘坐车、船、轻轨(地铁)、飞机等任何一种交通工具发生事故后,保持冷静的头脑,对事态发展做出正确判断是提高生存能力的前提。日常生活中的积累与安全防范、危机意识的养成有助于在危急时刻安全逃生。

②行车途中一旦意识到车祸即将发生,应双臂夹胸、手抱头部并躺下,或抓紧车内拉手或座椅铁腿,并双脚用力向外蹬,以免车祸发生时人翻滚或摔出车外。除非车辆即将冲出悬崖,否则不要从疾驶的车辆中跳车。车辆停住后,要保持镇定,查明身边情况,从车门窗爬出。

③如果车辆落入水中,车是不会立即沉没的,但由于水的压力作用会使车门很难打开,此时不要惊慌,选择好逃生路径,深呼吸憋足气猛力推开车门或击碎车玻璃,设法在车辆沉没前逃离。

④行车途中发生车辆起火后,不要叫嚷和乱动,以免有毒气体进入体内;用衣服蒙住口鼻,打开车窗跳出逃生。如果身上起火又无水源,应用衣服拍打或就地打滚,以隔离空气迅速灭火。

⑤轻轨(地铁)中发生火灾后,不要乱跑,以免在浓烟中由于视线不清发生相互踩踏;要注意观察火源,顺着远离火源的方向寻找最近的出口逃离,用衣服、毛巾等捂住口鼻,低头弯腰前行。

⑥乘船航行中发生意外事故,不要慌乱,按船员的要求穿好救生衣,也不要乱跑,以免影响客船的平衡。听从船员指挥依次离船,如紧急情况下须弃船逃离时,系紧救生衣,迎风跳离,双臂交叉于胸前,按住救生衣,身体垂直入水。

⑦乘飞机飞行途中遇故障或紧急迫降时,应听从乘务员的指挥,系紧安全带双手抱头,下颚贴紧胸部,或与邻座相互依靠抓紧,以防撞击。飞机停稳后,按照乘务员的要求从紧急通道迅速撤离。

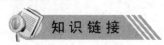
知识链接

发生交通事故自救——外伤止血包扎的方法

止血包扎是交通事故中受伤人员自救和救助的基本措施,包扎得当,有压迫止血、保护伤口、防止感染、固定骨折和减少疼痛等作用。受伤人员不进行止血包扎或不为受伤人员进行止血包扎,则会引起持续性出血而造成死亡。

①若是小伤口出血,且伤口内又无异物的,可采用局部按压法,用手帕、纱布等直接盖在

伤口上,用手压住,把伤肢放在高过心脏的位置,便能很快止血。或者用手掌稍用力拍打两脚的跟腱,各拍数次,亦可止住小伤口流血。

②若是四肢有较大面积的伤口出现,可采用止血带或手帕、围巾等,用力绑在伤口靠近心脏的一侧。在止血过程中,要保持伤肢高于心脏的水平线,严禁用泥土等不洁物撒在伤口上,以免造成伤口进一步感染。

③若手头一时无包扎材料和止血带,在伤口的上方,即靠近心脏位置,找到跳动的血管,用手指紧紧压住。使用指压止血法时,事先应了解正确的压迫点,把手指压在出血动脉近端的临近骨头上,阻断血液运输来源,但是止血不易持久。指压止血的同时,应准备材料,换用其他方法止血。

④若条件允许,有止血药物,可用云南白药等进行伤口止血。

⑤包扎伤口时动作要迅速准确,包扎不宜太紧或太松,包扎四肢时指(趾)端最好暴露在外面,打结处不要位于伤口上,不要压迫脱出的内脏,禁止将脱出的内脏送回腹腔内。

第五章 人身安全

第一节 防溺水伤害

一、预防溺水的措施
①不要独自在河边、山塘边玩耍。
②不去非游泳区游泳。
③不会游泳者,不要游到深水区,即使带着救生圈也不安全。
④游泳前要做适当的准备活动,以防抽筋。

二、溺水时的自救方法
①不要慌张,发现周围有人时立即呼救。
②放松全身,让身体漂浮在水面上,将头部浮出水面,用脚踢水,防止体力丧失,等待救援。
③身体下沉时,可将手掌向下压。
④如果在水中突然抽筋,又无法靠岸时,应立即求救。如周围无人,可深吸一口气潜入水中,伸直抽筋的那条腿,用手将脚趾向上扳,以解除抽筋状态。

三、发现有人溺水时的施救方法
①将救生圈、竹竿、木板等物抛给溺水者,再将其拖至岸边。
②若没有救护器材,可入水直接救护。接近溺水者时要转动他的髋部,使其背向自己然后拖运。拖运时通常采用侧泳或仰泳拖运法。

特别强调的是:不会游泳的人发现有人溺水,不能贸然下水营救,应立即大声呼救,或利用救生设备营救。

四、被救上岸后对溺水者的施救方法
①迅速清除口、鼻中的污泥、杂草及分泌物,保持呼吸道通畅,并拉出舌头,以免堵塞呼吸道。
②将溺水者举起,使其俯卧在救护者肩上,腹部紧贴救护者肩部,头脚下垂,以使呼吸道内积水自然流出。但不要因为控水而耽误了进行心肺复苏的时间。
③进行口对口人工呼吸及心脏按压。
④尽快联系急救中心或送溺水者去医院。

五、游泳安全要点
①下水时切勿过饿、过饱。饭后一小时后才能下水,以免抽筋。
②下水前试试水温,若水太冷,就不要下水。
③若在江、河、湖、海游泳,必须有伴相陪,不可单独游泳。

④下水前观察游泳处的环境,注意是否有禁止游泳标志(图5-1),若有危险警告,则不能在此游泳。

图5-1 禁止游泳标志

⑤不要在地理环境不清楚的峡谷游泳。这些地方的水深浅不一,而且水温低,水中可能有伤人的障碍物,很不安全。

⑥跳水前一定要确保此处水深至少有3米,并且水下没有杂草、岩石或其他障碍物。跳水时以脚先入水较为安全。

⑦在海中游泳,要沿着与海岸线平行方向游,游泳技术不精良或体力不充沛者,不要涉水至深处。在海岸做一标记,用于观察自己是否已被冲出太远,以便及时调整方向,确保安全。

六、如何预防游泳时下肢抽筋

①游泳前一定要做好暖身运动。游泳前应考虑身体状况,如果太饱、太饿或过度疲劳,不要游泳。

②游泳前先将四肢浸湿,然后再跳入水中,不要立刻跳入水中。

③游泳时出现胸痛,可用力压胸口,等到稍好时再上岸;若腹部疼痛,则应上岸,最好喝一些热的饮料或热汤,以保持身体温暖。

七、夏季游泳缓解抽筋的方法

①对于手脚抽筋者,若是手指抽筋,则可将手握拳,然后用力张开,迅速反复多做几次,直到抽筋消除为止。

②若是小腿或脚趾抽筋,先吸一口气仰浮水上,用抽筋肢体对侧的手握住抽筋肢体的脚趾,并用力向身体方向拉,同时用同侧的手掌压在抽筋肢体的膝盖上,帮助抽筋腿伸直。

③若是大腿抽筋,可同样采用拉长抽筋肌肉的方法解决。

八、溺水急救

溺水后一般引起窒息缺氧,如心跳停止的称为"溺死",心跳未停止的则称"近乎溺死",由于其救治原则基本相同,因此统称为溺水。

溺水的急救方法:

①将溺水者抬出水面后,应立即清除其口腔、鼻腔内的水、泥及污物,用纱布(手帕)裹着手指将伤员舌头拉出口外,解开其衣扣、领口,以保持呼吸道通畅,然后抱起伤员的腰腹部,使其背朝上、头下垂进行倒水。或者抬起伤员双腿,将其腹部放在施救者肩上,快步奔跑使积水倒出。或施救者取半跪位,将溺水者的腹部放在施救者腿上,使其头部下垂,并用手平压背部进行倒水。

②呼吸停止的应立即进行人工呼吸,一般以口对口吹气为最佳。施救者位于溺水者一侧,托起其下颌,捏住其鼻孔,深吸一口气后,往溺水者嘴里缓缓吹气,待其胸廓稍有抬起时,放松其鼻孔,并用一手压其胸部以助呼气。反复并有节律地(每分钟吹 16~20 次)进行,直至恢复呼吸为止。

③心跳停止的应先进行胸外心脏按压。让溺水者仰卧,背部垫一块硬板,头稍后仰,施救者位于溺水者一侧,面对溺水者,右手掌平放在其胸骨下段,左手放在右手背上,借施救者身体重量缓缓用力。

九、溺水伤害典型案例

1.远离危险水域,选择正规游泳场馆

案例一: 2016 年 5 月 7 日傍晚,济南市历城区某职业学院男生刘某在黄河溺水身亡。5 月 7 日下午,刘某和十几名同学到遥墙云家村附近黄河岸滩烧烤。19 时左右,刘某与一名同学在河滩边并排行走。行走过程中,两人不慎掉进了黄河中。刘某的同学上了岸,刘某却被卷入河中,不见了踪迹。"黄河就是这样,看着表面平静,其实下面波涛汹涌,就算会凫水的下去也凶多吉少。"附近村民说。梳理 2010—2015 年媒体报道的济南黄河溺水事件,除去轻生行为,6 年来济南至少发生 23 起黄河溺水事件,导致至少 33 人命丧黄河。

案例二: 2002 年 4 月 15 日下午,重庆某职中一名学生私自下江游泳,结果溺水身亡。该校副校长称,学生溺水身亡后,校方立即联系死者家属,并通知 6 名与溺水学生同行学生的家长前来协商处理此事。学校和家长谈了 3 天,最后达成协议,学校出于人道因素考虑,在物质上给予家长一定的抚慰。

2.遇到溺水人员,选择正确救助方式

案例: 某日下午,汕头市潮阳区金灶镇一个小型水库里发生了一起意外溺亡事故,7 名溺水者死亡。官方调查通报称,这起事故起因系其中一名孩子在水库边洗手失足落水,他的父母、兄弟姐妹以及其他亲戚接连试图自行救援,由于不识水性,相继溺水身亡。

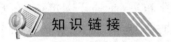
知识链接

1.溺水人员的救助方法(图 5-2)

①发现有人落水时,不要贸然去救人,因为一旦被落水者抓住将十分危险。可将救生圈、竹竿、木板、绳索等物抛给溺水者,将其拖至岸边。

②若没有救护器材,而自己又具备一定的游泳水平和救护技巧,应尽快脱去衣裤和鞋子,下水后从落水者背后接近救护。在向落水者接近时,尽量避免被落水者抓住。

③将溺水者救上岸后,立即清除其口腔、鼻咽腔的呕吐物和泥沙等杂物,将其舌头拉出,并将其腹部垫高,使胸及头部下垂,或抬起其双腿,将其腹部放在自己的肩部,做走动或跳动"倒水"动作。然后立即对其进行人工呼吸,恢复溺水者的呼吸,同时迅速拨打"120"急救电话。

2.心脏复苏的方法

心脏复苏的方法通常包括胸前叩击术和胸外心脏挤压术。

(1)胸前叩击术

人在心跳停止的 1 分 30 秒内,心脏应激性增强,叩击其心前区往往可使心脏复跳。

①救助者将被救助者仰卧放在硬床板或地板上,使其四肢舒展。

抬颌体位时的口对口人工吹气　　托颌体位时的口对口人工吹气　　抬颈体位时的口对口人工吹气

图 5-2　溺水救助

②救助者用拳头以中等力叩击其心前区,一般连续叩击 3~5 次,立即观察其心音和脉搏。

③若被救助者恢复心跳,则复苏成功;反之放弃,改用胸外心脏挤压术。

(2)胸外心脏挤压术

①救助者在被救助者一侧或骑跨在其身上,面向被救助者头部,一只手掌根部置于被救助者胸骨下端,另一只手掌交叉重叠于其上,臂伸直,靠体重和肩、臂部肌肉适度用力,向脊椎方向挤压,每分钟 60~90 次为宜。

②胸外心脏挤压术用力不宜过猛,以免造成被救助者肋骨骨折或引起血气胸。

③复苏成功的表征是被救助者口唇转红润,血压复升,能触到股动脉搏动。

3.呼吸复苏的方法

呼吸复苏与心脏复苏同时进行,不进行呼吸复苏,人体组织缺氧,心脏复苏也无法成功。口对口人工呼吸是最简便有效的方法,其气量较大,适于现场救助。

①救助者将被救助者仰卧,头部后仰。救助者先吸出被救助者口腔或咽喉部分的分泌物,保持其呼吸道通畅。

②救助者蹲于被救助者的一侧,一手托起其下颌,另一手捏住其鼻孔,将其口腔张开。救助者先深吸一口气,对准被救助者口腔用力吹入,然后迅速抬头,并同时松开双手,听有无回声,如有则表示气道通畅。如此反复进行,每分钟 14~15 次左右,直到被救助者呼吸恢复。口对口时,如果有纱布,放一块叠二层厚的纱布;如果没有纱布,放一块一层的薄手帕。

③如果被救助者口腔有严重外伤或牙关紧闭,救助者可对其鼻孔吹气(必须堵住口)。救护者吹气力量的大小,依据被救助者的具体情况而定,一般以吹进气后,被救助者的胸廓稍微隆起最为合适。

第二节　防家教陷阱

以请家教为名引诱大学生特别是女大学生上钩是不法分子的惯用伎俩,但这种伎俩为何屡屡奏效呢?目前家教市场竞争越来越激烈,找到一份合适的家教已不太容易,所以,大学生们找家教时往往不加选择。女大学生在体力上不具备优势,再加上她们涉世不深,对不法分子的警惕性不高,往往认为每个人都是好人。所以,在进入家教市场时,很容易成为不法分子"猎取"的目标。那么大学生做家教应如何做好自我保护,避免遭到不法侵害呢?

(1)要记住安全第一

在找家教工作的过程中,时刻牢记安全第一,绝对不能因求职心切而忽略了安全问题。同时,对那些已有多次家教经验的大学生来说,也绝对不能放松自我保护和安全防范意识,因为街头找工作随意性太大,谁也不能确定自己遇到的下一个雇主,是好人还是心怀不轨的人。要记住,很多看上去憨厚老实的人,未必就真的是好人。一定要常常提醒自己,安全是最重要的。

(2)要通过中介机构

最好通过正规中介机构求职。另外,通过亲属、老师和同学介绍做家教,也相对比较可靠。

(3)要固定家教时间

辅导时间相对固定,没有特殊情况不要随意改动。辅导时间不宜过晚,应尽可能将家庭辅导时间安排在周六、周日的白天,或平常自己没有晚课和学生放学较早的时间段,尽量选择距离学校较近的家庭做家教。

(4)要告知自己的行踪

在首次进行家庭辅导时,最好约上同学陪同前往。同时,最好在到达担任家教的家庭后,给同学打个电话,这样一方面可以让同学知道自己的行踪,另一方面即使遇到心怀恶意的人,也可以通过这个方法让对方有所忌惮。

另外,要将自己担任家教期间的外出辅导行程表和时间表告知同寝室的人,让要好的同学掌握,以防万一。

一、要通过正规机构寻找家教

案例一: 20岁的钟某,是浙江省兰溪市人,就读于某学院物理系。为了减轻家里的经济负担,钟某想利用暑期做家教。7月3日下午2时许,钟某接到职业介绍所电话,说有人找她做家教,她便去了。谁知这一去竟走上了一条不归路。7月4日下午,同寝室的同学见钟某一天一夜没回校,马上报告老师,老师连忙向警方报案。当天晚上,当地公安局刑侦大队从职业介绍所了解到,钟某是被一名来自临海市邵家渡镇的男人带走的,经过排查后发现有诈骗前科的尹某有重大作案嫌疑。

7月3日中午12时许,心怀鬼胎的尹某来到职业介绍所,谎称要为自己的孩子找一个女大学生做家教,并称每月800元工资。钟某随尹某到了他的家后,等了半个小时,不见小孩来,便产生了疑问。这时尹某对其动手动脚,钟某夺门而出,表示要去报案。慌了神的尹某连忙卡住她的脖子,将其活活掐死。事后,尹某又趁天黑将尸体扔在了镇里的化粪池内。

案例二: 2012年4月27日晚,济南市一男子以需要聘请家教为名,将女大学生王某骗至他的租住处,采取持枪威胁的手段,强迫王某交出身上的手机、现金等财物。遭到王某反抗后,该男子使用其携带的枪支将王某打伤,并限制王某的人身自由。最终,该男子被济南市市中区人民法院以抢劫罪和非法持有枪支罪数罪并罚,判处有期徒刑十一年零六个月。

二、预防网上家教骗局

案例: 6月28日,来自中南林业科技大学、长沙理工大学、长沙环境保护职业技术学院等高校的多名学生反映,遭遇了"兰老师"的家教骗局。一位备注名为"兰老师"的网友在长沙多个大学生群内发布家教招聘信息,求职者需要交100元的中介费。通过支付宝付款后,求职者会获取一个家长电话。可预约好试课时间后,对方却不接电话了,QQ也被"兰老师"拉黑。这样一个骗局,已至少有20名学生上当。

第三节　防校外租房风险

一、大学生校外租房利弊分析

1. 有利方面

（1）有利于灵活安排作息时间

校外租房使得大学生不会再因为学校宿舍的各种制度而受到制约。同时,也不必担心早出晚归或看书学习影响室友休息,有完全属于自己的、独立的、最大化的自由空间。

（2）有利于减少同学之间的误会、摩擦,避免矛盾

因与室友相处不和而在校外租房的学生占有一部分比例。在校外生活,确实降低了在生活上与同学正面发生冲突的可能。

（3）有利于增强独立生活的能力

在校外生活要学会照顾好自己的衣食起居,缴纳水电费、疏通下水道等的生活琐事也都需要自己处理,不像住在宿舍,一切都有学校相关管理人员负责。

2. 不利之处

（1）不利于人际交往

校外租房最典型的就是独居,长期与班集体脱离联系,缺少与同学碰面的机会,自然不利于正常的人际交往。而人际交往是现代生活的重要组成部分,有助于在集体中正确定位自己,学会与人相处,完善自身的性格。

（2）金钱和时间上的投入较大

校外租房不会像学校宿舍那样经济实惠,房租和水电费等都是一笔不小的开支。学生在学校和住处之间往返奔波,时间上的花费也远比住校生多得多。

（3）安全没有保障,存在隐患

学校宿舍每栋楼会有一名宿舍管理员,还装有电子摄像头,在一定程度上保障了学生的安全。如果是单独租房,要更加注意小区的安保状况。如果是合租的话,选择合租人也是一个问题,选择不当,合租人也是一种风险。

由于刚进大学,学生的自我防范意识还比较弱,社会经历不足,常常会忽视一些细节,比如一次忘记关窗就会给不法分子有可乘之机。在外租房时应注意以下事项：

①必须先考察所租房屋是否存在安全隐患。

②应有家长或监护人负责生活、学习、安全及其他事情。

③加强思想品德及行为习惯修养,抵御不良习俗的影响。

④随时注意用电、用气、用火等安全。

⑤随时注意饮食卫生等方面的安全。

⑥校外租房不携带、不储藏危险物品。

⑦提高安全意识,不轻易相信陌生人,不轻易跟不认识的人走动。

⑧学习一些常用的危险情况下的自救知识。

除此之外,大学生校外租房还需注意：

①错开春节后、暑期六月底、七月初高峰时段,这样,租金费用会相对低一些,房源也会相对多一些。

②在租房网站找房子最方便,但要仔细辨别信息真假。

③看房时选在白天,最好和同伴一起去。

④了解房东,查看证件。明确房东的主体资格,保护自身的利益。若房东为产权人,应当查看房东出具的房地产权证及身份证件;若为转租,应当查看"二房东"出示的上手租赁合同,并要求对方提供房地产权证,上手租赁合同中应明确转租人在租赁期间有转租权。

⑤在看房时,要仔细检查家电的运行情况、家具的完好程度等。最好是先清点所租房屋中的家具,然后填写家具清单,清单中简要列举出租人为承租人准备的家具、家用电器、厨房设备和卫生间设备,并于交房时一一进行清点。入住前,最好再检查一遍屋内有无安全隐患。

⑥签订房屋租赁合同,明确双方的权利和义务。押金和房租等交给房东时须索要收据并保管好。

大学生为追求更多自由空间在校外租房无可厚非,但一定要综合考虑自身的经济条件、自立能力等各方面因素,做出有利于自己大学生活规划的决定。如果在校外租房,要时刻注意安全,保护好自己,让这段经历成为成长路上的精彩历程。

二、防范校外租房风险典型案例

1. 校外租房增强防范意识

案例一:某校 2 名大学生情侣来到某派出所报案,说自己被偷走了一台便携式计算机和一部数码相机。民警询问事情经过得知,这 2 名大学生经常到大学城附近的日租房去"开房",而且还喜欢用相机拍摄一些激情视频和照片。一天,他们又去日租房"开房",当日傍晚离开房间去外面吃晚饭,不料回来后却发现放在房间里的便携式计算机、数码相机,以及 U 盘等物不翼而飞。第二天,这对情侣接到了一名男子发来的短信。在短信中,这个人以激情视频和照片相要挟,向两人勒索 4000 元钱。两人实在无能为力,才狠了狠心,向警方报了案。警方迅速展开侦查工作,很快就发现了嫌疑人的踪迹。该嫌疑人是与这对大学生情侣租住在同一户出租屋里的男子。最终,该男子因涉嫌敲诈勒索罪和盗窃罪被检察机关批准逮捕。

案例二:2014 年 7 月 31 日晚 23 时许,济南市天桥警方用了不到 30 个小时就迅速破获"7·30"抢劫杀人案,犯罪嫌疑人管某被成功抓获。此案的被害人徐某是济南市某高校的大学生。暑假期间,徐某在校外租房居住,并在一家超市勤工俭学。犯罪嫌疑人管某因手头拮据,以咨询购买车票为由,把同在一层楼租住的徐某骗进屋勒死,并实施了抢劫。

2. 校外租房应遵守学校规定

案例一:大学生刘某痴迷上网,因学校夜间限电而不能长时间上网,于是在外租房。学校发现后,辅导员对他进行了批评教育,3 次要求其搬回学校宿舍,但他置之不理。某晚下雨,刘某回到出租房去收挂在阳台上的衣服,不慎摔到楼下,当场死亡。原来该出租房是违章建筑,栏杆很低,不具备安全条件。刘某收衣服时脚下打滑,因栏杆太低而直接摔到了楼下,造成了悲剧。

案例二:某大学女生张某临近毕业,认为住在校外找工作更方便,便独自一人在校外租房居住。一日晚 10 时,张某走在回出租房的小巷内,一个黑影悄悄地跟在她的身后。在其开门的瞬间,歹徒从后将其击昏,拖入房内对其实施了强奸。歹徒临走时,将张某的手机等贵重物品偷去。张某醒来后,失声痛哭,悔之已晚。

第四节　防性骚扰、性侵害

一般认为,只要是一方通过语言或形体上的有关性内容的侵犯或暗示,从而给另一方造成心理上的反感、压抑和恐慌的,都可构成性骚扰。性侵害,主要是指在性方面造成的对受害人的伤害。性骚扰和性侵害是危害大学生身心健康的主要问题之一。由于两性的社会地位和角色不同,相对而言,性骚扰和性侵害的对象常以女性为主。因此,女大学生了解一些性侵害和性骚扰的基本情况,掌握一些基本应对方法,是很有必要的。

一、性骚扰、性侵害的主要形式

1. 暴力型性侵害

暴力型性侵害,是指犯罪分子使用暴力和野蛮的手段,如携带凶器威胁、劫持女学生,或以暴力威胁加之言语恐吓,从而对女大学生实施强奸、轮奸或调戏、猥亵等。暴力型性侵害的特点如下:

①手段残暴:当性犯罪者进行性侵害时,必然受到被害者的本能抵抗,所以很多性犯罪者往往要施行暴力且手段野蛮、凶残,以此来达到自己的犯罪目的。

②行为无耻:为达到侵害女大学生的目的,犯罪者往往会不择手段,比禽兽还疯狂地任意摧残凌辱受害者。

③群体性:犯罪分子常采用群体性纠缠方式对女大学生进行性侵害。这是因为,人多势众,容易制服被害人的反抗而达到目的;这还会使原来单个不敢作案的罪犯变得胆大妄为,这种形式危害极大。

④容易诱发其他犯罪:性犯罪的同时又常会诱发其他犯罪,如财色兼收、杀人灭口、争风吃醋、聚众斗殴等恶性事件。

2. 胁迫型性侵害

胁迫型性侵害,是指利用自己的权势、地位、职务之便,对有求于自己的受害人加以利诱或威胁,从而强迫受害人与其发生非暴力型的性行为。其特点如下:

①利用职务之便或乘人之危而迫使受害人就范。

②设置圈套,引诱受害人上钩。

③利用过错或隐私要挟受害人。

3. 社交型性侵害

社交型性侵害,是指在自己的生活圈子里发生的性侵害,与受害人约会的大多是熟人、同学、同乡,甚至是男女朋友。社交型性侵害又被称为"熟人强奸""社交性强奸""沉默强奸""酒后强奸"等。受害人身心受到伤害以后,往往出于各种考虑而不敢揭发。

4. 诱惑型性侵害

诱惑型性侵害,是指利用受害人追求享乐、贪图钱财的心理,诱惑受害人而使其受到的性侵害。

5. 滋扰型性侵害

滋扰型性侵害的主要形式为:

①利用靠近女生的机会,故意接触女生的胸部,摸、捏其躯体和大腿等处;在公共汽车、商店等公共场所故意挤碰女生等。

②暴露生殖器等变态式性滋扰。

③向女生寻衅滋事，无理纠缠，用污言秽语进行挑逗，或者做出下流举动对女生进行调戏、侮辱，甚至可能发展为集体轮奸。

二、容易遭受性骚扰、性侵害的时间和场所

夏天，是女大学生容易遭受性骚扰、性侵害的季节。夏天天气炎热，夜生活时间延长，外出机会增多。夏季校园内绿树成荫，罪犯作案后容易藏身或逃脱。同时，由于夏季气温比较高，女生衣着单薄，裸露部分较多，因而对异性的刺激增多。

夜晚，是女大学生容易遭受性骚扰、性侵害的时间。这是因为，夜间光线暗，犯罪分子作案时不容易被人发现。所以，在夜间女大学生应尽量减少外出。

公共场所和僻静处所，是女生容易遭受性骚扰、性侵害的地方。这是因为，公共场所如教室、食堂、礼堂、舞池、溜冰场、游泳池、车站、码头、电影院等场所人多拥挤时，不法分子常乘机袭击女生；僻静之处如公园假山、树林深处、夹道小巷、楼顶阳台、没有路灯的街道楼边、尚未交付使用的新建筑物内、下班后的电梯内、无人居住的小屋、茅棚等，若女生单独逗留，很容易遭受到流氓袭击。所以，女生最好不要单独行走或逗留在上述地方。

三、积极防范以避免发生性骚扰、性侵害

1. 筑牢思想防线，提高识别能力

女大学生特别应当消除贪图小便宜的心理，对一般异性的馈赠和邀请应婉言拒绝，以免因小失大。谨慎待人处事，对于不相识的异性，不要随便说出自己的真实情况，对自己特别热情的异性，不管是否相识都要倍加注意。一旦发现某异性对自己不怀好意，甚至动手动脚或有越轨行为，一定要严厉拒绝、大胆反抗，并及时向学校保卫部门报告，以便及时加以制止。

2. 行为端正，态度明朗

如果自身行为端正，坏人便无机可乘。如果自己态度明朗，对方就会打消念头，不再有任何企图。如果自己态度暧昧，模棱两可，对方就会增加幻想，继续纠缠。在拒绝对方的要求时，要讲明道理，耐心说服，一般不宜嘲笑挖苦。中止恋爱关系后，若对方仍然是同学、同事，不要结怨成仇人，在节制不必要往来的同时仍可保持一般正常往来关系。参加社交活动与异性单独交往时，要理智地、有节制地把握好自己，尤其应注意不能过量饮酒。

3. 学会用法律保护自己

对于那些失去理智、纠缠不休的无赖或违法犯罪分子，千万不要惧怕他们的要挟和讹诈，也不要怕他们打击报复。要大胆揭发其阴谋或罪行，及时向领导或老师报告，学会依靠组织和运用法律武器保护自己。千万不能"私了"，"私了"的结果常会使犯罪分子得寸进尺，没完没了。

4. 学点防身术，提高自我防范的有效性

一般女性的体力均弱于男性，防身时要把握时机，出奇制胜，快准狠地出击其要害部位，即使不能制服对方，也可制造逃离险境的机会。人的身体各部位都可以用来进行自卫反击，头的前部和后部可用来顶撞，拳头、手指可进行攻击，肘朝背部猛击是最强有力的反抗，用膝盖对脸和腹股沟猛击相当有效，用脚前掌飞快踢对方胫骨、膝盖和阴部也非常有效……同时，要注意设法在案犯身上留下印记或痕迹，以备追查、辨认案犯时作为证据。

四、女大学生自我保护典型案例

1.维护正当权益,学会自我保护

案例一: 2014年10月14日,福建某大学发布通告,称该校博士生导师吴某利用指导论文、保研保博的机会,与一名女研究生多次发生不正当性关系,并对另一名女研究生有性骚扰行为。吴某的行为严重违背作为一名教师应有的基本职业道德和操守,败坏了师德。经学校研究决定,给予吴某开除党籍、撤销教师资格的处分。

案例二: 某学院音乐表演专业大四女生小莉(化名)由于在宿舍使用大功率电器,被学生处宿管科查到,受到了学校的纪律处分。按照学校有关规定,如果该处分不被取消,小莉就拿不到毕业证。因此,小莉找到学生处赵处长"求情"。赵处长说小莉的处分不能取消,并暗示这事也不是没有回旋的余地,就看小莉会不会表现了。小莉离开赵处长的办公室后,很快收到赵处长的微信攻势。微信备注名为"赵部长"的赵处长称小莉为"亲爱的",多次表示自己很爱她,聊天内容十分肉麻、暧昧,有明显色诱的内容。小莉在男朋友的陪同下,故意约赵处长吃饭,并将其骚扰、利诱的电话录音。后来,赵处长只得给小莉取消处分。此前,该处长已有过多次骚扰其他女大学生的情况。

案例三: 2014年10月10日晚,有网友发布3张照片,指某学院副教授王某在吃饭时"性骚扰"2名年轻女性。照片中3人围坐在饭桌前,中间是一位头发花白的男子,旁边各坐一位学生模样的年轻女性。照片中的男子亲了右边女性的脸,也亲了左边女性的手。上传照片的网友说:"王某多次对2名女性进行身体接触,女性有反抗,但王某一直没有停止。"该学院就网络举报该校副教授餐厅"骚扰"女生一事做出回应,称网友举报的内容属实,决定禁止王某参加学校的任何教学、科研和学术活动,降低王某的退休待遇,并支持学生通过法律途径维护自身的合法权益。

2.保持适当距离,提高识别能力

案例一: 2015年5月5日晚9时许,长沙市某学院大一女生刘某与男同学王某以及其他3名同学一起外出吃夜宵,并喝醉酒。当晚11时许,在2名男同学的协助下,刘某被王某带至学校附近某酒店。随后,王某在该酒店房间内对刘某实施了性侵。第二天早上6时许,王某见叫不醒刘某,便拨打了"120"急救电话。急救人员到达后,发现刘某已死去多时。

案例二: 某大学女生王某的高中同学来学校看她,王某的同学还认识该校的一名男同学于某。在3人外出吃饭时,于某提出喝点酒,王某不慎喝醉。于某以送王某回宿舍为由,打车将王某带到一旅店,对醉酒状态下的王某实施强奸。

知识链接

《中华人民共和国刑法》第二百三十六条规定:以暴力、胁迫或者其他手段强奸妇女的,处三年以上十年以下有期徒刑。

奸淫不满十四周岁的幼女的,以强奸论,从重处罚。

强奸妇女、奸淫幼女,有下列情形之一的,处十年以上有期徒刑、无期徒刑或者死刑:

(一)强奸妇女、奸淫幼女情节恶劣的;
(二)强奸妇女、奸淫幼女多人的;
(三)在公共场所当众强奸妇女的;
(四)二人以上轮奸的;
(五)致使被害人重伤、死亡或者造成其他严重后果的。

第五节　电梯自救及案例

一、电梯自救注意事项

从电梯的构造上来说,电梯的安全部件分为4个部分:安全电路、限速器(纯机械)、安全钳(纯机械)和轿底缓冲器(纯机械)。简单地说,电梯出现故障时的运作程序,首先是安全电路动作,将电梯停掉;如果安全电路坏了,电梯一旦失速,电梯的机械式限速器和安全钳就会动作,限速器和安全钳都是纯机械部件,即使没有任何电力或钢丝绳全部断掉,在电梯速度超过额定速度的15%的情况下,限速器也会带动安全钳动作,将电梯紧紧地钳在电梯导轨上,让电梯丝毫动弹不得,所以现在的电梯才被称为安全电梯。如果电梯的安全钳和限速器也都坏了(概率比走路摔死还低),电梯井道下都装有缓冲器,当然,如果楼层高的话,缓冲器也只能起到一定的作用,电梯里面的人肯定会受伤。因此,电梯即使没电,也不会出现任何危险。但是如果没电,关在电梯里的人的确会出现焦躁等情绪。不过,早在十几年前,电梯就已经有了断电自动平层系统,就是根据电梯的功率和楼层间距,安装一个蓄电池,在电梯没电的情况下,由蓄电池进行供电,将电梯停在最近的楼层,开门将乘客放出。但不是每台电梯都配有断电自动平层系统,需要电梯的购买方或单位提出加价选配,电梯公司才会给提供。

接下来,让我们来学习一下人一旦被困电梯应该怎么做？人被困电梯后,最重要的不是实施救援的过程,而是在最短的时间内与外界取得联系,寻求救援。一旦被困电梯内就应做好以下几点:

①人一旦被困电梯之后最好的自救方法就是按下电梯内部的紧急呼叫按钮,这个按钮会直接与值班室或者监视中心连接,如果呼叫有回应,要做的就是等待救援。

②如果报警没有引起值班人员注意,或者呼叫按钮也失灵了,最好用手机拨打报警电话求援。目前,许多电梯内都配置了手机的发射装置,可以在电梯内正常接打电话。

③如果适逢停电,或者手机在电梯内没有信号,面对这种情况,被困者一定要保持镇静,因为电梯都安装有安全防坠装置。防坠装置会牢牢卡在电梯槽两旁的轨道上,使电梯不至于掉下去。即使遭遇停电,安全装置也不会失灵。这个时候,被困者务必镇静,保持体力,伺机待援。在狭窄闷热的电梯里,许多被困者往往担心会窒息,这一点请大家放心,目前国家对电梯生产有严格的规定,只有达到通风的效果,才能够投入使用。另外,电梯有许多活动的部件,比如说一些连接的位置,如轿壁和轿顶的连接处都有缝隙,一般来说足够人的呼吸需要。

④在稍事稳定情绪之后,被困者要做的就是,把铺在电梯轿厢地面上的地毯卷起来,将底部的通风口暴露出来,达到最好的通风效果。然后大声向外面呼喊,以期引起过往行人的注意。

⑤如果被困者喊得口干舌燥仍没有人前来搭救,就要换一种保存体力的方式求救。这时,不妨间歇性地拍打电梯门,或用坚硬的鞋底敲打电梯门,等待救援人员的到来。为了节省体力,可以在听到外面有了响声后再拍。在救援者尚未到来期间,宜冷静观察,耐心等待,不要乱了方寸。有些性急的被困者会尝试自己从轿厢里面打开电梯门,这是一种极其错误的自救方式。因为电梯在出现故障时,门的电路有时会发生失灵的情况,这时电梯可能会异

常启动。如果强行扒开门就更危险,容易造成人身伤害。另外,被困者往往并不了解电梯停运时身处的楼层位置,盲目扒开电梯门,也会有坠入电梯井的危险。万一真的遇到电梯急速坠落的情况,请将背部紧靠电梯,然后膝盖弯曲,脚往两边挪,这样能最大限度缓冲坠落力度,避免对人造成过大的冲击。此外,不要盲目从天窗爬出,在轿厢门暂时无法打开的情况下,听从专业救援人员安排,断电停机后,才可以从天窗逃出。

总之,在被困电梯的情况下,合理控制情绪,科学分配体力,耐心等待救援,才是成功脱困的最好途径。

二、电梯安全典型案例

1.细心观察,保证安全

案例一:2014年9月14日傍晚,某大学一名男生黄某乘坐教学楼电梯,不幸被电梯卡住窒息身亡。监控视频显示:14日17时47分35秒,电梯门打开,黄某与一名男同学在电梯门外准备进来。黄某先迈一步走进电梯,没料到轿厢根本没停,仍在上升。黄某的左脚被上升的轿厢绊了一下,上身和左脚因惯性作用扑进了电梯,右脚却在轿厢外。黄某立即使用左手扶住轿厢门框,右手则撑在轿厢地板上欲挣扎着站起来,但轿厢飞快上升,瞬间将他卡在电梯地板与门框顶部之间。电梯挤压力度大,导致黄某内脏损伤而窒息死亡。

案例二:2002年6月20日,杭州余杭某大酒店有限公司一乘客宋某由于身体疲劳,候梯时右手扶墙,左手倚靠电梯层(厅)门,身体向电梯门方向前倾呈休息状态,恰好给电梯层(厅)门施加了一定水平方向的外力,导致16楼层(厅)门非正常开启,宋某身体重心失去平衡,坠入井道死亡。

案例三:2007年5月19日上午9时40分,由于消防水管破裂,导致衢州市某医院一载货电梯井道底坑大面积积水,此时到医院送货的严某对电梯严禁载人的警示标志视而不见,在明知电梯浸水的情况进入电梯轿厢,电梯在开着门的情况下突然启动,严某被夹在轿厢与井道壁之间,当场被剪切而亡。

2.遇事不慌,有序处理

案例:2007年11月21日10时30分左右,浙江大学医学院某附属医院住院楼一台病床电梯在一楼上行至二楼中突然停梯,五人被困梯内。由于过于慌张,采取不当的撤离方式,姜某在明知电梯轿厢底距地面1.5米左右尚未平层且有一定危险的情况下,盲目爬离电梯,不慎从井道中坠入地下二层,造成大腿骨折和内脏出血等损伤,经抢救无效死亡。

知识链接

专家示范电梯下坠时保护自己的最佳动作:

①赶快把每一层楼的按键都按下(不论有几层楼,切记要从底部往上按,以最快的速度全按亮,哪怕不亮也都按)。

②如果电梯内有手把,请一只手紧握手把。

③整个背部跟头部紧贴电梯内墙,呈一直线。

④膝盖呈弯曲姿势。因为你不会知道它会何时着地,若不以这样姿势防范,则坠落时很可能会全身骨折而死。

第六节 应对校园滋扰

对大学生来说,滋扰,从广义上讲,是指学校外部人员无视国家法律和社会公德而寻衅滋事、结伙斗殴、扰乱社会秩序等行为。从狭义上讲,滋扰主要是指对校园秩序的破坏扰乱,对大学生无端挑衅、侵犯乃至伤害的行为。滋扰是一个涉及学生、家庭、社会等诸多方面复杂因素的社会问题,大学生必须提高警惕,尽力预防和制止外部滋扰,以保证学校教学、科研和生活正常有序地进行。

一、大学生受外部滋扰的常见形式

①校外的某些不法青少年会通过多种途径与一些在校大学生交往,一旦发生矛盾或产生纠葛,便会有目的地入校寻衅滋事、伺机报复。

②社会上的不法青年,在游泳、沐浴、购物、看电影、参加舞会、观看比赛,甚至走路等过程中,与在校大学生产生矛盾,甚至爆发冲突。

③校外的不法青年,专门尾随女大学生或有目的地到学生宿舍、教室等处污辱、骚扰、调戏女生,甚至对女大学生动手动脚,使女大学生受到伤害。

④校外的青少年犯罪团伙邀约到校园内斗殴滋事,从而殃及围观或路过的大学生。

⑤外来人员或某些法纪观念淡薄的教职工子女与学生争抢活动场地,从而引发矛盾和冲突。

⑥校外的一些游手好闲的青少年,把学校视为玩乐场所,在校园内游逛,或故意发出怪声、漫骂、吵吵嚷嚷,或有意扰乱学校正常教学生活秩序,以搅得"鸡犬不宁"为乐,旁若无人、不可一世,似乎"老子天下第一"。大学生与这类人员发生正面冲突的可能性很大。

⑦有的不法青年喜欢电话滋扰,在师生休息的时间不停地拨打电话,然后谈天说地,或者口吐污言秽语,以搅得别人不能入睡为乐。

⑧少数无赖之徒,千方百计地打听异性大学生的姓名及联系方式,然后不停地给其写信,不是低级庸俗的谈情说爱和造谣中伤,就是莫名其妙的恐吓和威胁,甚至敲诈勒索,从而造成受害人在精神上的痛苦,这即是信件滋扰。

二、滋扰伤害典型案例

1.高校学生之间的滋扰

案例一:某高校大二女生孙某与相邻某高校大三男生张某同乡,两人放假返乡途中在某景点游玩时,高兴之时亲密相拥拍照留念。返校后张某向孙某求爱,被孙某拒绝。张某以公开两人照片为由,多次打电话要挟孙某。孙某的男朋友发现后弃之而去,孙某万念俱灰,身心疲惫,险些轻生。

案例二:2014年12月14日下午5时,潍坊市某学院2013级学生王某周末返校两个小时后失联。18日下午5点多,失联96小时的王某在一网吧内被找到。王某称自己出走的原因是为了躲避校园暴力。王某说,他在学校被人欺负,还多次被人索要钱财,为避免被同学继续欺负和索要钱财,怕被打,想逃避几天,才选择出走。王某也曾向老师反映过,老师也批评教育了欺负他的同学,可过一段时间后他还是会遭到欺负,并收到再告诉老师就会挨打的恐吓。

2.感情问题引发的滋扰

案例:2014年9月26日下午6时许,兰州市西固区某街区附近发生一起命案,一名男子将一男一女两人当街杀死,并捅伤一名劝阻的男子。行凶男子与被杀女子之前为情侣关系,事发当日下午,行凶男子来到兰州某职业技术学院,希望当面和前女友好好谈谈,想挽回这段恋情。但是,双方在交谈之中发生了争吵,失去理智的男子掏出随身携带的尖刀将女子及其交往的男子当街杀死,并将一名劝阻的男子刺伤。

3.外来人员的滋扰

案例一:2015年9月10日,济南市大学科技园某高校女生宿舍楼来了2名学生模样的女青年,她们以招聘学生勤工俭学、推销化妆品为名对新生行骗,所提供的样品是真货,但实际卖出的货物是假货,造成刚入学不久的4名同宿舍女生损失近千元。过了一段时间,宿舍里又来了一名女青年行骗,同学们及时报告学校保卫部门,学校保卫人员当场抓获行骗者,避免了同学们的更大损失。

案例二:2015年12月29日,济南市某高校大一学生高某通过天天快递从兴隆山校区寄出3盒香烟和几件金属工艺品给重庆的朋友。因为寄给朋友的快递被快递员弄丢了,高某向天天快递公司投诉了该快递员。虽然高某最终通过协商拿到了丢失快递的赔偿金,但快递员却不停地给她打电话、发短信要求她撤销投诉,甚至还威胁高某"你给我等着""我弄死你"。短短2天时间,高某接到了十几个恐吓电话和十几条恐吓短信。

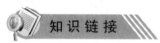

《中华人民共和国治安管理处罚法》第四十二条规定:有下列行为之一的,处五日以下拘留或者五百元以下罚款;情节较重的,处五日以上十日以下拘留,可以并处五百元以下罚款:

(一)写恐吓信或者以其他方法威胁他人人身安全的;

(二)公然侮辱他人或者捏造事实诽谤他人的;

(三)捏造事实诬告陷害他人,企图使他人受到刑事追究或受到治安管理处罚的;

(四)对证人及其近亲亲属进行威胁、侮辱、殴打或者打击报复的;

(五)多次发送淫秽、侮辱、恐吓或者其他信息,干扰他人正常生活的;

(六)偷窥、偷拍、窃听、散布他人隐私的。

三、大学生应当怎样对待外部滋扰

寻衅滋事是一种犯罪行为,在校园内故意起哄、强要强夺、无理取闹、追逐女学生等流氓行为,不仅直接危害师生员工的人身和财产安全,而且还会破坏整个校园的正常秩序。对此,除学校有关职能部门和公安机关等应组织力量防范和打击外,遇有流氓滋事,学校教师和学生都有义务进行抵制和制止。只要有人挺身而出,发动周围的师生共同制止,流氓即使人多势众也不能不有所收敛。一般情况下,在校园内遇有流氓滋事,在确保自身安全的前提下,一方面要敢于出面制止或将流氓分子扭送有关部门,或及时向学校保卫部门报案,或打"110"电话报警,以便及时抓获犯罪嫌疑人,予以惩办;另一方面,要加强自身的修养,冷静处置,不因小事而招惹是非,积极慎重地同外部滋扰这一丑恶现象做斗争是义不容辞的责任。具体地说,大学生在遇到流氓滋事时,应注意把握以下几点:

①提高警惕,做好准备,正确看待,慎重处置。面对违法青少年挑起的流氓滋扰,千万不要惊慌,而应正确对待。要问清缘由、弄清是非,既不畏惧退缩,避而远之,也不随便动手,一

味蛮干,而应以礼待人,妥善处置。

②充分依靠组织和集体的力量,积极干预和制止违法犯罪行为。如发现流氓滋扰事件,要及时向学校有关部门报告,一旦出现公开侮辱、殴打学生等恶性事件,要敢于见义勇为、挺身而出,积极地加以揭露和制止。要注意团结和发动周围的群众,对滋事者形成压力,迫使其终止违法犯罪行为。那些成群结伙、凶狠残忍的滋事者,总想趁乱一哄而上,为非作歹,只有依靠群众、依靠集体的力量才能有效制止其违法行为。

③注意策略,讲究效果,避免纠缠,防止事态扩大。在许多场合,滋事者显得愚昧而盲目、固执而无赖,有时仅用挑逗性的言语和动作,叫人可气可恼而又抓不到有效证据。遇到这种情况,一定要冷静,注意讲究策略和方法,一方面及时报告并协助有关部门进行处理;另一方面采取正面对其劝告的方法,注意避免纠缠,目的就是避免事态扩大和免得把自己与无赖之徒置于等同地位。

④自觉运用法律武器保护他人和保护自己。面对流氓滋扰事件,既要坚持以说理为主,不要轻易动手,同时又要注意留心观察,掌握证据。比如,有哪些人在场,谁先动手,滋事者有哪些重要特征,案件大致的经过是怎样的,现场状况如何,滋事者使用何种器械、有何证件,毁坏的衣物和设施是什么,地面留有什么痕迹等。这些证据,对查处流氓滋事者是很有帮助的。

大学生除积极防范和制止发生在校园内的滋扰事件外,更应加强自身修养,不断提高自己的综合素质,严格要求自己,绝对不能染上流氓恶习而成为滋事者。

第七节 远离非法组织

一、非法组织的定义

非法组织指的是一种组织形式,其基本含义是指介于自然人和法人之间的、未经法人登记的社会组织。这种社会组织,是为实现某种合法目的或以一定财产为基础并供某种目的之用而联合为一体的未按法人设立规则而设立的人的群体。

而本节所述的非法组织指的是从事非法活动的组织团体,这种团体符合上述非法组织的定义,但其行事目的以损人利己为目标,是一种危害性极大的组织机构。这样的组织一般包括非法出售人体器官组织、卖淫组织、非法代孕组织、诈骗组织、邪教等,其中以邪教的危害性最大。

邪教是指冒用宗教、气功或者其他名义建立,神化首要分子,利用制造、散布歪理邪说等手段蛊惑、蒙骗他人,发展、控制成员,危害社会的非法组织。邪教大多以传播宗教教义、拯救人类为幌子,散布谣言,且通常有一个自称开悟的具有超自然力量的"教主",以秘密结社的组织形式控制群众,一般以不择手段地敛取钱财为主要目的。由于邪教的传播性强、扩散范围广、受害者受害程度严重,已经成为非法组织中的危害性最大的组织形式。

二、非法组织的危害

非法组织通过暴力、欺骗、非法买卖等手段在获取暴利的同时,也在不断破坏社会的正常秩序,危害社会的正常运行。

①大部分危害性的非法组织会导致极为严重的社会后果。据不完全统计,仅"法轮功"邪教组织策划、指挥的非法聚集事件就多达78起,至少600多人经过医生确认因"法轮功"

邪教组织导致精神障碍。

案例一：2001年1月23日下午，某高校大学生陈某因痴迷"法轮功"，在天安门广场自焚，造成终身残疾的严重后果。陈某习练"法轮功"之前，在学校是品学兼优的学生。由于习练"法轮功"，陈某被李洪志的歪理邪说蒙骗，且越陷越深，不能自拔，以至于最后走向自残的道路。

案例二：2006年3月，河北省石家庄市某学院学生洪某因病休学在家，其母王某是一名"法轮功"痴迷者，她不但不带儿子去积极求医，还教唆洪某练起了"法轮功"。在"法轮功"痴迷者的蛊惑下，3月7日中午，洪某寄希望于和"功友"们一起练习"法轮大法"治疗疾病，晕倒在地后，再也没能爬起来，最终因贻误治疗时机而去世。

②非法组织的存在会散播恐惧，造成社会恐慌。例如，组织性的非法贩卖器官，就会造成社会间的不信任，导致社会中人人自危。而在1995年，邪教"奥姆真理教"在东京制造的"沙林"毒气事件中，导致了5500多人中毒。

③非法金融组织以非法手段融资牟取暴利，破坏金融秩序，严重威胁国家经济安全。

④有的邪教组织勾结投靠敌对势力，严重损害国家利益。

三、抵制非法组织侵害

依法防范和打击危害性非法组织，是国家政府的职责，也是每一位社会公民的共同义务。由于大学生思想意识的不成熟性和可塑性，非法组织随时都可能危害大学生的相关利益。为了抵制和打击危害性非法组织的侵害，大学生应该做到以下几点：

①努力学习，了解区分非法组织与危害性非法组织的不同。

②用科学的知识武装和充实头脑，认清楚诈骗组织、邪教组织的真面目，不上当，不入教。

③最好结伴出行，一个人出行需要多留意周围，警惕可能出现的威胁。

④发现危害性非法组织之后，在保证自身安全的情况下，积极向有关部门进行举报揭发。

⑤注意自己家人及周边朋友的变化，及时提醒其免受非法组织的侵害。

知识链接

1.《中华人民共和国治安管理处罚法》第二十七条规定：有下列行为之一的，处十日以上十五日以下拘留，可以并处一千元以下罚款；情节较轻的，处五日以上十日以下拘留，可以并处五百元以下罚款：

（一）组织、教唆、胁迫、诱骗、煽动他人从事邪教、会道门活动或者利用邪教、会道门、迷信活动，扰乱社会秩序、损害他人身体健康的；

（二）冒用宗教、气功名义进行扰乱社会秩序、损害他人身体健康活动的。

2.《中华人民共和国刑法》第三百条规定：组织和利用会道门、邪教组织或者利用迷信破坏国家法律、行政法规实施的，处三年以上七年以下有期徒刑，并处罚金；情节特别严重的，处七年以上有期徒刑或者无期徒刑，并处罚金或者没收财产；情节较轻的，处三年以下有期徒刑、拘役、管制或者剥夺政治权利，并处或者单处罚金。

组织、利用会道门、邪教组织或者利用迷信蒙骗他人，致人重伤、死亡的，依照前款的规定处罚。

犯第一款罪又有奸淫妇女、诈骗财物等犯罪行为的，依照数罪并罚的规定处罚。

第六章 财产安全

第一节 宿舍防盗

学生宿舍是高密度人群居住的地方,防盗工作也不容忽视。作为宿舍的主体——学生,要重视防盗工作的重要性,提高思想认识,让不法分子无可乘之机。

一、学生宿舍常见的被盗方式

①乘虚而入:即室内无人,房门未锁,窃贼入室。

②钓鱼:即夏秋季节,窃贼趁夜深学生熟睡之时,用树枝、竹竿等钩走较矮楼层学生的衣物。

③溜门撬锁:此类案件作案手法表现为胆大手狠,现场翻动较大,作案目标以现金和价值高、便于携带的物品为主。

④翻窗入室:此类盗窃案件的窃贼与溜门撬锁者的作案目标相近。

⑤顺手牵羊:即趁主人不注意时,顺手盗窃财物。

此外,还有偷配钥匙预谋行窃;也有假借找人、卖东西等名义混入宿舍行窃等。

二、哪些学生宿舍容易被盗

①居住成员混杂、搬动次数频繁的,易被盗窃分子钻空子。

②制度不严、管理松懈的,容易使盗贼乘虚而入,进行盗窃。

③无人值班或值班人员无责任心的。

④缺乏警惕性、互不关心的。有的学生看到陌生人在宿舍里乱窜,缺乏警觉或唯恐惹火烧身而不闻不问,有的宿舍无人时未锁门而被盗。

⑤门窗缺乏安全设施的。

三、什么时候学生宿舍容易被盗

①开学时,学生带的现金较多,宿舍串门的人多时。

②放寒暑假前,学生忙于复习考试时。

③学生上课时,特别是上午 8:30~9:30。

④夏秋季节,住在一楼的学生开窗睡觉易发生"钓鱼"盗窃。

⑤夏季经常开门通风,易发生乘虚而入的盗窃。

四、宿舍防盗应注意哪些问题

①养成进出寝室随手关门的良好习惯,以防小偷趁学生洗漱、上卫生间、串门等间隙及睡觉时间,溜门入室、顺手牵羊行窃。最后离开宿舍的学生一定要注意关好窗,锁好门。

②不能随便留宿不知底细的人。

③对形迹可疑的陌生人应提高警惕。

④注意保管好自己的钥匙,不要随便借给他人。

⑤如学生宿舍值班人员责任心不强,应积极向宿舍管理部门或保卫部门反映,加强宿舍管理。

五、如何保管好自己的现金和贵重物品

①现金最好的保管方法是存入银行,并设置密码,密码不要随意告诉他人。存折与身份证要分开存放,这样即使存折被盗,也不会被人冒领。

②贵重物品不用时最好锁进抽屉、柜子里,以防被顺手牵羊、乘虚而入者盗走。放长假前,最好将贵重物品带走或交给可靠的人保管,不要留在宿舍。

③学生宿舍不宜放置手提计算机、计算机液晶显示屏等小件贵重物品。

④住一楼的学生,睡觉时应注意将衣物放在远离窗户的地方,防止被人"钓走"。

⑤宿舍钥匙不要随便借给他人或乱扔乱放。

⑥对于贵重物品,最好有意识做一些特殊记号,即便被盗走,将来找回的可能性也会大一些。

六、学生宿舍发现可疑人时怎么办

①发现可疑人应主动上前询问,态度应和气,但需要问得仔细些。

②来人回答疑点较多,神情紧张,则要进一步盘问,并要求查看其身份证件。

③如来人经盘问疑点很多,不肯说出真实身份,或其携带有可能是赃物、作案工具等物品,在做好自我保护的前提下应采取措施拖延时间,并打电话通知学校保卫部门来人核实情况。

④要注意的几个问题:一是态度始终要和气;二是不能随意对可疑人员进行搜查;三是如可疑人员是盗窃分子,要防止其突然行凶或逃跑。

七、发现宿舍被盗怎么办

①立即向公安机关和学校保卫部门报案。

②保护好现场,不要让同学进入被盗的房间。

③如发现存折被盗或可能被盗,立即到银行挂失。

④如实回答公安保卫人员的提问,力求全面、准确。

⑤积极向公安机关和保卫部门提供情况,反映线索,协助破案。保护好每个学生的财物,避免被盗,这不仅是个人的事,而且是全宿舍、全班甚至全校的人共同的事。

最后应注意以下问题:

①最后离开寝室的学生要锁门,不要怕麻烦,要养成随手关门、锁门的习惯。一时大意往往后悔莫及。

②学生短时离开宿舍未锁门引发的溜门盗窃案经常发生,一般占入室盗窃案总量的三分之一以上。由于此类案件现场作案遗留痕迹较少,所以,侦破难度很大。学生去串门聊天或去买饭时不锁门,睡觉时不锁门等都会留下隐患。

③不能留宿他人。年轻人热情好客很正常,但不可违反学校宿舍管理规定,更不能丧失警惕,引狼入室。

④对形迹可疑的陌生人应提高警惕。外来人员在宿舍里盗窃,有的就是兜售物品的商贩,见宿舍管理松懈,进出自由,房门大开,往往就会顺手牵羊偷走现金衣物;有的盗贼先进宿舍"踩点",摸清情况后会看准时机才溜门撬锁大肆盗窃;有的盗窃学生宿舍的惯犯,打扮

成学生模样在宿舍里到处乱窜,一遇机会就会大捞一把。不管是哪一种类型的盗窃分子,他们大都有在宿舍里四处走动、窥测张望等共同特点,见到这类形迹可疑的陌生人,只要多问问,往往就会使其露出狐狸尾巴。即使不能当场抓住,也会使盗窃分子感到无机可乘,不敢贸然动手,客观上起到了预防作用。

⑤假期中,因多数学生回家,留校的少数学生不上课,喜欢带社会上的朋友和外校的学生进校玩;进出学生宿舍的人员较复杂,若不加强学生宿舍管理,容易发生盗窃案件。

⑥做到换人换锁,并且不要将钥匙借给他人,防止钥匙失控,造成宿舍被盗。

八、宿舍防盗典型案例

1.同学内部盗窃

案例一: 2013年8月,某职业学院学生李某和刘某商议偷同学的便携式计算机拿出去卖掉。于是,刘某把宿舍钥匙留给了李某,自己到外面放风。李某打开刘某的宿舍门,把刘某舍友的便携式计算机偷走。之后,两人到校外计算机维修店进行销赃,以950元的低价把赃物出手,赃款不久就挥霍一空,两人谋划再次出手。"十一"长假返校后,两人看到斜对门的宿舍门敞开着,于是又偷出了一台便携式计算机。李某把计算机塞进外套下楼时,竟迎面撞上了刚打球回来的失主,计算机也从怀里露了出来,失主抓住李某并将其送到了学校保卫处,李某和刘某两人以非法占有为目的,秘密窃取他人财物,数额较大,已构成盗窃罪。区人民法院以盗窃罪判处刘某有期徒刑8个月,并处罚金7000元;判处李某有期徒刑6个月,并处罚金6000元。

案例二: 2014年8月,济南市公安局某派出所民警在某高校校园内抓获一名盗窃犯罪嫌疑人刘某。刘某是该高校的毕业生,心情不好的时候喜欢回母校转转,不过"散心"的方法是盗窃。2013年以来,刘某在学校暑假、寒假等节假日期间,20余次窜至该高校学生宿舍,趁学校留校人员少,在宿舍楼采取溜门入室、顺手牵羊等方式盗窃便携式计算机2台、手机1部、游戏机1个、自行车1辆、照相机1台、鞋子、衣服、手表、吹风机等物品1宗,涉案总价值达1万余元。

案例三: 2015年11月上旬,王某报警称银行卡丢失,并收到银行发的短信,有人从卡内取款3000元。民警通过银行部门调取了视频监控和电子交易凭证,最终锁定王某的舍友张某为犯罪嫌疑人。据张某供述,张、王二人曾一起到超市购物,王某结账时使用了自己的银行卡,输入的密码被张某窥得。案发当日,王某将自己的银行卡随手放在了宿舍内。张某临时起意,窃得王某的银行卡后取款3000元。

案例四: 刘某是某高校的一名大三学生。一天,曾和他一起在外打工的葛姓朋友从外地来找他,说是到他这里来玩,刘某碍于朋友面子接待了他。葛某也很大方,又是请客,又是叙旧,于是顺理成章的,晚上刘某就把葛某留在寝室住。这一住就是十多天,白天刘某和他的同学去上课,葛某要么睡觉,要么上网,加上人也还热情,倒也和寝室的这些同学关系搞得不错。可第12天,葛某突然不见了,一起不见的还有寝室里周某和王某的2台便携式计算机。刘某这才警觉,发现自己6000多元的现金也不见了。报案后,当问起葛某具体情况时,刘某才发现对其知之甚少,连是否使用假名都不得而知。

2.外来人员盗窃高校

案例一: 2名河南男子流窜跨省作案,专门找高校学生宿舍下手,作案得手后就溜。2014年10月28日下午,这2名男子装扮成学生,在某大学解放东路校区一宿舍楼两个寝室盗窃计算机6台。偷完后,两人坐火车离开,到河北唐山某高校再次行窃,11月3日又赶到天津某高校行窃,最终在从天津去郑州的火车上被警方抓获,当场缴获便携式计算机10台和手机3部。派出所民警现场侦查发现,宿舍门锁未被破坏,但是门都被打开了,断定小偷为技术开锁。在审讯中警方得知,两人通过一种自制工具进行开锁,几秒钟就可以打开宿舍门,将桌子上的计算机装到包里就走。两人能进大学学生宿舍,主要是打了一个时间差,趁着学生上、下课交替的时候,溜进了宿舍楼。两人在济南还曾去过山东艺术学院,但因该校宿舍的门锁比较高级,未能得手。两人还到了天津南开大学,因学生宿舍凭卡进入,没有卡未能进去。

案例二:2015年3月10日早晨,济南市公安局某派出所民警抓获一名专偷高校宿舍的窃贼范某,当场从范某身上缴获1台手机和2856元现金。之后,民警赶到他的租住地,在那里找到了2台便携式计算机和1部手机。范某对盗窃行为供认不讳,称自己在济南市某高校前后盗窃达十几次,并且几乎没有走空的时候,之前偷的东西卖了7000多元。他到大学盗窃的方式就是溜门盗窃,如有的学生宿舍里没有人,也没有锁门;有的学生宿舍虽然锁了门,但是钥匙还在锁上或放在门框上。

案例三:2015年10月8日上午,青岛市开发区公安分局接到报警,称辖区某高校发生盗窃案,该校一学生宿舍内的6台便携式计算机"不翼而飞",涉案价值近3万元。2015年10月30日10时许,犯罪嫌疑人吴某被青岛警方抓获。据吴某供述,从2012年10月开始,他先后流窜至安徽、湖南、山东等12个省份的40余个地市,潜入高校学生宿舍作案50余起,盗窃200多台便携式计算机,非法获利10万余元。每次盗窃得手后,他将便携式计算机用快递发回江苏徐州进行销赃,在每个城市一般只作案一次,作案后不管是否盗窃得手,立即离开到下一个城市。每次作案前,他都会穿上学生常穿的休闲运动服和运动鞋,戴上一副大黑框眼镜,手里再拿上一本学习工具书,然后大摇大摆地走进大学校园实施盗窃。

案例四:2016年6月6日中午12时30分许,一名男子在北京某大学宿舍楼内行窃时被学生抓获。此前,该学校宿舍楼里发生了多次被盗事件,学校保卫部门调取了宿舍的监控视频,并将嫌疑人的照片通过学生群发布给学生。2016年6月6日中午,一名学生发现该男子在多间宿舍之间走动,对照照片发现正是学校通知的嫌疑人,于是喊大家抓小偷。该男子被发现后,拔腿就跑,大概跑了不到30米,就被宿舍楼里田径专业的学生追上了。随后,多名散打专业的学生赶到,很快控制住了该小偷。据犯罪嫌疑人称,从5月26日起,他以发送传单作为掩护,先后来学校作案20多次,涉案金额6000余元。

3.交友不慎引发盗窃

案例:某高校学生韩某在学校认识了老乡王某,王某课余时间经常到韩某宿舍聊天,时间久了,王某就成了韩某寝室的常客。有一天,王某趁韩某去水房洗衣服将钥匙放在桌子上之际,迅速偷配了一把该寝室的钥匙。此后,韩某寝室便经常出现丢东西的现象。王某佯装人缘很好,经常帮助寻找,同时大骂盗贼可恶,因此该寝室的人并没有怀疑王某。有一天,韩某寝室的同学到校外实习,王某趁机又进入该寝室行窃,在该寝室翻箱倒柜之际,被保卫处的巡逻人员抓获。经审查,该寝室被盗的十余起案件皆由王某一人所为。后来王某被学校开除学籍,司法机关追究了他刑事责任。

4.疏于防范引发盗窃

案例:2012年5月17日深夜,某校女生宿舍一寝室被盗便携式计算机1台,犯罪分子采取翻越阳台的方式进入宿舍盗窃。这是由于学生晚上休息时,没有关闭门窗,给犯罪分子造成可乘之机。

知识链接

《中华人民共和国刑法》第二百六十四条规定:盗窃公私财物,数额较大的,或者多次盗窃、入户盗窃、携带凶器盗窃、扒窃的,处三年以下有期徒刑、拘役或者管制,并处或者单处罚金;数额巨大或者有其他严重情节的,处三年以上十年以下有期徒刑,并处罚金;数额特别巨大或者有其他特别严重情节的,处十年以上有期徒刑或者无期徒刑,并处罚金或者没收财产。

第二节 校园公共场所防盗

一、在图书馆怎样防盗

①严格遵守图书馆的规章制度。现在各高校图书馆都制定有内部规则或专门的防盗制度(如财物保管制度等),遵守图书馆的规章制度,有利于保持图书馆的有序、整洁,对于预防盗窃也有着重要的作用。

②衣服不能随意搭在椅子上,特别是装有现金或贵重物品时,更加应该注意,以防盗贼顺手牵羊。

③在公共阅览室里,切不可将贵重物品、现金随意放在桌子和椅子上,要做到现金、贵重物品不离身。

④需暂时离开时,应将现金、贵重物品带走或交代同伴代管,且离开的时间不宜过长。

⑤不要用书、衣服等物品"占位"。这种行为既缺乏社会公德又有丢失的危险。因这种行为而引发的盗窃案在图书馆被盗的案件中占了很大比重。

二、在教室(自习室)怎样防盗

①人离开教室、自习室等公共场所时要把贵重物品随身带走,或交可靠的同学照管,以免被犯罪分子乘机窃走。

②尽量不要在书包内存放大量现金和与学习无关的贵重物品。

③不要用书包占座,必要时可使用不重要的书本。

④教室较空却有陌生人主动在身边就座时,应将书包放至身体内侧视线范围内,以免被顺手牵羊。

三、在体育场怎样防盗

①尽可能不携带过多现金、贵重物品,以避免和减少损失。

②有保管处的,应将物品交由保管处保管;没有保管处的,则应集中置于显眼处由专人看管或轮流看管,不能随意乱放。

③对形迹可疑的人应提高警惕。对于那些东张西望或只注意别人物品或在物品周围徘徊的人,要特别注意,必要时可上前询问,但态度应平和。

④离开前应清点物品。这样不仅可以避免物品遗漏,还可在物品被盗或者丢失时,及时报告保卫部门,有利于保卫部门迅速组织人员进行围堵,有一定可能性能捉到盗贼,找回被

盗物品。

四、在食堂怎样防盗

①排队(特别是买饭票、刷卡)时,应注意周边环境,提高警惕。背着背包、书包的学生尤其应注意身后的变化,以防有人浑水摸鱼。

②随身物品不能随意置于身旁、身后,离开时应把物品带走。

③饭票、饭卡不能随手置于桌上,饭卡最好加上密码,有必要时应设置一次最高消费额。

④一旦发现饭卡丢失,应立即到食堂挂失。

五、逛街购物时怎样防盗

①尽量少带现金,不要露财。

②不要将背包和手袋背在背后,也不要把钱放在后裤袋中。

③试衣时,一定要将背包和手袋交同伴照看或随时掌控在自己手中。

④在超市购物时,不要将包或衣物放在手推车或篮子里,以防不注意时被扒窃。

⑤在外就餐时,将背包和手袋放在自己能照看得到的地方。

⑥在人多热闹场所,不要光看热闹而疏忽自己的钱物。

⑦避开老"黏"在身边的陌生人,如果在路上不小心被人撞了一下,要及时查看钱物。

六、校园公共场所盗窃典型案例

1.校园易成为盗窃的目标

案例一:2015年3月19日,济南警方远赴吉林长春,将在济南各大高校疯狂盗窃作案11起的犯罪嫌疑人范某抓获,成功破获了"11·18"高校系列盗窃案。据范某交代,他没有工作及固定经济来源,听人说济南高校很多,便萌生了溜进高校自习室盗窃的想法,盗窃目标就是手机。2014年11月11日,范某到达济南后在一间小旅馆住下,每到白天就前往各大高校的图书馆、自习教室徘徊,发现"目标"后就偷偷坐在附近,趁学生离开座位或睡觉之际,将学生放在桌上的手机盗走。在10天左右的时间里,范某在济南市市中区、历下区、高新区、长清区、章丘区的9个高校校区作案11起,盗窃手机11部,涉案价值3万余元。

案例二:2013年4月24日,盗窃嫌疑人宋某和朱某被警方抓获归案。2013年4月4日,宋某和朱某相约冒充大学生混进大学校园的活动场所,先是和学生们混在一起打球,而后装作打累了在操场边休息,并随意翻动操场边的背包衣服,轻而易举将同学们的手机盗走。在4月6日至8日的仅仅3天时间内,两人分别在济南市3所高校的活动场地边连续作案,盗窃手机5部。

2.校园公共区域疏忽大意引发盗窃

案例一:2015年9—11月,无业人员张某在某高校流窜实施盗窃5起,作案对象全部都是大学生。据了解,张某的作案特点是时常到大学校园内转悠,图书馆、自习室等处是其常去的地方。一旦学生外出或上厕所时将书包遗留在座位上,张某便会悄悄靠上去,直接将书包拿走。在5起盗窃中,张某偷走的除了现金外,还有手机等数码产品。盗窃财物总价值近4000元,构成盗窃罪。最终,张某获刑1年零4个月,并处罚金4000元。

案例二:2016年3月29日晚,某校3位男同学在操场跑步,将书包、衣服等堆放于足球门框下面,20分钟后去取时发现书包、衣服内的钱包、手机不见了,共损失财物4900元。

案例三:某高校机械专业学生李某和程某下课后来到学校食堂,将2个书包放到餐桌上去买饭,回来后发现书包不见了,书包里有2部手机、1个MP3、钱包和书本等。后来小偷在校外销赃时被公安人员抓获。经审查,该小偷为吸毒人员,20岁,无业,经常装扮成学生模样,混进附近高校食堂、运动场、自习室等场所,伺机拎包或偷盗自行车,屡屡得手。

案例四:2014年7月26日晚10时,犯罪嫌疑人舒某被抓获。经民警调查,舒某自2014年5月底以来,多次到高校的篮球场假装打球,趁机盗窃同学们放在球场边上的手机和钱包。随后,舒某将盗窃的手机低价销售,换来的钱用来吃喝及旅游,花完后再去偷。舒某在短短一个半月内疯狂作案30余起,盗窃高端手机40余部,获得赃款共计3万余元。

3.公共区域应重点防范的盗窃

案例:2013年11月18日至11月20日,3名只有小学文化的无业青年从广东老家坐火车或飞机来到济南,因手头拮据,他们又走上了盗窃的老路。在山东各高校的餐厅等处,他们或分别作案,或相互配合转移手机,并专挑正在食堂排队的学生下手。短短3天,他们竟盗得高档手机32部,价值5.4万余元。几十名同学失窃经历大致相同,都是在食堂排队买饭时,被人在旁边挤了一下,手机就不见了。2013年11月21日,济南市公安局历下分局在济南某酒店门口将其中2名犯罪嫌疑人抓获。不久,上海警方在上海某酒店内将另一名犯罪嫌疑人抓获。

4.外出活动时易遇到的盗窃

案例:2016年2月16日,某高校大四学生小妍(化名)到商场采购新学期的生活用品。小妍打电话时,手中全新的苹果6手机已经被人盯上。小妍临进商场前,把手机装进了衣服的侧兜,当她去掀商场大门的挡风帘时,一只手以闪电般的速度伸进了她的衣兜,偷走了她的手机。这样的丢手机案,莱山公安"110"几乎每天都要接到几起。丢手机的人群八成以上是年轻人或大学生,这些人使用的手机多为价值3000元到6000多元不等的高档手机。据办案民警介绍,大部分手机都是一个由年轻妇女组成的团伙实施盗窃的,她们从外地来到烟台,抱着孩子专门在商场、公交车等人员密集场所实施盗窃,一般不会引起被盗人员的注意。

第三节　旅途财产安全

学校生活,学习是重点,作为学生,学习不能成为生活的唯一,经常走出去也是一种学习。但是,旅途也不是总是那么轻松,有时候也会遇到一些小意外。有的同学习惯携带现金旅行,尽管有一些防范措施,但易被小偷盯上。作为旅客,最好改变携带现金出行的方式,利用银行卡取款,就不必一路上担心被盗而神经紧张,而能真正实现轻轻松松出门。同时要注意:

一、旅途中坚持"七不要"

①不要他人代购票,遇到陌生人主动帮助购票,请相信自己的判断力,自己到窗口排队买来的票才是真的。

②不要贪心。比如有的犯罪分子会将放有麻醉剂的香烟、饮料、酒以及其他食品等请你享用,一旦贪心,必定破财。

③不要粗心。在列车上发生的盗窃案,多半与粗心大意有关,贵重物品、钱款不要放在行李架上或衣帽钩上。

④不要露富。出门时要有用钱的预算,将零整分开,分别保管;还要衣行简朴,不引人注意。

⑤不要露底。与人闲谈,不要轻易将工作单位、家庭住址及电话等和盘托出。

⑥不要胆小。遇到犯罪分子应勇敢地站出来,动员和运用一切助力或可利用的工具与犯罪分子做斗争。

⑦不携带大量现金。有些学生习惯携带现金旅行,尽管有一些防范措施,但容易被小偷盯上。

二、旅途中坚持"四注意"

①在售票处,如果有人突然在旁边聚集起哄,最好不要去看热闹,因为此时人多,最易被窃。

②乘火车坐硬(软)座时,个人随身的行李物品要放在视线之内的行李架上,并随时观察,特别是火车到站前,上下旅客人多拥挤时,更要注意自己的行李。

③入睡时,可将放有贵重财物的包锁好,放在身边或用链条固定在行李架上、茶几腿上,切不可把装有现金的外衣盖在身上,要叠好放在头下枕着,或者把现金、皮夹放在内衣口袋里。

④乘火车外出要当心挂在衣帽钩上的衣服。扒手往往会将自己的衣服挂在上面做掩护,或把手从座位靠背与车厢内的间隙里伸过去。所以,衣帽钩上挂衣服时,要先把贵重物品拿出来。

三、旅途防盗典型案例

1.旅途易遇到的盗窃

案例一:2015年5月28日,某高校的一名学生送自己女朋友回家。在长途汽车候车厅等车时,两人都只顾着看自己手机里的各种信息,而他们的行李就放在身边。两人由于太专注于玩手机,有人到了他们身边也不曾察觉。快到下午1点的时候,该学生突然发现包的拉链被拉开,里面的钱包没有了,钱包里除了几百元现金外,还有银行卡以及自己的身份证、学生证等。

案例二:因为在火车上打盹,常德一位大学生小徐乘坐火车到站的时候发现放在行李架上的黑色计算机双肩背包被盗。据犯罪嫌疑人供述,他们选择下手的目标多为大学生,因为这类人群的防范意识较弱,容易得手,而且现在市场上的计算机包颜色款式都比较接近,下手后也很难被察觉。

2.旅途盗窃常见作案手法

案例一:陕西省扶风县农民李某在1997年1月至2007年7月的11年间,曾因犯盗窃罪先后被洛阳、上海、南京、南昌铁路运输法院判刑。2010年8月14日,刚刚刑满释放不到10天的李某从嘉兴火车站乘上K8355次旅客列车伺机作案。在11号车厢,李某趁旅客张某睡觉之机,从张某放在身边的包内皮夹里窃得人民币2000元,随后又从包内窃得华为手机1部。李某盗窃得手逃离现场时被张某发现,乘警接到报案后赶到现场将李某人赃俱获。

案例二:安徽省农民肖某曾因犯盗窃罪于1997年8月被判刑5年零6个月,2006年4月又因盗窃被劳教1年。2010年3月26日凌晨4时许,肖某窜入上海南站候车室内,趁旅客孙某、邵某在椅子上睡觉之机,窃得孙某放于身旁的黑色单肩包内现金人民币2000余元,高新奇M15型和诺基亚2600C型手机各1部及身份证等物品。同月31日,肖某再次进入上海南站候车室时,被值勤民警抓获,当场从其身上查获被窃的2部手机及身份证。

案例三:在河南漯河做生意的张先生,带着现金去河北邯郸进货,登上了开往北京的一趟列车。由于连日来的疲惫,他刚上车就趴在茶几上沉沉入睡;没有想到的是,他深夜两点醒来的时候,发现挂在窗边的单肩背包的拉链被拉开了:里面的6万5千元现金不翼而飞。后经警方全力侦破,发现是犯罪嫌疑人趁张先生睡着时,假装坐在其旁边玩手机,在避开其他乘客视线后得手。

案例四:一趟由哈尔滨开往黑河的K7033次列车驶离北安站不到1小时,硬座车厢一位乘客程某找到当班乘警报案称:其挂在衣帽钩上的黑色皮质马夹上兜内的棕色钱包被盗,内有人民币1700余元和本人身份证等物。铁路警方排查车厢旅客后锁定了犯罪嫌疑人邓某。邓某交代:旅客陈某将衣服挂在衣帽钩上后,他把自己的衣服脱下盖在了在上面,然后找机会假借取衣服里的香烟等物,将陈某衣服内的财物偷走。这就是典型的"吃衣帽钩"作案手法。

第四节 校园内防抢

抢劫是以暴力、胁迫或其他方法强行抢走财物的行为,对社会具有较大的危害性、骚扰性,如果处理不当,往往会转化为凶杀、伤害、流氓等恶性案件。

一、校园内抢劫案件的特点

①发案时间一般为师生休息或校园内行人稀少夜深人静之时。

②大多数抢劫案件发生于校园比较偏僻、阴暗、人少的地带,一般为树林中、小山上、远离宿舍区的教学实验楼附近或无路灯的人行道、正在修建的建筑物内。

③抢劫的主要对象是单身行走的人员,特别是单身行走的女性。

④作案人一般为校内或学校附近有劣迹的人,这些人熟悉校园环境,往往结伙作案;作案时胆大妄为,作案后逃遁。外地流窜作案的可能性较小。

二、在校园内如何避免遭到抢劫

①不外露或向人炫耀随身携带的贵重物品,单独外出不带过多的现金。

②外出尽量结伴而行。

③不要独自到行人稀少、阴暗、偏僻的地方,避开无人之地。

④尽量避免深夜滞留在外不归或晚归。

⑤不要显露出过于胆怯的神情。

三、校园抢劫典型案例

案例一:一个冬天的晚上,某高校一名大四学生从南郊回来,在校北门不远处下车,走在灯光较暗的人行道上,从包里拿出手机,边走边打电话。这时有2个小青年突然从身后窜出,一把抢走他的手机。这个学生急忙叫喊并追上去,抓住其中一个人不放,另一个人突然从腰里掏出一把匕首对着这个学生狠狠刺了几刀,这名学生当即倒下。接电话的人听出不对,就赶忙联系到该学生的同学,但对于具体地点并不明确,最后才在学校北门找到该同学并急忙将其送往医院。

案例二：一天晚上,某高校男生李某和女生王某在学校山上一偏僻处谈恋爱,突然从林中窜出3名男子,其中一名男子手持尖刀抵住李某的后腰,威胁他们不许喊叫,另两名男子将李某和王某身上的800多元现金、手机等财物洗劫一空。3名男子随后分开逃窜。李某、王某立即大呼,被在附近巡逻的校卫队员听到,3名歹徒被迅速抓获。

案例三：某高校学生彭某从网吧回学校时,在学校不远处被4名男子拦住,并被强行拖上停在路边的一辆面包车,劫持到一河边。4名男子要求彭某交出随身携带的手机、银行卡等物,并逼迫其说出银行卡密码。随后,以核对密码为由,取走卡内现金4000余元。为防止报警,劫匪还逼彭某脱光衣服,将彭某丢在河边扬长而去。此案很快被公安机关侦破,原来4名犯罪分子均喜好上网并吸毒,在网吧他们就盯上了彭某。

四、遭遇抢劫时该怎么办

①保持镇定,克服恐惧心理,冷静应对。

②只要具备反抗能力和有利时机,应尽力反抗,使作案人丧失继续作案的心理和能力。

③可借用有利地形,利用砖头等与作案人僵持,使其无法近身。

④无法与作案人抗衡时,可看准时机向有人、有灯光处奔跑。

⑤无法反抗时,可先交出部分财物,同时理直气壮地对作案人晓以利害,造成其心理上的恐慌,切不可一味求饶。

⑥注意观察作案人的身体特征。

⑦无论在任何情况下,只要有可能,就大声呼救,或故意高声同作案人说话。

⑧及时报案。作案人得逞后,可能继续寻找下一个抢劫目标,如能及时报案,准确描述作案人的特征,有利于公安及保卫部门组织力量布控,抓获作案人。

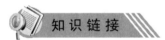
知识链接

《中华人民共和国刑法》第二百六十三条规定:以暴力、胁迫或者其他方法抢劫公私财物的,处三年以上十年以下有期徒刑,并处罚金;有下列情形之一的,处十年以上有期徒刑、无期徒刑或者死刑,并处罚金或者没收财产：

(一)入户抢劫的;

(二)在公共交通工具上抢劫的;

(三)抢劫银行或者其他金融机构的;

(四)多次抢劫或者抢劫数额巨大的;

(五)抢劫致人重伤、死亡的;

(六)冒充军警人员抢劫的;

(七)持枪抢劫的;

(八)抢劫军用物资或者抢险、救灾、救济物资的。

《中华人民共和国刑法》第二百六十九条规定:犯盗窃、诈骗、抢夺罪,为窝藏赃物、抗拒抓捕或者毁灭罪证而当场使用暴力或者以暴力相威胁的,依照本法第二百六十三条的规定定罪处罚。

《中华人民共和国刑法》第二百八十九条规定:聚众"打砸抢",致人伤残、死亡的,依照本法第二百三十四条、第二百三十二条的规定定罪处罚。毁坏或者抢走公私财物的,除判令退赔外,对首要分子,依照本法第二百六十三条的规定定罪处罚。

第五节 防止飞车抢夺

现代社会相对和谐,但是也有一些例如飞车抢夺的不安全事件难以避免,如何才能有效防范"飞匪"侵害,规避路面"飞来横祸"呢?

一、银行提款要小心,尽量结伴才无事

抢夺银行提款人的"飞匪"一般是3人合伙作案,一个人进银行偷窥提款数额,另两个乘坐摩托车在银行外等候。当在银行内的同伙确定提款人提完款准备离开时,便溜出告知同伙,叫他们跟踪,伺机抢夺。因此,到银行提取款项或携带大量现金、贵重物品时,应尽量结伴而行,注意观察周围环境,最好驾机动车或乘出租车。

二、公共场合忌露财,挂包不要放车筐

飞车抢夺的目标,多是外露的财物。因此,应尽量做到不使财物外露,不把手机别在腰间骑自行车,不胸挂手机到处跑,不要边走边打手机,不将拎包放在自行车筐里。手提包内尽量不放大量的现金、贵重物品。

三、走路要走人行道,靠近车行道最危险

飞车抢夺易发生在路面宽阔、交通畅通的地段,事主或驾驶摩托车,或骑自行车,或走在路上,或走在人行道边上。所以,行走时应尽量靠近人行道内侧,不要太靠近车行道。遇陌生人打招呼时,要注意身上的物品。有摩托车无缘无故靠近时,要注意看清楚车上的人。横穿道路如发现两人共骑一辆无牌摩托车在周围游弋,就要防备。行走中听到有摩托车声从背后冲过来时,应警觉。

四、单身行走包背好,自行车筐包放牢

若在人行道行走,所背拎包应尽可能选择交叉持包;随身提包则应尽量提在身体靠路旁一侧,并让拎包、挎包置于身体前;如携带运动包或帆布袋,宜斜背在肩上。若骑自行车时在车筐里放包,最好用夹子将包带和车筐夹牢固定,或用一条细绳把包绑牢在车把上,或把包带在车把上多绕几圈,也可在车筐上加装盖子,再加一把环形锁。

五、路遇"飞匪"不要慌,冷静反应速报警

万一遇到飞车抢夺,不能惊慌失措,要迅速记住犯罪分子的体貌特征、所乘车辆的特征及其逃跑方向,尽快拨打"110"或到就近的治安联防点、派出所报警。在确保安全的前提下,可马上追几步,或站在高处,看清歹徒逃跑的路线。犯罪分子的特征应包括发型、身高、面部特征、衣着、口音,车辆特征包括摩托车的颜色、大小、型号等,提供的特征越多越好,这些都是警方破案的重要线索。

六、飞车抢夺典型案例

案例一:2003年5月30日早上7时55分左右,某单位员工杨某从宿舍出发赶班车。路经一三岔路口时,突然有2名男子骑一辆摩托车从她身后冒出来,坐车的歹徒用手拉着她的挎包。她当时将包抓得很紧,与歹徒对拉。歹徒将摩托车加速,杨某被拖倒在地,包被抢走了。被抢的包中有1000多元现金、一部手机、身份证、太平洋卡及暂住证等。杨某于是向警察报案,对银行卡进行挂失后,她在回家路上发短信到被抢的手机上,要求歹徒归还证件,歹

徒回了电话让她到被抢的地方捡回证件。回到被抢的地方,她发现包被丢在草丛里,包里只有暂住证和几张过期的卡,而身份证、银行卡、手机、现金都已没有了。

案例二:6月6日凌晨,市民刘女士独自步行至澄海城区环城路与中山路交界处时遭遇飞车抢夺。刘女士向警方报案时描述了案发经过:一名男子开着摩托车载着一名女子来到她身边,坐在后面的女子用手将她的背包抢走,作案后往澄海汽车总站方向逃跑。接到报案后,澄海刑侦大队迅速联合案发地派出所开展侦查,经现场走访调查并调取案发现场周边的监控视频进行认真排查、分析,迅速锁定了2名犯罪嫌疑人的体貌特征,并加强对其落脚点的摸排。6月19日中午,澄海警方根据掌握线索,在澄海城区一出租屋里将犯罪嫌疑人陈某、刘某抓获,当场缴获作案交通工具摩托车一辆、被抢手机一部。

案例三:2015年5月29日晚上8时后的短短半小时内,郑东公安分局110指挥中心接到3个报警电话,均称手机、手提包等财物被2名骑黑色摩托车的年轻男子抢走。郑东分局专案组民警根据3名受害人对犯罪嫌疑人特征的描述,迅速调取案发现场监控,判断嫌疑人很可能居住在郑州东南方向的莆田乡或中牟县附近。6月3日下午,民警在陇海东路一热干面店将袁某抓获,随后将犯罪嫌疑人王某在其家中抓获。经讯问,二人供述自2015年3月以来,驾驶摩托车分别在郑东新区、龙子湖、东风路、丰产路、二里岗、十八里河、新郑、中牟等辖区实施抢夺20余起。

案例四:2015年5月15日22时许,郑州侯寨乡王庄村村民刘女士下班途中随身携带的挎包被抢。18日21时许,郑州南四环与郑密路立交桥上又一名骑电动车女子挎包被抢。接到报案后,郑州警方马寨分局通过回访受害人得知,近几起案件均为2名骑电动摩托车的男子用刀将挎包带割断后实施抢劫。据专案民警郑欣介绍:"2名嫌疑人一人驾车,另一人坐在后座,锁定目标后,后座上的男子一手拽过受害人挎包,另一只手快速出刀割断挎包带。"

知识链接

《中华人民共和国刑法》第二百六十七条规定:抢夺公私财物,数额较大的,或者多次抢夺的,处三年以下有期徒刑、拘役或者管制,并处或者单处罚金;数额巨大或者有其他严重情节的,处三年以上十年以下有期徒刑,并处罚金;数额特别巨大或者有其他特别严重情节的,处十年以上有期徒刑或者无期徒刑,并处罚金或者没收财产。

携带凶器抢夺的,依照本法第二百六十三条的规定定罪处罚。

第六节 远离传销

一、什么是传销

传销指组织者或者经营者发展人员,通过对被发展人员以其直接或者间接发展的人员数量或者销售业绩为依据计算和给付报酬,或者要求被发展人员以交纳一定费用为条件取得加入资格等方式取得利益。

二、传销的基本特征

①传销的商品价格远远背离其原本的价值,或者其宣传的商品根本没有使用价值。传销人员通过花言巧语欺骗加盟者和消费者,提高自身的非法收入。从近几年的案例中不难

发现,加入传销组织的人,即便别人甚至是亲人告知其是个骗局,那些被传销蛊惑的人仍然坚信传销可以赚大钱。

②参加人员所获得的收益并非来源于销售产品或服务等所得的合理利润,而是他人加入时所交纳的费用。这是一个恶性循环的怪圈,只有骗取更多的人入会,才能使其正常运行。传销不利于正常社会秩序的建立,违背当下社会主义核心价值体系的价值要求与社会基本准则。

三、传销的危害

1. 扰乱正常的市场经济秩序

传销涉及地区广、人员多、资金大,有的还伴有非法集资、制售假冒伪劣商品、侵害消费者权益等违法行为,诱骗了大量社会人力资源,吸纳了大量社会资金,破坏了市场经济的健康和谐发展。

2. 扰乱社会治安秩序,严重影响群众的正常生活秩序和生命财产安全

传销违法活动具有很强的继发性,由此会引发大量刑事案件以及扰乱社会治安秩序的案件。同时,因传销引起的夫妻反目、父子成仇,甚至家破人亡的惨剧时有发生,给不少家庭造成巨大伤害,动摇社会稳定的基础。

3. 危害国家安全和政治稳定

被骗参与传销者多为城市退休、下岗或无业人员以及农民等,在校学生、少数民族群众等被骗参与传销的情况也日益突出。传销组织者对参与人员反复"洗脑",进行精神控制,唆使参与人员阻挠、对抗执法部门,围攻甚至打伤工商、公安执法人员的事件时有发生,对抗性日益加剧,而且不断引发群体性事件。传销不但极大地损害群众利益,还进一步激化社会矛盾,危害国家安全和社会和谐稳定。

四、高校传销典型案例

1. 被同学亲友骗入传销组织

案例一: 2014年7月11日凌晨3时许,山东省聊城警方突袭了隐藏在聊城市郊的两处传销窝点。加入这一传销组织的人员多是被亲朋好友以各种理由骗至聊城的,他们被传销组织"洗脑"后,再去诱骗其他人。2014年7月,刚刚大学毕业的崔某没有找到合适的工作,QQ聊天时,一名高中女同学告诉他,聊城有一家上市公司待遇很高,一个月能挣近万元,让崔某到聊城工作。崔某没有多想,便轻信了这名女同学的谎言,从甘肃赶到聊城。到了传销分子租住的居民房内,崔某的手机、钱包和身份证都被没收了。在这些传销分子中,还有一名来自银川的大三学生。

案例二: 2012年4月,某高校大四学生刘某突然接到室友曾某的邀请,说是跟自己的女友秦某一起去听课。秦某是同城一所职业院校的学生,在亲戚的介绍下认识了一个"老师"。在亲戚口中,这个老师是全国知名的大师级人物。正好闲来无事,在秦某的带领下,刘某便与曾某来到某小区居民家,拜访这位大人物黄老师。黄老师打开一个网站,讲授互联网时代赚钱的新思维:"传统工作来钱太慢,互联网时代要颠覆过去的赚钱方式,否则不能迅速致富,不能实现个人的社会价值,也就不能尽快赚大钱孝顺父母。" 2个小时的授课完毕,黄老师打开个人网上银行账户,展示自己8位数的账户余额,并称只要加入他的营销团队,从身边发展10个人进入团队,就能跟他一样迅速拥有财富。听完课后,曾某敌不过女友秦某的劝说,花2600元购买了一套所谓"终身教育网站"的账号、密码。刘某总觉得这事不靠谱,便没有掏钱。曾某的女友秦某反复劝说刘某入伙,说刘某人脉那么广,肯定能赚大钱。刘某不为所动,后来得知秦某始终未能完成发展10个下线的基本任务。

案例三:2014年暑假期间,寻找失联女生让泰安市岱岳区粥店街道办事处下旺村这个"传销村"成了社会关注的焦点。这个原本等待拆迁的村落,一度成为全国各地传销人员的聚集地,4000人的村子,外来传销人员有近1000人。2014年8月27日,济南市大学科技园某高校大三学生祝某与戴某向各自父母要了大约4万元之后便失去联系;实际上,两人被已经失联一年的高中同学湖南省某大学学生周某叫到泰安加入了传销组织。9月13日左右,3名女生所在的传销组织逃离泰安到达南京。因为舆论的关注以及警察的穷追,传销组织感到了危机,并将这一切的根源归咎于这3名女生。随后,传销组织将3名女生开除。断断续续失联21天后,3名失联女生于9月16日在湖南衡阳被找到。

2.以工作诱骗拉进传销组织

案例:2016年1月,某高校大四学生程某在智联招聘网站上投了个人简历。1月5日,程某接到了一个来自广东的电话,对方询问程某是否在找工作。确认之后,对方自称是徐福记的,可以提供徐福记济南分公司的物流专员岗位,并简单介绍了公司的待遇,同时给程某发来了公司网址,说程某如果有意向,可以给公司主管打电话联系进行电话面试。电话面试3天以后,对方告知程某通过了电话面试。2月15日,程某突然接到一个电话,通知徐福记的新员工于2月19日到东莞参加培训。2月19日,程某到达东莞后被骗入了传销组织,并被没收了手机,每天参加传销组织的"洗脑"培训。这期间,程某见到很多团队成员把自己的同学、朋友骗到传销组织。后来,程某发现如果想要逃离这一组织,要么拉来下线,要么缴纳4300元会费。无奈之下,程某交了4300元会费,于3月5日脱身。

3.隐藏在社会组织背后的传销

案例:2014年8月7日,某高校大四学生单某参加"济南菩提学会"组织到安徽的一场活动后音信全无,同去的还有该校已经硕士毕业的陈某、即将升研一的刘某和王某3人。单某的家人陷入了漫无目的的苦苦寻找之中,直到2015年元旦,失联近5个月的单某在华中某省被找到。通过一个师姐的介绍,单某参加了一个名叫"济南菩提学会"的学习班,利用闲暇时间去学习班听讲座,和其他人交流。据调查,这个"济南菩提学会"属于非法成立的组织,涉嫌非法传销,还鼓动学员到广西北海参加名为"1040重点工程"的非法传销活动。

五、防止传销的对策

如何有效地禁止传销,使大学生远离传销活动,这需要政府、社会、学校以及大学生自身的共同努力。

①政府加强管理,出台相关法律法规,正确引导转型。例如,1998年4月21日,政府发布《关于禁止传销经营活动的通知》宣布全面禁止传销。同时加强法律监管,健全禁止传销方面的法律规章。

②整个社会一起努力抵制传销活动,维护好社会秩序。一个健康、文明、和谐、富强的社会主义社会,需要每一个社会人的积极参与和有力宣传,营造民主、平等的社会氛围。

③学校要加强管理,开展传销危害的宣传活动。学校教育是一个人成长成才的关键,通过学校教育培养大学生正确的世界观、人生观和价值观,坚定社会主义核心价值观,努力为社会主义和谐社会的构建做出自己的努力。

④大学生自身要明确传销的本质,发扬脚踏实地的优良品质。马克思主义哲学理论中谈到,内因是事物发展的根据。大学生要想取得被认可的社会地位,必须加强其自身能力,全面提高素质,坚信只有通过自身的刻苦努力取得的成功才是最真实、最可靠的。

第七节　避免求职陷阱

随着大学毕业生数量的增加和就业压力的不断增大,大学生的求职心情变得非常迫切,就业焦虑也越来越大。许多学生为了找到一份满意的工作,遍投简历,广搜信息,只要是符合自己意愿的招聘信息,就积极行动,绝不放过,但这也给不法分子造成了可乘之机。有的不法之徒利用大学生求职心切的心理,巧设名目,设置求职陷阱,给大学生求职蒙上难以抹去的阴影,造成恶劣的社会影响。

一、常见的求职陷阱

1.中介骗局

这类中介往往是"一间小屋、两部电话、三个人",当求职者交纳数目不菲的中介费后,他们就会列出一堆要么不要人、要么不招大学生的单位名单,甚至有的单位根本不存在。当求职者回过头要求退钱时,中介往往要么消失,要么以各种理由拒绝。

2.电话骗局

一般而言,毕业生在收到用人单位的回应后,会主动进行联系。有些人正是利用毕业生的这一心理,假借联系工作传呼或发送短信给毕业生,让毕业生给一些收费很高的信息台回电话,以骗取高额电话费。

3.合同骗局

"磨刀不误砍柴工",毕业生在签订合同时一定要仔细阅读各项条款,必要时应咨询学校和老师的意见。

4.试用骗局

毕业生上岗后一般都会有3~6月的试用期。有些单位利用这一条款,要么在这期间少付工资,要么到期后蓄意辞退。

二、怎样防范求职陷阱

①根据自身情况合理择业,端正求职态度。
②耐心进行就业准备,戒贪心,戒焦躁。
③加强法律知识的学习。
④谨慎抉择,不要轻易缴费、签字。
⑤全面了解企业信息,仔细甄别虚假招聘信息。
⑥加强个人隐私的保护。

三、误入求职陷阱怎样维权

①如遇无证照或证照不全的非法职介,应及时向劳动部门或公安部门反映,劳动部门可以根据有关管理条例规定对其进行处罚,所收职介费可退还给本人。
②如遇职介发布虚假招工信息(广告),信息中所列的待遇、报酬与实际情况严重不符合的,求职者应向劳动部门反映,请求查处;劳动部门可根据有关管理条例规定处罚职介,对职

介所收的相关费用应予退还,求职者的损失,应按有关规定赔偿。

③用人单位以收取培训费、押金、保证金、担保金作为录用条件的,其行为违反了劳动法的相关规定。求职者可及时向劳动部门反映请求查处,要求退还所交费用。

④用人单位以招聘推销员为名,订立推销员不可能完成的任务,致使推销员不能获取报酬的,其行为系以欺诈手段建立劳动关系,同样违反了劳动法的有关规定;如果其行为触犯刑律,应由相关部门追究刑事责任。

⑤对于因职介机构责任造成求职者求职不能或职介收取一定职介费用后失踪的情况,如果是正规职介,可向劳动部门投诉;如是非法职介,则可向所在地公安部门报案,由公安部门查实。如其行为触犯刑律,应依法追究其刑事责任;未触犯刑律的,可移交相关劳动部门处罚。

四、求职陷阱典型案例

案例一: 2015年3月某日,某高校大一女生刘某下课返回宿舍时,宿舍里进来一名年轻女子。这名女子自称姓李,是广州某品牌公司的销售员工,说公司需要在校园里招聘销售代理,并保证进的货随时能退,底薪是每月800元,一直想找兼职的刘某动了心,觉得这种销售做起来比较简单,收入也可以。刘某和另外2个舍友都想做代理,于是与对方互留了联系方式。之后,李某拿出"协议书",上面明确写着"甲方提供的产品可以退换,底薪每人每月800元,工资按天结算,根据销量再拿提成"。"协议书"上有甲方李某的签名和广州某品牌公司的印章,刘某及2个舍友信以为真,签下了协议书,并约定第二天在学校门口交钱拿货。第二天见面后,对方给了刘某196瓶洗发水,刘某交了2880元的预付款。因为是品牌产品,刘某觉得不难卖,但一周下来,刘某只卖出2瓶洗发水。原来,用过的同学反映质量不好,认为肯定不是品牌货。刘某想把货退给李某,可李某的电话怎么也打不通了。据刘某说,这2880元是她好几个月的生活费,本来想做兼职赚点钱,现在钱没赚到,生活费却被骗走了。

案例二: 北京市某高职学校一在校女生想找一份兼职的工作,后来在招聘网站上看到了一则招聘信息,随后前去面试。面试女子告诉该女生,她只需要将客户接送至房间即可,并不需要做其他工作就可以获得丰厚收入。该女生未经仔细调查,在金钱的诱惑下,参与了涉黄团伙的违法犯罪活动。她的任务是从地库与步行或开车前来的男子见面,然后把这些男子带入电梯上楼,不久后再将这些男子送回地库。2016年4月27日下午,北京市海淀区公安分局警方一举端掉该涉黄团伙。该涉黄会所藏身于豪华公寓,借大众点评、美团网,以团购方式销售色情服务。

案例三: 2016年1月10日,某职业学院学生李某跟着一位校园学生代理以及明嘉公司的一个负责人坐上了去昆山打工的大巴。到了一个高速公路服务区时,随行的明嘉公司负责人让同学们交150元的路费和200元的押金,说是打工够1个月才给退,150元路费也能报销,还说不交钱不能进厂。当时,同学们想都上了他们的车了,交就交吧,也没让他们写押金条。打工回来后,李某通过当初招他的学生代理再联系这个明嘉公司,却怎么也联系不上了,该退的钱一点也没退。当初招李某的明嘉公司校园学生代理是该学院的一名大三学生,一个自称明嘉公司负责人的徐某联系到他,让他在学校招些寒假工,招一人给500元代理费。他查看了明嘉公司的营业执照后,到位于济南市天桥区嘉汇环球广场的明嘉公司签了代理合同,并在学校招到43名同学。同学们进了工厂后,徐某却不见了,明嘉公司的办公地也已经人去楼空,之前他所联系的相关人员的电话都打不通了。

案例四: 2016年2月初,一家苹果手机店进驻济南市章丘区大学城商业街,营业执照注册名为章丘百校联盟数码产品店。"先领工资后兼职,最高可领10000元",海报下端写着兼职的种类,有派单、家教、促销、礼仪等,并标明了所得酬劳。2016年3月中旬,章丘区某高校大学生张某被同学提供的这家手机店的兼职海报所吸引。4月17日,张某跟随同学去该公司面试。据公司工作人员介绍,该新型兼职模式是先拿工资,再用工作量抵消。公司先预付一部分工资,有2000元、3000元、5000元不等,最高10000元。如果不要钱,可以选择手机、电瓶车或者笔记本电脑等实物。然后,每月做相应时间的兼职来还月供。张某在公司拿了2000元,每个月需要完成36小时的兼职,一共做12个月。当天,张某与公司签订了协议。公司要求她在网站注册并签协议,填写个人信息,包括身份证号、手机号还有家人信息。张某说:"当时我看协议里有分期贷款项目,对方称这是兼职的一项规定,会帮我们处理。"办完手续后,张某便开始等待兼职任务。"公司里的人把我们拉进了一个网上兼职群,里面确实有人发兼职信息,但是供不应求。群里有一百多名学生,招兼职的信息却很少,我根本抢不到活,更别说能兼职还月供了。"不仅没有兼职可做,张某还收到了不少催款信息。"说我在99分期贷款4000余元,让我尽快还款,不然逾期罚款。"此时,张某才得知与她有同样遭遇的学生有很多。"一般是被贷款四五千,多的七八千,都是用我们的个人信息做了分期贷。""当时看他们有实体店,而且这么多同学都去干,才没有怀疑。他们是给了我们一部分钱,但网上贷款额比这部分钱多得多。"据警方粗略统计,济南市章丘区大学城各个高校被贷款大学生百余人,贷款金额达几十万元。

知识链接

1.最高人民法院《关于审理人身损害赔偿案件适用法律若干问题的解释》第十一条规定:雇员在从事雇佣活动中遭受人身损害,雇主应当承担赔偿责任。雇佣关系以外的第三人造成雇员人身损害的,赔偿权利人可以请求第三人承担赔偿责任,也可以请求雇主承担赔偿责任。雇主承担赔偿责任后,可以向第三人追偿。

2.最高人民法院《关于审理人身损害赔偿案件适用法律若干问题的解释》第二十条规定:误工费根据受害人的误工时间和收入状况确定。受害人有固定收入的,误工费按照实际减少的收入计算。

第七章 网络安全

第一节 网上购物与就业安全

随着科学技术的发展,网上购物在人们的生活中越来越普及。运用"互联网+"的模式,发挥互联网在生产要素配置中的优化和集成作用,将互联网的创新成果运用于经济生活的各个方面,而网上购物就是在充分运用互联网这个媒介的基础上,把网络与商品结合起来产生的购物平台。网上购物在很大程度上方便了人们的生活,特别是年轻一代更多地倾向于这种快节奏、新型化、多样性的购物方式。但是,随之而来也出现了很多网上购物的诈骗行为,从而要求国家在加强法律监管的同时,社会中每个人也应提高防诈骗意识。

一、概述

1.网上购物

网上购物具体是指如下一系列行为:先通过互联网检索商品信息,然后通过电子订购单发出购物请求,输入支票账号或信用卡编号,商家通过邮购的方式发货或者通过快递公司送货上门。

2.网上购物诈骗

网上购物诈骗是一些不法分子借用网络相关漏洞在网络上实施违法犯罪的行为。网上购物诈骗行为会破坏网上购物的正常运行,给消费者蒙上心理阴影,不利于网上购物的发展。

二、网上购物诈骗的类型

1.低价诱惑

网上购物之所以备受人们的青睐,除了其方便快捷、种类齐全以外,还因为其价格低廉。不法分子往往就是用低价吸引消费者进而实施诈骗的(图7-1)。

图 7-1 低价诱惑

2. 高额奖品

有些不法分子利用网站、网页发布虚假的巨额奖金或奖品抽奖信息,诱惑、吸引消费者浏览网页,并购买其产品。

3. 虚假广告

有些网站提供的产品说明夸大甚至虚构产品功效,消费者购买到的实物与网上看到的样品不一致。

4. 设置格式条款

在日常的生活中,消费者都会遇到买货容易退货难的问题。一些网站的购买合同设置格式化条款,对于网上售出的产品不承担"三包"责任、没有退换货说明等。一旦购买了质量不好的产品,要想换货或者退货都很困难,消费者很难维护自身的利益。

5. 山寨产品

所谓山寨产品指通过模仿、复制、抄袭而制成的假冒伪劣产品。随着社会经济的快速发展,人们更加追求生活品质,特别是对一些名牌物品的追求尤为狂热。有些不法生产商和销售商抓住消费者的这种心理,利用山寨产品欺诈消费者。

6. 个人信息的泄露

网上购物时一般都会向卖家透露个人详细信息,一些不法分子也会利用一些技术手段盗取消费者的这些信息。例如,利用网上钓鱼方法盗取信息。

三、网上诈骗典型案例

1. 银行账号密码泄露被诈骗

案例一: 2015 年 12 月 8 日下午 4 时许,济南市某高校大一女生刘某接到一个浙江绍兴的电话,对方自称是支付宝客服人员,说她之前在淘宝上有一笔裤子的订单,因支付宝系统问题,货款滞留在了支付宝,卖家并没有收到货款,现在需要支付宝客服介入协调,将滞留在支付宝的货款退回给她,然后再通过银行卡转账的方式付款给卖家。因为确实刚在淘宝上购买了一条裤子,且对方能准确地说出她的订单产品、姓名、电话和地址等信息,刘某没有怀疑就按对方请求添加了 QQ 好友。据聊天截图显示,对方 QQ 姓名为"订单处理中心"。头像为支付宝 Logo。为取得刘某的信任,对方还发来了自己"电子版工作证"。随后,对方发来一条"异常订单实名绑定处理流程"的信息,并附有一条"退款协议"网络连接。流程称,刘某需要打开连接,登录淘宝 ID,选择退款银行,并填写快捷支付等信息。整个操作过程中,对方都一直在通过电话"耐心指导",通话时长总计超过 2 个小时。刘某在对方提供的链接中分别输入了淘宝账号和密码、淘宝支付密码、银行卡账号和密码,以及验证码等。之后,刘某的手机就收到银行短信的提醒,银行卡在 2 分钟内分别被转走 5000 元和 3200 元。发现卡内资金变动后,刘某立即询问对方。对方称因刘某中途挂断过电话,导致卡片资金异常,现在需要更换一张银行卡来退款,刘某此时仍没有怀疑,向舍友借了银行卡重复操作。直至舍友银行卡中的 1500 元也被转走,刘某才意识到遇到了骗子。

案例二: 2014 年 11 月 1 日,济南市大学科技园某高校大三男生刘某收到一条网站搞促销的短信。打开短信里的网址链接,刘某相中了一部价格挺便宜的手机,拍下后就用网银直接支付的形式付了款。随后,刘某收到了自称客服的电话,对方告诉刘某手机已发货,但受"双十一"购物量太大的影响,网银系统出了问题,他的付款没能打到卖家账号,请刘某配合重新操作。"对方将我买的物品和账号说得一清二楚,我就相信了对方。"刘某说。刘某按照对方的要求在计算机网页上输入自己的身份证号、银行卡号、密码,并插上了"U盾"。操作完成后,客服说系统还是不行,要刘某换张银行卡试试。刘某换了张银行卡重新操作了一遍,客服说付款成功了。晚些时候,刘某查询银行卡余额时,发现银行卡被转走了5000元。

案例三:2013年2月26日10时,受害人颜某上淘宝网购买了一双运动鞋。2月28日8时40分,颜某在学校接到一个电话(号码无显示),对方称颜某的淘宝账号等级太低,网上购物支付的钱不能转至卖家账户,需对颜某淘宝账号进行升级。颜某根据对方提示,将自己的建行网银账号和手机上收到的4个验证码通过电话告知对方。随后发现建行网银上的3105元现金被人分4次消费支出。

2. 相信虚假网站被诈骗

案例一:2016年1月5日,某高校大二学生刘某通过手机在一网站上预订了一张寒假回家的低于其他正规网站的机票。接着,刘某收到一条短信"您的订单已成功下单,航班号为CZ4394"。随后,刘某拨通了短信里显示的客服电话,对方提供了一个银行账号,要求刘某通过银行ATM机转账。期间,对方一直与刘某保持通话状态。刘某按照机票金额转汇560元后,对方称转账失败,要求刘某输入018899并按确认键。刘某看到页面显示转账成功后,对方再称转账失败,并要求刘某输入手机号码。随后,刘某发现银行卡内存款少了3000余元,质问对方,对方却又让刘某再换一张银行卡核对。刘某赶忙查询转账明细,对方的电话此时已打不通,刘某才知道上当受骗了。

案例二:2015年12月25日,济南市某高校大四学生田某在网购飞机票时,陷进了虚假机票网站,被骗3600余元。元旦放假前,田某为了预定回家的机票,用手机搜索到一个可以预订飞机票的网页。根据网页提示,田某拨通了该网页上的购票电话。对方声称是某航空公司的工作人员,要求田某根据语音提示进行购票操作。根据提示,田某提供了自己的身份证号等信息,并通过"网上支付"向指定的账户上打了450元。钱打过去后,田某却被告知验证失败,需要输入验证码,田某再次输入验证码后,发现自己的银行卡上少了3200元。而且,田某再次被告知支付失败,要求继续完成支付。怀疑上当受骗的田某立即报了警。

3. 缺乏个人信息保护意识被诈骗

案例一:2015年6月,山东某高校4名学生经中介介绍,通过一家分期贷款网站办理分期贷款购得苹果手机。介绍该业务的中介是其中一名学生的高中同学,告诉他有一个可以免费获得苹果6或者苹果6plus的机会,只要他能够提供一些详尽的个人学籍资料就可以。这名学生听信了自己的高中同学,并提供了详细的个人学籍信息,随后的事情都一并交给了他的高中同学办理。过了几天,有一名工作人员找到他,要求他在分期付款的材料中签名。他虽然对此有一些疑问,但还是签了名。不久后,他果然收到了一部苹果6手机。拿到免费的苹果6手机,这名学生十分开心,他就把这项业务介绍给了同宿舍的其他3名同学。其他3人看到舍友拿到苹果手机,也将其学籍资料交给了中介。中介拿到私人的学籍资料后,又通过其他的一些分期贷款网站,由专门的网上操作者继续办理分期贷款购买手机业务,这些贷款买下来的手机则归中介和专门的网上操作者所有。这样,4名同学的名下在各分期贷款网站以分期的方式贷款共购买了15部手机,约合人民币7.5万元。一个月后,4人先后收到了还贷通知,他们一直以为无须还贷,就未予理睬。当有催款人员根据他们的学籍信息找到他们时,他们这才知道上当受骗。

案例二:2013年2月26日13时,受害人赵某上淘宝网购买了一个拎包。2月27日20

时30分,受害人接到一个电话,对方(一名男子,自称淘宝卖家)称受害人网上购买的商品因支付宝升级无订单信息,需先进行退款操作再进行购买。受害人加对方为QQ好友后,根据对方提示订购了1元钱的商品,并将自己的建行账号和手机上收到的验证码通过QQ告知对方,后发现银行账号上的986元现金被人消费支出。

四、如何防止网上购物诈骗

①政府应适时出台相关的规章制度,规范各社会市场主体的行为。制度是维护正常工作、学习、劳动、生活秩序的重要保障。社会的高效正常运转离不开制度的约束,网上购物诈骗现象的出现是多种因素导致的结果,所以政府应适时出台相关政策、规章,使网上购物活动正常进行。

②加强社会监管力度,提高市场主体的国家意识、集体意识。每个社会体系都应树立整体意识,不能只是一味地追求小团体利益、个人利益。从全局出发,兼顾各方行为主体的合法权益才能更好地为自己谋利益。

③大学生要加强理性思维,增强社会责任意识。大学生不能只是一味地追求外在的物质享受,而应该积极提升自身的精神境界。同时,在自身的利益受到损害时,要敢于维护自身的正当利益,为净化网上购物环境尽一份微薄之力。

五、网上就业

网上就业是时代发展的新型产物,是现实社会生活的一种就业新态势。

1.网上就业的内涵

网上就业是指通过网络平台提供就业机会。网上就业是"互联网+"与就业机会相结合,利用网络优势,拓宽就业渠道,加快就业速度,降低人力资源社会成本,并最终促成就业。

网上就业包括两个方面:一方面,相关企事业单位通过网络,提供就业信息;求职者可以通过网上平台搜寻相关的招聘公告,实现报名、考试及面试。例如,一些专门的服务网络平台——58同城、猎聘网等。另一方面是指通过网络平台(例如,淘宝网、当当网、苏宁易购等网上购物平台),经营网络店铺,实现就业。

2.网上就业的特点

与传统的现场就业招聘相比,网络就业招聘大大节省了招聘方和求职者的时间、精力,并且更具有针对性和实用性,极大地减少了社会人力资源等各方面成本。

六、网上就业防骗

现在,一些骗子也瞄准了网络招聘,为涉世不深的大学生构筑了多样的求职陷阱。如何在浩瀚的网络招聘信息中,甄别真假,找到一份合适的、可心的工作是每个大学生毕业前就应该努力掌握的。

七、网上求职如何防骗

①尽量选择正规的专业网站寻找工作,如智联招聘、51job、中华英才网等,这些网站运作时间较长、经营规模较大、信誉度较好、可信度相对较高,对于网上求职风险的防控措施也较为完善。网上招聘骗局的形式多为出售个人资料牟利、骗钱、骗取智力成果等。对附加收费、免薪试用等招聘信息必须提高警惕,按规定,报名费、考试费等费用是不能收取的。同时,填写个人资料时,尽可能做一些必要的保留,最好不要留下自己的详细住址和手机号码,一般留下电子邮箱联系即可。

案例一：2015年10月15日，某高校大二学生张某想在网上找兼职，看到了这样一条信息："诚聘打字人员，每天工资至少100元，每天2~3小时，适合在校学生，工资每日结算。"张某有些怀疑，于是他登录该公司的网站查看。公司网站做得很专业，工作方式也"科学"。他们把公司需要打字的资料放到网页上，根据文件的大小排列，每个兼职打字员可根据自身情况选择能完成的任务量。在公司网站的公示栏里，还显示着尚未领取薪金的兼职人员名单。看到这些之后，张某认为这应该是一家正规的公司，便将自己的简历发了过去。2天后，自称是该公司人事部的人打电话给张某，称他已被录用。然后，客服部又打来电话，确认张某的地址，并询问他是等工作全部完成之后一起付工资，还是先付一些定金。为保险起见，张某希望先付定金。之后，公司财务部打来电话称定金300元已转到了公司给的个人卡上，需电话转账到张某的银行卡上。随即，给了张某一个"400+"的客服转账电话。按电话提示，张某输入了个人账户和密码。后来，张某发觉不对，就去网银查看，发现自己的账号已被开通了电话转账，并且卡中的2000元钱已被全部转走。

案例二：2015年4月20日，济南市大学科技园某高校大一学生高某在网上找到一份淘宝网店代刷员的兼职，即通过帮淘宝网店提高卖家信誉刷销售业绩来赚取佣金。高某刚开始对这份轻松赚钱的兼职也心存疑虑。为了打消她的疑惑，对方客服称："每次拍下商品之后，代刷员并不需要先确认收货，工作人员会在10分钟内把货款和佣金返还到代刷员的账户上。当代刷员查询到了货款和佣金到账后，再点击确认收货和好评。"按照对方的说法，只要没有确认收货，钱仍然会在支付宝里不会丢。于是，高某按照对方的指示先后拍下了3单虚拟的游戏点卡。每一单操作，对方都及时将钱返还给她。这样一来，高某对这种轻松赚钱的方式开始变得深信不疑。其间，对方多次以发送工作流程为由，向高某发送了多个电子文件。为了赚取更多的佣金，高某按照对方指示购买指定大额游戏点卡3次，共计5000多元。这时，高某发现这些游戏点卡拍完之后没有经过确认便自动付款了。于是，高某赶紧通过QQ询问对方，对方表示刚才出现了卡单现象，购买没有成功，让高某继续操作，高某表示自己已经没钱了。通过沟通，对方表示次日可以退款。感到事情不妙的高某打电话向支付宝客服了解情况，发现对方提供的支付宝账户是虚假账号。

案例三：2014年国庆节期间，济南市某高校大二学生刘某通过QQ群的招聘信息，和30多名同学来到济南市一家房地产公司做兼职发传单。10月3日，刘某和十几名同学被安排在济南市西市场附近区域分发传单。自始至终，公司也没有人告诉他们"中午需签一次到"的工作规则。他们不知道这个规矩，于是没有及时去签到。他们发了一整天的传单，到了下午结工资的时候，对方却不给他们工资了，说没有签到，不能算工作量，不予结账。

②对于网上招聘信息要仔细甄别。网络上的招聘信息，特别是对一些来历不明的小网站、人员情况复杂的各种论坛上的信息，不要盲目轻信，要抱着谨慎态度，对自己感兴趣的信息多加审视，细心查找其中是否存有漏洞。必要情况下，可以想办法试探真伪，比如避开招聘信息中预留的联系方式，而是通过查询招聘单位的其他电话进行核实。任何招聘单位，以任何名义向求职者收取抵押金、风险金、报名费、培训费等行为都属非法行为。招聘单位培训本单位职工，也不准收取培训费。求职者遇此类情况，要坚决拒交，并向劳动保障监察机构举报，以确保自己的合法权益不受侵害。

案例一：马某是某大学应届毕业生，和其他同学一样，大四下学期一开始就在网上海投简历。2015年4月，他接到了一个自称某著名外企的电话，称马某比较符合公司招聘条件，想对马某进行电话面试。近半小时的通话后,对方表示对马某的回答非常满意,初步决定录用,对方留下了公司网址。挂掉电话后,马某立即浏览了该公司网站,发现该公司的确在招聘员工,只是招聘的岗位跟自己的应聘方向稍有偏差。不过,他不想错过这次难得的机会。3天后,他主动拨通了该公司的电话,对方要求马某带好身份证、学历证书等到公司报到。就在去公司报到的前一天,马某在网上无意浏览到了一则消息,说近期有一些骗子冒充某些知名企业进行招聘诈骗,毕业生应聘到某外企后,被公司人员安排到一间封闭的小屋内,进行所谓的"培训",并强迫其接受传销知识。马某觉得自己有可能受骗,随即放弃了去该公司报到的计划。

案例二: 2016年3月,某高校大二学生李某经同学介绍在QQ上加了一个兼职群,接到了一个在泉城广场发放信贷借款小卡片的兼职,对方承诺发完800张卡片就付给李某90元的报酬。3月5日,李某和接到同一份兼职工作的20多名大学生忙活一天把卡片发完后,当初承诺给钱的联系人却消失不见了。结果,他们一分钱也没有拿到。因为是在网上联系的,所以同学们连对方姓什么、叫什么都不知道,只能自认倒霉。

案例三: 2014年9月,犯罪嫌疑人许某在QQ群内发布招聘兼职消息,以日薪100元至300元为诱饵,先后将15名济南市在校大学生骗至济南市历下区某广场,让被害人用学生证以零首付或者低首付分期付款的方式购买电子产品,再将被害人购买的产品骗走。2014年9月18日至10月12日,许某先后在该广场作案15起,诈骗手机、便携式计算机价值共计65590.67元。2016年5月,济南市中级人民法院以诈骗罪判处被告人许某有期徒刑2年零9个月,并处罚金2万元。

③实际应聘过程中要善于分析、随机应变。一些犯罪嫌疑人尽管精心设置骗局,但只要求职者提高警惕,善于从蛛丝马迹中捕捉可疑情况,往往能够及时收手。对于招聘者,可以要求其出示身份证明,或者通过细致交谈,从细节处辨明真伪;当招聘者选择的面试地点及环境与求职者的预料有出入时,求职者可予以询问,或要求在正规办公地点面试。正常招聘一般不收取各种名目的费用,一旦出现此类情况,求职者应予以警惕,即便迫不得已交了钱,也别忘了要求其出具收据或发票等。

案例一: 2014年10月,济南市公安局某派出所抓获一名男子张某,张某以找家教为名专门骗大学生管他吃喝。济南市大学科技园某高校女大学生杨某在网上找兼职做家教,张某联系到她,并称可以让杨某辅导他女儿的功课。两人见面后,张某声称请杨某吃饭。吃完饭后,张某谎称自己身上没钱,让杨某先行垫付,杨某说自己身上也没带钱。张某多次催促杨某向同学借钱未果后,伺机逃跑。杨某拨打了"110"报警电话,骗吃骗喝的张某很快被公安民警和杨某联手抓获。

案例二: 2015年3月20日,济南市某高校大二学生刘某在自己QQ群里发现了一则网络兼职广告,广告中写着"网络兼职,不受时间地点限制,一单一结算,不收取会费"。刘某觉得这样的兼职挺不错,便加了上面给出的QQ号。刘某表明来意后,客服告诉刘某,他们公司是专门从事网络刷单业务的,负责给各大商家刷信誉,作为中间商收取一定的佣金,现在公司急招大量代刷员,免押金,每单10~50元,保证每天收入100~350元。该客服还告诉刘某,他们会定期下派刷单任务,任务完成后,要把订单号截图发给他们,公司会按照每单的8%支付佣金。在刘某怀疑这样操作是否安全时,客服一再保证他们是正规公司,手续齐全,并把公司的营业执照发了过来。客服介绍完毕,刘某觉得挺不错,便答应下来。很快,刘某便收到了第一个任务,就是买6件名为"全国移动100元卡密"的商品。刘某第一次买了一件,支付了108元。第二次买了2件,支付了216元。刘某买完3件后,客服说需要每次买3件才算合格。于是,刘某分两次买了6件,共支付了648元。刘某本以为总共买够6件商品就可以了,但对方说得不是很清楚,让她多买了3件。这样,刘某前后刷单4次,共支付了972元。完成任务后,刘某便要求对方返还支付的金额并支付佣金,客服称已经把刘某支付的金额和佣金打到她的支付宝里,刘某却迟迟没有收到对方付款的短信。当刘某再与对方联系时,对方已把刘某拉入了黑名单。

总之,求职者一方面要增强防范意识;另一方面,万一不慎落入陷阱,要尽快向执法部门求助,积极配合其妥善处置,尽可能挽回损失。与此同时,有关部门也要努力加大对网上虚假招聘信息的查处力度,加大对此类违法犯罪行为的打击力度,维护网络环境的清洁和广大求职者的切身利益。

第二节 网上个人信息安全

随着社会生活的日常规范化,参加各种考试、办理相关业务等都需要基本个人信息的确认。个人信息在不知情的情况下可能会遭到各种泄露,进而影响人们的正常生活。如何更好地防止个人信息的泄露,规范社会秩序,维护正常的生产生活秩序是摆在现实生活中的重要问题。

一、个人信息泄露的几种途径

①非正规网络招聘时填写的个人基本信息。
②不法社会调查填写的一些信息资料。
③电话、短信等通信工具。

二、个人信息泄露的案例

案例一: 为"朋友"付保证金结果全进了骗子腰包

2011年3月9日上午9点左右,家住萧山新塘的童先生接到了一个电话,对方自称是他的朋友黄某。虽然,电话里的声音有点模糊,但对方说了一大堆,自己也没听出什么破绽。随后,这个"黄某"说,自己嫖娼被抓了,需要交4.8万元保证金才能出来,童先生开始有点怀疑,就打电话给黄某的妻子,结果黄某的妻子说,黄某已经一晚上没回来了。

天下哪里有这么巧的事情,于是童先生相信了。因为黄某是自己生意场上的朋友,为了今后的业务,童先生决定怎么着也得帮朋友出来。于是,童先生马上到萧山临浦镇上的一个工商银行,把钱汇到了对方发来的账号里,此后,当天12时、14时,童先生分别又给对方汇了7万元及4万元人民币。

但是,晚上,童先生却接到了真正的黄先生打来的电话,说自己并没有被抓,童先生这才意识到被骗,向萧山分局临浦派出所报案,一共损失15万余元之多。

案例二: 2011年12月7日,厦门捣毁特大"违禁邮包"诈骗团伙,该团伙藏在深山,共骗取人民币近300万元。

"您好,我是中国邮政,您有个包裹,里面有海洛因。"从当年7月至11月底,4个骗子躲进深山老林,利用一台计算机加几部手机,冒充邮政人员、警察、银联工作人员,给市民手机发送短信、打电话,进行邮包诈骗;另外4人则在全省各地到处取款。他们在厦门甚至全国疯狂作案,初步统计涉案100多起,涉案金额近300万元。

三、个人信息泄露来源

①不法分子利用互联网搜索引擎搜索个人信息,汇集成册,并按照一定的价格出售。

②旅馆住宿、保险公司投保、租赁公司租赁、银行办证、电信、房地产、邮政部门等需要身份证件实名登记的部门,个别人员利用登记的便利条件,泄露客户个人信息。

③个别打字店、复印店人员会利用复印、打字之便,将个人信息资料存档留底,装订成册,进行对外出售。

④借各种"问卷调查"之名,窃取群众个人信息。

⑤通过在抽奖券的正副页上填写姓名、家庭住址、联系方式等信息的方式,泄露个人信息。

⑥在购买电子产品、车辆等物品时,一些非正规的商家会将顾客填写的"售后服务卡"上的个人信息泄露。

⑦个别超市、商场会将购物联系卡、会员卡上的个人信息向外泄露。

第三节 银行卡诈骗

一、银行卡诈骗的概念

银行卡诈骗指以非法占有为目的,违反银行卡管理法规,利用银行卡骗取财物数额较大的诈骗行为。

二、银行卡诈骗的手段

1. 套取银行卡卡号密码

不法分子利用假中奖信息诱骗银行卡用户拨打假冒的银行客服电话进行咨询,套取卡号、密码进行诈骗。或者通过手机短信发送银行卡用户在何处消费的提示,对方拨打短信中提供的电话查证时,诱导其到ATM机取消自动转账功能,并提示操作程序(实际为转账操作程序),使银行卡用户账户内的存款被划转至不法分子的账户中。

2. ATM机上贴虚假告示

不法分子在ATM机上以银行名义张贴虚假告示,称银行的业务系统正在升级,取款时按如下程序操作:先插卡输入密码,按输入键确认后再按转账业务键,选择卡转出转账键,快速输入本机备用号码(实际为不法分子提供的账户),输入取款金额,按输入键确认。用这种方法,将银行卡用户账户内的资金转入指定账号。

3. 电话截取银行卡密码

不法分子通过电话连接各银行的电话银行,使用各种手段诱骗银行卡用户拨打该电话号码后,电话的自动语音提示提供国内各大银行的电话银行号码和金融服务项目。银行卡用户使用此电话进行查询后,不法分子可截取其银行卡卡号、密码、身份证号等信息,从而盗取账户内的资金。

案例:2014年11月20日,聊城市某高校大三学生王某收到一条短信,短信内容为:"尊敬的邮储用户,你的手机银行客户端即将失效,请立即登录我行网站,进行激活升级。"手机显示发来短信的是邮政储蓄客服电话"95580"。王某一看发来短信的是"95580"这个号码，就信以为真，随即用手机登录了短信中的网址。网页显示为邮政储蓄官方网站，王某就输入了银行卡号和密码。之后，又根据网页上的提示，王某输入了手机收到的动态验证码。第一次输入后，网页上提示操作有误，反复输入几次后，才提示升级成功。随后，王某查询银行卡余额时，发现银行卡内的2000多元现金被转走。随即，王某拨打邮政银行客服电话，被告知银行根本没有发送此类短信。此时，王某才意识到自己被骗，赶忙赶到派出所报案。

4. 克隆银行卡窃取资金

不法分子通过各种手段窃取银行卡用户的卡号及密码，克隆银行卡后窃取账户内资金。如：捡到银行卡用户丢弃的取款凭条获取银行卡卡号，在其使用ATM机时窥视其取款密码；或在自助银行门口设置读卡器和针孔摄像机等窃取银行卡用户的卡号及密码。

5. 通过互联网网上交易套取银行卡信息

不法分子通过互联网进行网上交易，提示银行卡用户将交易款存入其个人借记卡（银行卡的一种）中，同时提供咨询电话，告知对方通过此电话可以查询交易款是否入账，由此套取银行卡用户的卡号、密码以及身份证等信息进行诈骗。

案例：犯罪嫌疑人陈某多次通过网银转账的方式进行盗窃。陈某通过专用工具扫描IP网段，发现有漏洞的计算机后就在对方的计算机内植入木马程序，计算机被下毒后，陈某可在对方毫不知情的情况下控制计算机并对计算机键盘的工作情况进行记录。受害人之一的李小姐网购用的银行账号内的1万多元丢失，刘先生上网给客户汇钱时银行卡里的万元存款被盗。据了解，犯罪分子通过群发网银升级的虚假信息，并注明需要登录的网站地址，一旦用户登录钓鱼网站，犯罪分子即可通过后台网站获取其账号、密码、动态口令等信息，并迅速登录真正网银将账号内资金转走。

6. 设法窃取银行卡

不法分子在ATM机上加装钩子或其他装置，截获用户的银行卡，致使设备暂停服务，通过窥视银行卡用户取款密码等方式获取密码，再用银行卡及密码盗取卡内资金；或者在银行卡用户取款时故意干扰，致使ATM机暂停服务，然后"指导"银行卡用户操作，截获银行卡信息、骗取密码；或在银行卡用户暂时离开时，取走银行卡到其他ATM机上盗取卡内资金。

案例：受害人王先生在操作ATM机准备退卡离开时，突然有一名陌生男子拍其肩膀，并且很亲切地跟王先生说他的钱掉了。当王先生从地上捡完钱起身时就发现银行卡已经"自动"退了出来。回到家里发现银行卡并不是自己的，便马上到银行查看，发现账号存款只剩下几十块钱了。有些持卡人在输入密码时安全意识不强，甚至到餐厅等公共场所消费，为图方便经常将卡片交由餐厅服务员到柜台刷卡结账，而卡片在离开持卡人视线时，一些装有复读设备的POS机便将卡片信息测录下来，犯罪分子凭此信息可用来复制卡片进行盗刷。

7. 利用假网站实施犯罪

建立假银行网站，以买家的身份与网上商铺的卖家进行交流，要求卖家在其提供的银行网址上进行相关业务注册，骗取对方的银行卡卡号和密码。或是以银行名义伪称有奖促销活动，要求银行卡用户通过电子邮件发送卡号和密码，或到指定的假网站上输入卡号和密码。在有些情况下，即便银行卡用户没有依照电子邮件或假网站的要求提供个人资料，一旦点击了邮件或假网站上的链接，就有可能被安装木马程序或其他计算机病毒，使银行卡卡号和密码信息泄露。

案例：李先生收到了一条代办高额信用卡的短信，因为最近手头紧，他便联系了对方。对方表示自己在银行里面有熟人，可以帮忙代办额度比较高的信用卡，办好后收取少量的手续费。2月3日，李先生按照对方的要求，将自己身份证、银行卡等信息拍照上传到网上，在一网站进行注册。其间，对方表示，因为办信用卡需要证明还款能力，要求李先生在银行卡里面存钱。李先生便将3万多元现金存入自己银行卡内。然而，在随后的网上注册中，该网站出现了故障，无法顺利注册，李先生便请求对方帮助。对方要求李先生将远程协助打开，他可以检查究竟出现了什么故障。李先生深信不疑，立刻打开了远程协助功能，让对方开始检查自己注册中遇到的问题。但是，让李先生没有想到的是，仅仅过了一会儿，他就发现自己银行卡里面的3万多现金都被人盗了，再联系办卡的人，对方已经没有回应了。

8."二维码"或隐藏手机木马

二维码有时也能成为行骗的工具，信用卡手机银行可能因此无故"被消费"。据悉，不法分子在网上下载一款"二维码生成器"，再将病毒程序的网址粘贴到二维码生成器上，就可以生成一个"有毒"的二维码。诈骗分子会利用这些二维码将手机木马植入被害人手机并自动提取相关信息，短短几秒钟的时间，手机号、卡号、密码等私人信息可能已经传到他人手中。

案例：某日，罗女士收到一个陌生号码发来的短信，里面提到放假期间同学之间约着聚会，询问罗女士是否参加，还附有一个名为去年聚会照片的网络链接。罗女士回忆当时情形："虽然号码不认识，可是去年春节确实有聚会，我就随手点开了。"然而打开链接后，并没有出现什么照片，但手机上多了一个APP软件，怎么也无法删除。之后没过多久，罗女士通过手机绑定的一个银行账户，被陆续转走了2000元，直到此时她才意识到被骗了！

三、防范银行卡诈骗的要点

①不要轻易向他人透露个人信息，包括自己的身份证号码、银行卡号码等，如果有疑惑需要报案的，要亲自到银行等金融部门进行咨询或到当地公安机关报案，不要按诈骗嫌疑人提供的电话号码打电话处理。

②注意安全使用网上银行，安装必要的杀毒、防木马软件和网银安全控件，确认登录的是真实的银行网站，不要轻易接收陌生文件，也不要轻易使用他人计算机登录网上银行。

③使用自助银行要提高警惕，目前自助银行门已逐步改造成按钮开启式，到自助银行取款时，若发现自助银行出入口有可疑装置或有"按密码确认"之类的提示信息时，切忌刷卡和输入密码，同时及时向银行和公安机关报告。

④要注意把银行卡和身份证分开放。生活中有很多人把身份证和银行卡放在一起，一旦丢失或被盗，持卡人的资金受损失的可能性极大。

⑤通过POS刷卡消费或转账时不要让银行卡离开自己的视线范围，刷卡核对金额无误后再在购物结算账单上签字，并防止还回的银行卡被调包。另外，签名式样要尽量和卡上的签名保持一致。

⑥尽量开通余额变动短信提醒业务，这样可以更加方便、及时地掌握自己银行卡的用卡情况。

⑦保护好银行卡密码。在ATM、POS等各种设备上输入密码时，都要进行适当遮挡，防止他人窥视。在各类网站（如购物网站）注册用户时，不要使用自己的银行交易密码，也不要将个人的账号及密码信息储存在联网的计算机或邮件中，或将密码写在自己的存折或银行卡上，防止密码泄露。设置的密码不要过于简单，不要使用自己的生日、电话号码、重复或连

续数字(如888888或123456),并不定期更换银行密码,不给犯罪分子提供可乘之机。

⑧要注意是否有可疑摄像头装在自动取款机上。操作时如果见到在边上贴着一些小纸条,比如紧急通知之类,要求持卡人打某个电话或者提供密码等信息时,更要提高警惕,不要上当。

第四节 正确认识校园贷款

一段时间以来,面向大学生的网络贷款平台以及校园分期购物平台在迅猛发展的同时,也带来许多社会问题。在"免息""低息"的诱惑背后往往藏着各种罪恶。近日,教育部、银监会联合发文整治校园不良网络贷款平台,让校园贷款这一热点再次引起关注。

一、校园贷及其乱象

1. 校园贷简介

校园贷款是专门针对在校学生发放的各类贷款的总称,包括助学贷款、校园创业贷款和校园消费贷款等,其中,学生消费贷款平台发展最快。

(1)校园贷的产生

2009年以前,高校信贷市场曾得到不少传统银行的青睐,但随之而来的高违约率、高坏账率,致使2009年银监会正式下发通知,明确规范了高校信用卡市场,这使得学生信用卡的准入门槛得到了极大的提高,信用卡开始逐步退出大学生金融借贷市场。银行撤离后,不少金融创业公司接手了这片市场,其中就包括大量互联网金融公司。

近年来,大学生金融服务获得了迅猛的发展。2015年,中国人民大学信用管理研究中心在全面调研的基础上撰写了《全国大学生信用认知调研报告》。其中,参与调查的学校有252所,学生有5万之多。调查显示:在缺少资金时,有8.77%的大学生会使用贷款获取资金,其中网络贷款占比近一半。在校大学生只要网上提交资料、通过审核、支付一定手续费,就能轻松申请信用贷款。

(2)校园贷的种类

校园贷通常有以下几种:一是淘宝、天猫、京东、阿里巴巴等传统电商平台提供的信贷服务;二是P2P贷款平台,用于大学生助学和创业,如宜人贷、名校贷、中安信业等;三是专门针对大学生的分期购物平台,如人人分期、趣分期、分期乐等,部分还提供较低额度的现金提现,趣分期和分期乐还分别建立了自己的互联网资金端平台——金蛋理财和桔子理财。

(3)校园贷的利率及手续费

2015年9月1日起,最高人民法院颁布的《最高人民法院关于审理民间借贷案件适用法律若干问题的规定》正式实施,规定把民间借贷年利率分成了三个区间,其中仅年利率低于24%属司法保护区。实际上,部分校园贷平台年利率普遍在30%左右。大部分平台采用等额等息还款利率。纯P2P学生网贷平台年化借款利率普遍在10%~25%,分期付款购物平台要更高一些,多数产品的年化利率在20%以上,分期购物平台的实际年化利率(换算成等额本息还款)可以高达35%及以上。

总体来看,大部分校园贷的月利率均较高。例如,主要面向大学生展开贷款业务的分期平台"零零期",通过分期业务购买售价为4859元的索尼(sony)ILCE-5100L/A5100微单相机/180°翻折屏自拍相机双头套装时,当选择零首付并进行12期分期还款502.06元的情况下,需要付出的利息总额为1171.12元,年利率达24%。

某些平台表面上不收取手续费,甚至还有各种免息优惠,但实际上要收取较高比例的服务费和担保费。如果你要加快审核要交给平台一些费用,放款要交放款费,经他人介绍要交介绍费。还有,如果你要充值提现必须要缴纳一定的费用,大约要扣除所贷款额10%以上的金额。此外,如果你逾期补划款,就会扣掉更多的诸如滞纳金和违约金之类的费用。比如,在裸贷中,假定借款利息为10%,但借款人还得把20%的押金和15%的中介费交给借款平台。如果从平台借款5000元,实际到借贷者手中的就只剩3250元。期满之后,还款人交给平台5000元。如果超期罚息,仍按5000元计算。这样算下来,加上平台的24%的年利率,其实际利率达到30%~40%。如果到期违约,还不上钱,高额的逾期管理费更会让人目瞪口呆。

(4)校园贷的额度和期限

在借款额度与期限方面,各家网络平台各有规定,一般都在1000元~10万元。有些平台则另有规定,如名校贷借款最低额度是100元,学贷网借款最高额度是500万元。期限方面,速溶360、名校贷应急包、趣分期最低仅限1个月,名校贷最高可达3年。

分期付款购物平台产生的贷款额度和期限有自己特殊的规定,除了规定了贷款额度的上限以外,还和该平台售卖的产品品类有关系,比如3C产品、驾校培训等,借款者不能完全自由支配自己所借贷款。

2. 校园贷乱象

(1)无孔不入,侵入校园

由于许多互联网金融公司都把校园贷看成一块肥肉,因此,一直以来总是想方设法侵入校园,扩大宣传。走在大学校园,稍加留意就会发现小额贷款公司贴在学校的张贴栏、厕所、电线杆、体育运动设施等各种地方的小广告,让人眼花缭乱、目不暇接。有的互联网金融公司则抓住学生上网时间较多这一特点,利用互联网大肆做校园贷方面的广告,通过免息、零手续费等做诱饵,诱导学生借钱或消费。还有的公司通过在校园内发展内线或代理等来推广校园贷业务。

(2)披合法外衣干非法勾当

校园贷自产生以来,在给学生提供了便利的金融服务的同时,也带来了一系列的社会问题。尤其是一些不法之徒利用校园贷的各种便利和漏洞,打着金融服务的幌子,干起了各种违法犯罪的勾当。从最初的"恶意注册""高额罚息",到后面的"暴力催收""跳楼自杀",再到"裸条借贷"和"恶意诈骗"等,校园贷已然变了味道。面对鱼龙混杂的互联网金融服务,一些人生阅历尚浅的大学生频频中招。日前,吉林长春警方破获一起特大"校园贷"诈骗案,此案涉案大学生已达150余人,涉及东北三省及山东、广东、重庆等12个省市。

二、校园贷的危害及其预防

2014年以来,随着"校园分期"的出现,校园贷迅速在全国大学校园蔓延开来。2015年,大学生的互联网消费信贷规模达到260亿元,进入2016年,这一数字已突破800多亿元。大学生虽无固定收入,但对数码产品、旅游、娱乐方面的需求大,更容易接受校园贷。但频频出现的黑代理、裸贷和校园贷诈骗等"校园贷"陷阱,使得一些大学生因此成了受害者或是犯罪者。变了味的"校园贷",还不起的"催命债"无疑会给社会、学校、家庭和大学生带来严重的伤害,全社会必须高度重视,使其危害降到最小。

1. 校园贷的危害

(1) 耽误学生的健康成长

校园贷的负面影响之一是腐蚀大学生的灵魂，毒害大学生的思想。在校园贷不法广告的诱导下，一些学生拜金主义思想逐步膨胀，这又进一步助长了享乐主义思想的滋生和蔓延。一些大学生误认为找到了发家致富的秘诀而荒废学业。有些学生自认为找到了商机把贷到的钱转手再放出去，成了二道贩子；有的学生用贷来的钱去赌博，幻想一夜暴富。

另外，严重损害学生的身心健康也是校园贷不容忽视的负面影响。一些大学生因校园贷而身心受到严重摧残，有的甚至付出了生命的代价。某女生由于校园贷未及时还款被迫以手持身份证的裸照为抵押再进行借款，结果逾期无法还款而造成裸照外泄。非但如此，借贷公司还要把她的裸照印成传单在学校和小区里到处张贴，闹得该女生惶惶不可终日，加之人们的冷言冷语，几乎把她推向了崩溃的边缘。无独有偶，最近又有媒体曝出苏州某大学88名学生深陷网络借贷，有的学生甚至因还不上借款而欲吞药自杀。最极端的案例是河南一大二学生因为赌球欠下60万元赌债无力偿还而选择跳楼，这位学生原本作为家族里第一个考上大学的人而被寄予厚望，没想到最后却让校园贷逼上了绝路。由此可见，不良的校园贷对大学生身心的摧残已达到令人发指的地步。

(2) 破坏校园的和谐稳定

公安部门的调查显示，大学生中通过校园广告了解到网贷平台的占64%，通过业务员推销的占38%，通过同学、朋友推荐的占72%，通过电视、电话、网络广告知道的占34%（多选）。可见，熟人传播已经成为网贷的主要传播渠道。由于部分学生成为校园贷中介"杀熟"，尽管他们可能没有害人之心，可一旦网贷出了问题，还是会加剧学生间人际关系的紧张，破坏同学间的团结。

很多大学生尽管有借贷需求，但却不具备认清借贷、规避风险的能力，这导致借贷违约频频发生。如果学生违约，借贷平台一般会通知银行，冻结你所使用的银行卡，还会留下信用污点。不法借贷平台会对欠款人进行非法恐吓、勒索，这导致校内外滋扰事件激增，严重破坏了学校的安宁和社会的稳定。

(3) 信息和隐私遭到利用、外泄

一些校园消费贷款平台的风险管控措施较差，这无疑会加大大学生身份被冒用的风险。另外，大学生借贷时，一般网贷平台会留下借贷者的个人信息，有本人的，也有父母的，甚至涉及银行卡卡号和银行卡密码等重要信息。这使得这些学生的信息很难得到安全保障。另外，一些裸贷平台在借款人还清欠款之后，会把裸照故意外泄，使得大学生隐私得不到安全保障。

(4) 诱发各种违法犯罪行为

大学生无疑是借贷的优质客户，但大学生人生阅历浅，生活经验不足，金融、网络安全知识缺乏导致大学生对金融、网络安全防范意识不强，加之一大批贷款平台为大学生提供了众多优惠政策及条件，手续便捷、下款速度快、利率相对较低，使得一些犯罪分子有了可乘之机。

一些不法的借贷平台，利用大学生的弱点，降低贷款门槛、隐瞒资费标准、诱导缺乏自制力的学生过度消费，使其陷入借贷黑洞，再通过债权转移，使借款人在短时间内债务呈爆炸式增长。无奈借贷者只好拆东墙补西墙，越补漏洞越大，最终，导致一些学生走上歧途。一些违规的借贷平台以帮助裸贷的女大学生还款为由,假借帮忙联系勤工俭学,实则逼迫女大学生干违法之事。

一些不法分子利用大学生的弱点,以帮其办理网络校园贷款不需要还钱为幌子,对在校大学生实施诈骗。还有的以请求帮忙完成其在网贷平台的兼职业绩为由,要求学生注册申请贷款帮其刷单,并许诺按时还款并支付诱人的报酬欺骗大学生。

不法分子在该类案件中都使用同一伎俩,即以丰厚的报酬为诱饵,欺骗大学生利用个人信息在网络平台申请贷款或购物,在套取贷款或变现后便消失得无影无踪。

2. 如何预防校园贷带来的风险

我们不能把校园贷引发的问题只归咎于网贷平台,只有相关部门加强监管,严厉打击校园贷违法犯罪,社会齐心合力加强对大学生的教育,才能确保大学生不受或少受校园贷的侵害。

(1)加强监管,政策到位

与大多数互联网金融平台一样,校园网贷作为一种新兴的业态大部分都游离于监管之外,而其野蛮生长的态势无疑也给监管带来了巨大的挑战。当校园贷给我们带来诸多问题后,我们才发现这一监管盲区。

当下,校园贷的问题严重影响了高校的正常教育教学和秩序,已到了刻不容缓解决的地步。为此,2016年4月,教育部办公厅联合中国银监会办公厅印发了《关于加强校园不良网络借贷风险防范和教育引导工作的通知》,主要对一些不良网络借贷平台进行监管和整治,建立校园不良网络借贷日常监测机制、实时预警机制等。《通知》强调"制定完善各项应对处置预案,对侵犯学生合法权益、存在安全风险隐患、未经学校批准在校园内宣传推广信贷业务的不良网络借贷平台和个人,第一时间报请地方人民政府金融监管部门、各银监局、公安、网信、工信等部门依法处置。"在此基础上,我们在可预见的未来,一定会有相应的一系列行之有效的政策落实到位,从根本上扭转校园贷监管的不利局面。

(2)加强教育,积极预防

当今校园已不再是"只读圣贤书"的场所,随着各种新兴事物的不断涌现,如何教育大学生顺势而变,已成为时代对学校提出的迫切要求。

首先,应加强大学生的思想政治教育,使之树立良好的世界观、人生观和价值观。正确看待义利,懂得"人无诚信不立"的道理。让学生知道校园贷与传统银行不同,其信息不透明,而且利息和手续费都很高,不应为了提前或过度消费,为了做生意,甚至为了炒股或赌博等进行贷款。

其次,应加强对大学生的金融、网络安全知识的普及力度,帮助学生增强金融、网络安全防范意识。大学生掌握了金融基础知识,就会避免借贷的盲从心理,抑制住借贷方面的不理性冲动;就会识别各种网络借贷骗局,确保自身安全。要劝导大学生通过正规渠道贷款,不要随意将身份信息提供给他人,切莫贪图小利而向网络地下等非法贷款公司贷款,以防掉入不法分子精心布置的陷阱。

再次,应加强对大学生法律知识的教育。确保大学生知法、守法,并能运用法律武器捍卫自身权益。不法分子总是越过道德和法律的底线,利用校园贷对大学生进行敲骨吸髓式的盘剥。大学生一旦落入校园贷的圈套,应知道非法校园贷在法律上不受保护。因为法律上所保护的民间借贷,合法的利息标准是每个月不能超过两分(2%),而非法校园贷其实是变异的高利贷,放贷者已经涉嫌违法,如再使用催命手段回收贷款,更是触犯法律。落入校园贷圈套的大学生既可及时向公安机关报案,也可向校方和家长反映情况,寻求帮助,绝对不能以暴制暴、以违法对违法,或干轻生的傻事。

最后,严厉打击校园贷的各种违法犯罪行为。利用校园贷衍生出来的违法犯罪手段让人眼花缭乱,让不谙世事的大学生防不胜防,屡屡中招。大学生是国家的未来,给他们提供一片净土,确保其健康成长是全社会义不容辞的责任。公检法部门应与社会各相关部门密切协作,像严打电信诈骗那样严打校园贷方面的违法犯罪行为,确保校园的和谐稳定。

案例:杜某上网时在百度网页上发现低息贷款的信息,杜某与对方所留的电话联系,经双方协商,对方答应贷款2万元给杜某,但得先付利息1000元,并将个人资料发给对方。杜某按照对方要求到指定银行将利息人民币1000元汇至对方账号,对方让杜某再汇2000元保证金。这时,杜某才如梦初醒,知道上当受骗了。

第五节　网络交友需谨慎

一、概述

网络交友就是指通过互联网结识朋友。大多数网站都依靠网络交友功能来获得流量,提高用户的黏着度。随着更多应用功能的开发,网络交友的服务形式也越来越丰富,网络交友的方式也变得更加具体、更具有针对性。

随着人们思想观念的改变以及社会环境的变化,QQ、微信等已经成为人们广泛使用的交流工具。由于网络环境的虚拟性,人们一旦放松戒备,就很容易被骗而导致悲剧发生。

二、网络交友的典型案例

案例一:2015年12月25日,警方接到举报:一男子长期在本市及周边地区以见网友为名伺机实施入室盗窃等违法犯罪活动。得到此线索后,公安人员立即拟定侦查措施,核实该男子真实身份,并对2015年以来类似手法的入室盗窃或其他盗窃案件进行梳理。此外,警方还对核实梳理出的案件进行串并分析寻找情报指向。

网侦民警对2015年全年以QQ、微信等网络交友平台结识网友而引发的入室盗窃案件及其他盗窃案件进行梳理,发现其中有13起案件受害人所反映出的嫌疑人体貌特征相似,且嫌疑人在见面时均自称高峰。网侦民警随即对13起案件的受害人进行了逐一回访,通过对其中一个涉案账户进行排查,突出了嫌疑人车某。

在进一步核实车某身份后,网侦民警组织13名受害人对车某进行了混杂辨认。经辨认后确定,车某就是该系列案件犯罪嫌疑人。

案例二:2010年开始,40岁的田某在北京市房山区长沟镇、张坊镇等地,自称"田北冥"在QQ上与女大学生聊天,说自己是清华大学及北京大学的双硕士,经营奢侈品、红木等生意,提出与被害人建立男女朋友关系。取得对方信任后,他以做生意周转、偿还债务等理由骗取8名女大学生35万余元。被检方认定的8起案件中,被骗的女大学生来自全国各地,除一名女生因学习忙没有与其赴约外,其他7人都来北京与田某见过面。见面当天,田某会跟女大学生发生性关系、确立男女朋友关系并许诺结婚等。一般在当天或次日,田某就会向女生要钱。

案例三：2016年3月，潍坊市某高校一女生和曲阜市某高校一女生在微信上被甄某搜到，甄某自称是泰安市供电局的在编职工。和甄某相识后，2名女生很快"坠入爱河"。3个月时间里，甄某分别和2名女生交往，在不同时间坐车到2名女生学校所在地，或分别带2名女生在泰安市青年路附近的出租房共住。在骗取2名女生的信任后，甄某以"缺钱花""炒股失败""欠债还不上""领导借钱"等不同理由向2名女生借钱，甚至让她们从同学、父母处借钱供他用。甄某还利用她们的信用，从多家网贷平台贷款，加上使用两人的信用卡、借的现金，总共3万多元。为了给甄某筹钱救急，一女生甚至和同学借了6000元给甄某。直到5月30日，一女生在甄某的出租屋里偶然发现他短信里有一陌生女子的手机号码，其微信号中还有多个备注为"老婆"的号码。这名女生偷偷给距离最近的一女子打电话，这时，两人才发现，她们都被甄某骗了。

案例四：2014年元月，高校女生曾某通过一款社交网络软件认识了网名为"靠谱宝马男"的李某。李某自称从事建筑行业，家境富裕。曾某被这位"高富帅"网友所吸引，两人约定在大学科技园见面。2014年2月中旬，曾某带着舍友于某一同去见李某。在约定地点不远处，于某发现前来赴约的男子跟网上的照片不一致，当即提醒曾某不要跟他见面，但曾某坚持赴约。之后，李某带着曾某去了一家高档餐厅就餐。两人谈话期间，李某吹嘘自己家财万贯，并拿出两把车钥匙，声称自己有一辆宝马和一辆奥迪，只是当天不方便，没有开来。饭后，在对方的百般要求下，曾某跟他进了酒店。两人交谈一番后，曾某提出离开，李某百般挽留。后来，曾某趁李某洗澡之际给于某发了一条求助短信。于某收到短信后，立即给曾某打去电话，但曾某的手机已关机。于某感觉事情不妙，立即拨打"110"电话报警。李某被抓获后向警方供述，他在曾某面前炫耀的两把车钥匙其实都是假的，自己并没有什么固定职业，并且与数十名女子保持着暧昧关系。

第六节　正确应对网络不良信息

目前网络不良信息也在向多元化方向发展，除了各种情色类的视频、图片、文学之外，还存在着赌博、造假、诈骗等各类违反法律和违背道德的内容。

一、概述及分类

1.概述

在互联网发展的早期，网上的不良信息还是以"知识型"信息为主，但是随着互联网的不断发展，上网逐渐成为人们生活、工作、娱乐中不可缺少的一部分时，不良信息也随之发生了很大的变化。特别是近几年，不良信息从单纯的"知识型"信息向"谋利型"信息转变，而且手段多样、形式复杂，其中不乏很多是违反法律与道德的。

2.网络不良信息的分类

（1）违反法律类

主要包括淫秽、色情、暴力等低俗信息，赌博、犯罪等技能教唆信息，毒品、违禁药品、刀具枪械、监听器、假证件、发票等管制品买卖信息，虚假股票、信用卡、彩票等诈骗信息，以及网络销赃等多方面内容。

案例：2012年4月，南宁市某职业技术学院学生韦某发现一网友在群上询问"谁有日本某明星的黄色影片"。韦某发现自己正好有这样一部"匹配"的视频，便立即将该视频的"种子"复制粘贴在QQ群上。出乎韦某意料的是,这鼠标的几次点击却触犯了法律,韦某被南宁市公安局青秀分局刑事拘留。

(2) 违背道德类

违背道德类信息是指违背社会主义精神文明建设要求、违背中华民族优良文化传统与习惯以及其他违背社会公德的各类信息,包括文字、图片、音视频等。法律是最低标准的道德,道德是最高标准的法律。虽然违背道德类信息仅违背一般的道德准则,会受到主流道德规范的谴责和约束。但是,违背道德类信息一旦"过头",造成严重的后果和影响,就很容易演变为"违反法律类"信息。

案例: 2012年5月,某资格考试报名网站遭到恶意入侵,考生的报名信息被泄露。同时,部分考生报名后计算机中了病毒,经常会弹出一些广告链接。公安机关网络警察经过反复排查,最终将犯罪嫌疑人某高校计算机专业大四学生张某抓获归案。据警方调查,张某平时痴迷于钻研黑客技术,经常在一些黑客QQ群和论坛里晃悠。某日,张某在一个QQ群里看到有人在讨论,某资格考试报名网站访问量很大,群里有好几个人尝试"潜入"都没有成功。张某想先控制这个网站,然后通过这个网站来控制所有访问过该网站的计算机,以便向同学和朋友炫耀一下自己的计算机技术。随后,张某通过自编的代码程序,取得了该报名网站服务器的管理权限,还创建了一个用户名并设置了密码,顺利进入该网站服务器,在其主页源代码上加了一段隐藏代码,把该网站链接到他预先放置在另一个网站的木马上。"你知道不知道这个报名网站是国家级管理信息系统,有没有想过这样做会触犯法律?"面对警方的询问,张某坦言:"我就是为了验证我的计算机技术,能控制成千上万台计算机,能被同学和朋友崇拜,我很有成就感。"

二、网络不良信息产生的原因

1. 不良信息的赚钱魔力

互联网是"眼球"经济,在残酷的商业竞争中,不少网站经营者开始利用不良信息吸引网民的"眼球",以达到赚钱的目的。

2. 互联网信息的制造和访问缺乏监管

网民既是信息的阅读者也是制造者,而面对不良信息,他们既可能成为受害者又可能成为违法者。

3. 非民主力量的"别有用心"

一些反人类、反民主的力量也同样存在于互联网上,通过不断传播不良信息以达到个人目的。

三、应对网络不良信息的策略

1. 遏制源头

遏制不良信息的源头,就要通过立法及执法手段严惩不良信息制造者,对发布不良信息的人或者网站进行相应的经济制裁,严重者要追究其刑事责任。要让他们知道"疼",感到"怕",从重打击那些制造不良信息的不法分子。

案例: 2014年8月2日下午6时许,波及全国的"XX神器"手机恶意程序案在深圳告破,深圳警方抓获犯罪嫌疑人湖南省某大学软件工程专业的大一学生李某,同时收缴李某作案用的计算机一部、手机两部和编程书籍一本。警方在李某的计算机中发现了他写的源代码。2014年暑假，李某到深圳看望在深圳做生意的父母。据李某交代，他想做一款能够大范围传播的软件，一方面展示自己的能力，另一方面也觉得很酷。软件制作完成后，李某首先发送给了好朋友，接着该软件就呈几何级数蔓延开去。李某表示，他没有想到软件会传播得如此迅速甚至失控，在全国范围内造成恐慌。

2.监管传播

要监管不良信息的传播，建立严格的内容审核制度，要求互联网从业者自律自查；设立举报制度，发动社会力量进行监督和举报。

3.控制访问

控制对不良信息的访问，在能够上网的任何场所，例如公司、学校、酒店、网吧等地方加装网页过滤软件，对不良信息进行封堵和过滤，使得访问者不能接触到不良信息。

4.大学生应该如何做

当代大学生应当以主流的社会政治观念为理论基础，提高自己的学识和修养，增加对事物的甄别能力。应通过更多的社会实践、更多的社会观察、更多的生活体验，更好地练就一双自觉辨识谣言、抵制谣言的"火眼金睛"。对国内外的社会、政治事务能够做出客观与合理的评判；对身边发生的或即将发生的突发性事件能冷静、正确应对。取其精华、去其糟粕、激浊扬清、正本清源。

日新月异的互联网技术代表着科技创新的发展方向，朝气蓬勃的青年学子是思维创新、制度创新、科技创新、文化创新的生力军，更是打造讲正气、遵法纪、守底线的网络文化的生力军。每位大学生都应树立这种时代使命感、社会责任感、道德正义感，自觉抵制包括网络谣言在内的各类网络糟粕，携手营造一个清新、健康、积极向上的互联网共有家园。

知识链接

1.《计算机信息网络国际联网安全保护管理办法》第五条规定：任何单位和个人不得利用国际联网制作、复制、查阅和传播下列信息：

（一）煽动抗拒、破坏宪法和法律、行政法规实施的；

（二）煽动颠覆国家政权，推翻社会主义制度的；

（三）煽动分裂国家、破坏国家统一的；

（四）煽动民族仇恨、民族歧视，破坏民族团结的；

（五）捏造或者歪曲事实，散布谣言，扰乱社会秩序的；

（六）宣扬封建迷信、淫秽、色情、赌博、暴力、凶杀、恐怖，教唆犯罪的；

（七）公然侮辱他人或者捏造事实诽谤他人的；

（八）损害国家机关信誉的；

（九）其他违反宪法和法律、行政法规的。

2.《计算机信息网络国际联网安全保护管理办法》第六条规定：任何单位和个人不得从事下列危害计算机信息网络安全的活动：

（一）未经允许，进入计算机信息网络或者使用计算机信息网络资源的；

（二）未经允许，对计算机信息网络功能进行删除、修改或者增加的；

（三）未经允许，对计算机信息网络中存储、处理或者传输的数据和应用程序进行删除、修改或者增加的；

(四)故意制作、传播计算机病毒等破坏性程序的;
(五)其他危害计算机信息网络安全的。

3.《中华人民共和国治安管理处罚法》第二十九条规定:有下列行为之一的,处五日以下拘留;情节较重的,处五日以上十日以下拘留:

(一)违反国家规定,侵入计算机信息系统,造成危害的;

(二)违反国家规定,对计算机信息系统功能进行删除、修改、增加、干扰,造成计算机信息系统不能正常运行的;

(三)违反国家规定,对计算机信息系统中存储、处理、传输的数据和应用程序进行删除、修改、增加的;

(四)故意制作、传播计算机病毒等破坏性程序,影响计算机信息系统正常运行的。

4.《中华人民共和国治安管理处罚法》第六十八条规定:制作、运输、复制、出售、出租淫秽的书刊、图片、影片、音像制品等淫秽物品或者利用计算机信息网络、电话以及其他通信工具传播淫秽信息的,处十日以上十五日以下拘留,可以并处三千元以下罚款;情节较轻的,处五日以下拘留或者五百元以下罚款。

第七节　沉溺网络的危害

一、沉溺网络的危害

网络给人们的生活带来了很大的便利,同时也带来了一些问题。一些网站为了获得更大的利益千方百计利用网络游戏,甚至色情视频来吸引年轻人,使他们沉溺其中。沉溺于网络会造成很多社会问题,同时也不利于个人身心及健康发展,其危害主要表现在两个方面:

1.造成身体障碍

沉溺于网络的人由于长时间上网,大脑神经中枢持续处于高度兴奋状态,从而引起体内一系列复杂的生物化学变化,导致自主神经功能紊乱,内分泌失调,免疫功能降低,诱发各种疾患;如胃肠神经症、紧张性头疼等。此外,长时间敲击键盘会引起腕关节综合征;长时间注视计算机屏幕会导致视力下降、怕光、暗适应能力降低;长时间僵坐在计算机前会出现腰背肌肉劳损、脊椎疼痛变形等。

2.造成心理障碍

对网络的依赖表现在对网络操作时间失控,即陷于其中不能自拔,一旦停止上网便会产生强烈的渴望与冲动。会导致注意力不能集中,感知能力降低,记忆力减退,逻辑思维活动迟钝;造成情绪低落消极悲观,缺乏对生活的兴趣,丧失自尊和自信。

有的人沉溺到网络中,以逃避现实中应有的社会责任与义务。更有甚者为达到上网的目的,骗取钱财违法乱纪产生个人品行方面的问题,乃至丧失人格。

二、沉溺网络的典型案例

1.沉溺网络引发的自身伤害

案例一:近年来因沉溺于网络而猝死的案例时有发生,某大学的学生罗某,2013年12月28日、29日玩游戏到凌晨3点才睡觉,30日深夜1点左右才上床,但到了凌晨3点左右还在用手机看小说。30日下午,罗某在宿舍计算机前忽然晕倒,后经抢救无效死亡。

猝死的案例不止一次地发生,但是很多人对此并不以为然。在网吧里还是能够看到许多没日没夜玩游戏的身影,年轻生命的逝去留给人们的不仅仅是惋惜,更敲响了警钟。

案例二: 2014年端午节假期,某高校大一学生包某没有回家过节。舍友返校后,发现宿舍门打不开,舍友和学校保安人员一起破门以后,发现包某已经在宿舍内不幸身亡。据警方报道,包某身亡的原因是猝死,与其晚上熬夜在宿舍内长时间玩游戏有关。

案例三: 某高校大二学生田某自从买了便携式计算机,无论课程多少,每天在网上泡上四五个小时是他的"必修课"。他不厌其烦地浏览各种网页,和朋友聊天,在BBS上灌水,实在无聊了,就与同学联机打游戏。日复一日地上网闲逛,田某有时也会觉得无聊,可一旦下了线,就如同无头苍蝇没了方向。心里空荡荡的感觉让他很不踏实,甚至情绪低落,烦躁不堪。无奈,强大的孤独感又把他推回了那熟悉而又陌生的网络世界。周而复始,田某很茫然,却又摆脱不掉。

2.沉溺网络对社会和他人的伤害

案例一: 2015年11月,重庆发生15岁男孩强奸9岁女孩,并致其坠亡事件。据犯罪嫌疑人苏某交代,1日下午3点多,他在小区电梯内遇到女孩曹某,见其孤身一人,便心生歹意,随后,花言巧语将她骗至家中实施强奸。其间,女孩反抗,苏某因害怕被告发,便将女孩推上窗台恐吓,最终致其坠楼身亡。苏某长期迷恋网络,思想受到毒害。

案例二: 2016年5月17日深夜12时许,浙江绍兴某街道发生一起命案,据胡某因家中琐事用刀、榔头等工具将其父亲残忍杀害并分尸。犯罪嫌疑人胡某是某高校的学生,因精神状态不好休学在家。休学后,胡某没有去找工作,整天在家里上网打游戏,因此常常遭到父亲的数落。一些村民猜测,可能是父亲的责怪惹怒了胡某,因此发生了命案。据胡某的亲戚介绍,胡某休学在家后整天上网打游戏,都是玩计算机玩坏了。

案例三: 某高校2007级数学系本科生冯某曾因过度沉迷于网络游戏,多门功课挂科,大四那年被学校勒令退学。退学后,冯某非但没有悔悟,反而从学校宿舍搬进网吧并当了网管,一来解决了吃饭住宿问题,二来还能继续玩网络游戏。打工挣来的钱依旧不能满足冯某的网瘾,于是他想到了偷窃。2013年和2015年,冯某2次因盗窃自行车被治安拘留。2016年3月25日,冯某在一小区盗窃自行车时被失主堵在了楼道口,再次被警方刑事拘留。

三、如何避免网络危害

1.净化网络环境

2016年1月7日上午,北京市海淀法院对"快播传播淫秽物品牟利案"被告人王某、吴某、张某、牛某进行公开审理。对快播案件的审理让我们看到了整个社会对于净化网络环境所做出的努力。2015年以来,国家广电总局严格审批一些视频,对于危害社会的视频情节,进行删减或者直接禁播。这些都从一定程度上保证了网络环境的净化。

2.从大学生自身出发,提升自我的理性思维,树立社会主义核心价值观

大学生必须认清自我的社会定位,不能沉溺于网络游戏和网络。青年的价值取向决定了未来整个社会的价值取向,而青年又处在价值观形成和确立的时期,抓好这一时期的价值观养成十分重要。这就像穿衣服扣纽扣一样,如果第一粒纽扣扣错了,其余的纽扣都会扣错。人生的扣子从一开始就要扣好。

第八章 日常生活安全

第一节 注意饮食安全

常言道:病从口入。病从口入,就是告诫我们要注意饮食安全。注意饮食卫生是拥有健康体魄的基础。食品安全问题是目前社会的一个大问题,健全食品安全监督机制,强化食品安全管理应得到全社会的关注。

大学生是祖国的未来,学生的健康牵动着千万个家庭的心,学校一旦发生食品卫生问题往往影响到一个大群体,轻者影响学生学习,重者影响社会稳定。同时,发生食品卫生问题也影响学校的正常学习和工作秩序,一旦出现问题会使学校声誉下降。因此,保障学生的身体健康是学校义不容辞的责任和义务,要想把这项工作做好,就要掌握必要的食品卫生安全知识。

一、常见的食物中毒及饮食安全卫生

1.常见的食物中毒

①四季豆中毒。
②发芽的马铃薯中毒。
③豆浆中毒。
④亚硝盐类食物中毒。

2.食物中毒的特点

①中毒者在相近的时间内均食用过某种共同的食品,没有食用者不发病的。停止食用中毒食品后,发病很快停止。
②潜伏期短,发病急剧,病程也比较短。
③所有中毒者的临床表现基本相似。
④一般没有人与人之间的直接传染。

3.中毒原因

(1)四季豆中毒

四季豆的含毒成分尚不十分清楚,可能与皂素和植物血凝素有关。中毒者多为进食未烧透的四季豆。潜伏期为1~5小时,症状为恶心、呕吐、胸闷、心慌、出冷汗、手脚发冷、四肢麻木、畏寒。

预防措施:应充分加热炒熟,以破坏毒素,故加工四季豆宜炖食,不宜水焯后做凉菜。

(2)发芽的马铃薯中毒

有毒成分是幼芽及芽眼部分,含有大量龙葵素(龙葵碱),人食用0.2~0.4克即可引起中毒。中毒初期,先有咽喉抓痒感及烧灼感,其后出现胃肠道症状,剧烈呕吐、腹泻。

预防措施:马铃薯应贮藏在低温、无阳光直射的地方,或用沙土埋起来,防止发芽;不吃发芽或黑绿色皮的马铃薯;加工发芽的马铃薯,应彻底挖去芽、芽眼及芽周部分;龙葵素遇酸

分解,烹调时可加少量食醋。

案例:2001年10月11日23时,武隆县某中学陆续出现中毒学生,至15日凌晨共发生中毒病人95例。临床表现以头晕、头痛、恶心、腹痛、腹胀、乏力为主,部分病人伴有腹泻、呕吐症状,2例重症病例出现烦躁、抽搐症状。经对95名中毒学生的个案调查发现:该中学共有3个学生食堂,均以私人承包方式经营。3个食堂经营的菜谱以马铃薯为主,有炒土豆片、炒土豆丝、红烧土豆、土豆片汤等。该3个食堂分别在10月6日和7日各购进土豆1000~2500公斤,检查发现这批土豆,绝大部分已发芽。3个食堂对红烧土豆是去皮后加工,但炒土豆片、炒土豆丝、土豆片汤均未去皮加工。10月10日和11日食堂菜谱除以上土豆类菜外还有炒胡萝卜、凉拌粉丝、炒白菜、凉拌凉粉、豆炖肉、炒四季豆、烧魔芋粉条及米饭、包子、油饼等。而95名中毒学生在校就读期间一日三餐均在该中学食堂就餐。其10日和11日虽然分别在3个食堂就餐,但都食用过土豆类菜和米饭,其他菜品无共同食用史。

(3)豆浆中毒

有害成分可能是胰蛋白酶抑制素、皂甙。生豆浆加热不彻底,有害成分没有被破坏,饮用后会造成中毒。豆浆中毒多发生在集体食堂或小型餐饮业。潜伏期为半小时到1小时,主要表现为胃肠道症状,恶心、呕吐、腹胀、腹泻,一般不发热。

预防措施:将豆浆彻底煮开后饮用。豆浆出现泡沫时,并没有煮开,应继续加热至泡沫消失,豆浆沸腾后,再继续加热几分钟。

(4)亚硝盐类食物中毒

又称肠原性青紫病、紫绀症、乌嘴病,是指食入含亚硝酸盐类食物中毒,亦有误把亚硝酸盐当食盐用的中毒报告。

其中毒机理为:亚硝酸盐为强氧化剂,进入人体后,可使血中低铁血红蛋白氧化成高铁血红蛋白,失去运氧的功能,致使组织缺氧,出现青紫而中毒。

中毒症状为:亚硝酸盐中毒发病急速,一般潜伏期为1~3小时,中毒的主要特点是由于组织缺氧引起紫绀现象,如口唇、舌尖、指尖青紫,重者眼结膜、面部及全身皮肤青紫。伴有头晕、头疼、乏力、心跳加速、嗜睡或烦躁、呼吸困难、恶心、呕吐、腹痛、腹泻,严重者昏迷、惊厥、大小便失禁,可因呼吸衰竭而死亡。

如发生亚硝酸盐中毒必须注意:①补充液体,尤其是开水或其他透明的液体;②补充因上吐下泻所流失的电解质,如钾、钠及葡萄糖;③避免制酸剂;④先别止泻,让体内毒素排出之后再向医生咨询;⑤无须催吐;⑥饮食要清淡,先食用容易消化的食物,避免食用容易刺激胃的食品。

二、合理的饮食习惯

1.建立合理的膳食制度

膳食制度常随学习情况、生活习惯和季节不同而异。一般以一日三餐为好,因为食物进入胃后,在正常情况下,4~5个小时可以排完,一日三餐刚好适应胃的消化机能。全天热量分配,一般主张早餐占总热量的25%~30%,中餐占40%~50%。提倡早餐吃好,中餐吃饱,晚餐吃少。学校上午一般有四节课,不吃早饭就上课,会使学生机体热量不足,上课精力不足,容易疲劳,严重的会头晕无力,影响身体健康和学习效果。晚餐不要吃得太饱,以免增加胃的负担,影响睡眠,在正常情况下,一日三餐要定时定量,防止暴饮暴食。经常参加锻炼的大学生可适当增加进餐次数，如一日四餐、一日五餐。

2. 饭菜不单调，吃饭不偏食

有些学生由于各种原因，往往喜欢吃单一饭菜，这是很不好的习惯。各种食品都有其各自的营养成分，经常变换选择饭菜进餐，才能为人体提供足够的营养素。一般来说，午饭质量要高一些，可吃一些含糖、蛋白质、维生素 B1、维生素 C 和磷等较多的食物，晚饭应吃一些易消化吸收的食物。

3. 膳食合理搭配

提倡食物混食、粗细搭配。粗粮、细粮、荤菜、素菜相互搭配，混合食用的营养价值要比单吃一种食物高。用餐时，干稀要搭配，副食品荤素要搭配。鸡鸭鱼肉虽然都含有优质蛋白质，但无法满足机体对其他营养素的要求，而各种蔬菜中所含的大量维生素、无机盐和纤维素等成分，恰好弥补了这方面的不足。再者，鱼、肉、禽、蛋都属于酸性食物，食用过多会导致血液偏酸性，容易患心血管疾病。而蔬菜、水果、牛奶、粮食的根茎类，几乎都是碱性食品，所以膳食中必须注意荤素搭配。每个学生每天应吃 0.5 公斤以上的蔬菜，品种越多越好，注意选择含钙、铁、维生素较多的菜食用。

4. 不要暴饮暴食

明代《东谷赘言》中说，多食之人有五患：一者大便数，二者小便数，三者扰睡眠，四者体重不修养，五者多患食不消化。现代医学认为，暴饮暴食会增加胃的负担，引起消化液供不应求，从而造成消化不良，甚至造成急性胃炎。另外，暴饮暴食使血液集中于肠胃，心脑相对缺血，会产生疲劳不适感。吃饭应定时定量，吃八成饱为宜。吃饭时，要细嚼慢咽，不看书，不逗笑，少说话，不边走边吃。要养成吃食物前先洗手的良好习惯。

5. 加强饮食卫生管理

各级学校必须认真加强饮食卫生管理，充分供应学生饮用的开水，设置必要的卫生设备，做好食品卫生检查、饮水消毒和食具消毒等工作。教育学生不喝生水不吃腐败变质的食物；做到饭前便后洗手，牢牢把住"病从口入"这一关，防止食物中毒和肠道传染病的发生。

6. 运动前后的饮食卫生

体育锻炼可提高消化器官的功能，使吃下去的东西能更好更快地消化吸收。但应注意以下几点，否则将会引起慢性肠胃疾病。

（1）运动和吃饭时间要安排得当

如果在剧烈运动后很快就进食，往往食欲很差，再好的饭菜也不想吃，因为运动刚结束时大脑皮层的运动中枢和交感神经仍处在高度兴奋状态，情绪还很紧张，消化腺的分泌受到一定程度的抑制，所以不想吃饭。在这种情况下，即使勉强吃下去，食物也不能很好地消化，久而久之，就会引起消化不良，患慢性肠胃病。一般来说，运动后休息大约 20~30 分钟以后，再吃东西是比较合乎卫生要求的。

（2）饭后立即进行剧烈运动，对肠胃的影响更大

由于饭后胃肠的活动和消化腺的分泌加强，消化液分泌增多，如果在这时进行剧烈运动，则会引起交感神经兴奋和肾上腺激素大量分泌，进而使肌肉小动脉扩张，毛细血管大量开放，血液较集中供应运动器官，而减少了胃肠的血液供给。同时，胃肠的活动也减弱，消化液的分泌也减少，胃壁松弛无力，食物得不到充分的搅拌和消化，会拖长食物在胃里停留的时间，以致发酵酸化、吐酸水。胃液减少，胃的防腐能力就降低了，消化道易被感染。因此，

饭后应稍事休息再运动。

(3) 饭后和运动后不要大量吃冷食

饭后大量吃冷食,首先会使肠胃血管突然收缩,使供给肠胃的血液突然减少,致使消化受到阻碍。其次,消化液必须在一定的温度下才起作用,胃肠温度突然降低,它的消化能力也随之下降,结果食物就难以消化,日子久了就免不了得肠胃病。

运动刚刚结束时,由于体温升高,大量流汗,无克制力的人往往为了一时痛快便大吃冷食,结果肠胃因受到刺激而功能紊乱,引发腹泻、腹痛等病症。

(4) 不能乱吃零食

按时吃饭能使消化器官有规律地工作,是维护肠胃健康的一个重要措施。乱吃零食,破坏了消化器官的规律性活动,到了吃饭的时间,消化机能反而下降,抑制正常的进食活动。吃的零食如果是甜或油腻的食物,则更会降低食欲。在这种情况下,若勉强进食,食物会因消化液的减少和肠胃蠕动缓慢无力而难以消化。但水果可加强消化腺的活动,并能供给维生素,不在此例。

(5) 运动后要合理饮水

激烈运动后,人常会感到格外口渴,有些人只图一时痛快,在运动后大量饮水,这是不健康的。因为运动时,胃肠道血管处于收缩状态,血液供应暂时减少,这时大部分血液都流向肌肉,以便供应运动时肌肉所需要的养料和更快地带走废物。如果这时大量饮水,由于胃肠血管收缩,吸收能力减弱,会使人感到胃部沉重闷胀,影响呼吸。在运动结束后,心脏的负担在逐渐减轻,如果这时大量饮水,一部分水经吸收进入血液之中,循环血量有所增加,不但给心脏和肾脏增加了负担,而且还会进一步加快出汗,使体内盐分排出过多。运动后的口渴,并不一定真正表示人体缺少水分,这主要是由于运动时呼吸加强,水分蒸发较快和唾液分泌减少变稠,致使口腔、咽喉、呼吸道和食道上的黏膜比较干燥,因而产生不舒服的感觉。这时只要漱漱口,湿润一下口腔黏膜,再有意识的克制一下,那么口渴的感觉就会减轻。

(6) 长时间运动应及时补水

如果人体进行长时间的运动,特别是在夏天,不仅消耗大量热能,同时也失去大量水分。机体内的水分减少,会影响正常的生理机能和工作能力。当失水量占体重的4%~5%时,可使肌肉工作能力下降约20%~30%;当失水量为体重的10%时,会引起循环衰竭,从而导致机能下降。主要体征是心率加快,体温升高。因此,及时补充水分是十分重要的。补充水分的方法最好是少量多次。运动中每15~20分钟饮水100~150毫升,这样既可及时保持体内水的平衡,又不增加心脏和胃的负担。若大量饮水后仍然继续运动,水在胃中晃动,使人不舒服,并会引起呕吐。关于饮料的成分,含糖量一般不宜过高。据研究,夏天饮料的糖浓度不宜超过2.5%,冬季可适当增加到5%~15%,以维持血糖水平。

三、掌握食品安全卫生知识,做好个人防护

①购买食物时,注意食品包装有无生产厂家、生产日期,是否过保质期,食品原料、营养成分是否标明,有无QS标识,不能购买三无产品。

②打开食品包装,检查食品是否具有它应有的感官性状。不能食用腐败变质、油脂酸败、霉变、生虫、污秽不洁、混有异物或者其他感官性状异常的食品。若蛋白质类食品发黏,渍脂类食品有哈喇味,碳水化合物有发酵的气味或饮料有异常沉淀物等均不能食用。

③不到校园周边无证摊贩处购买盒饭或食物,以减少食物中毒的隐患。

④注意个人卫生,饭前便后洗手,餐具洗净消毒;不用不洁容器盛装食品,不在食堂乱扔垃圾以防蚊蝇滋生。

⑤白开水是最好的饮料,一些饮料含有防腐剂、色素等,经常饮用不利于健康。

⑥养成良好的卫生习惯,预防肠道寄生虫病的传播。

⑦生吃的蔬菜和水果要洗干净后再吃,以免农药中毒。

⑧少吃油炸、烟熏、烧烤的食品,这类食品如果制作不当会产生有毒物质。

除此之外,在日常的生活中,做到饮食卫生,应该做好以下几点:

①养成吃东西以前洗手的习惯。人的双手每天干这干那,接触各种各样的东西。会沾染病菌、病毒和寄生虫卵,吃东西以前认真用肥皂洗净双手,才能减少"病从口入"的可能。

②生吃瓜果要洗净。瓜果蔬菜在生长过程中不仅会沾染病菌、病毒、寄生虫卵,还有残留的农药、杀虫剂等,如果不清洗干净,不仅可能染上疾病,还可能造成农药中毒。

③不随便吃野菜、野果。野菜、野果的种类很多,有的含有对人体有害的毒素,缺乏经验的人很难辨别清楚,只有不随便吃野菜、野果,才能避免中毒,确保安全。

④不吃腐烂变质的食物。食物腐烂变质,就会味道变酸、变苦并散发出异味,这是因为细菌大量繁殖引起的,吃了这些食物会造成食物中毒。

⑤不随意购买、食用街头小摊贩出售的劣质食品、饮料。这些劣质食品、饮料往往卫生质量不合格,食用、饮用会危害健康。

⑥不喝生水。水是否干净,仅凭肉眼很难分清,清澈透明的水也可能含有病菌、病毒,喝开水最安全。

知识链接

食物中毒人员的救助方法:一旦发现有同学出现上吐、下泻、腹痛等症状,立即拨打"120"急救电话。在"120"医生到来之前,将中毒者移至通风处,松解衣领、裤袋,并设法进行催吐。对于处于休克昏迷状态的中毒者不宜进行催吐。若中毒者进食时间在1~2小时内,可让其多喝开水,而后用手指、筷子或动物羽毛探喉,促其呕吐,尽快排除毒物。若中毒者吃下致毒食物的时间已经超过2~3小时,而且精神较好,可用些泻药,促使致毒物质尽快排出体外。对可疑有毒的食物,禁止再食用,将中毒者食用的可疑食品、呕吐物或粪便封存带上,送医院检查以便诊断。

第二节 常见病、伤的预防和处理

1.营养不良和肥胖

学生营养不良和肥胖的评定方法是:以同等身高标准体重值为100%,体重在标准体重91%~110%范围内为营养状况良好,低于90%为营养不良,体重在标准体重的111%~120%为超重,高于120%为肥胖。目前大学生中营养不良和肥胖的患病率均已超过10%。营养不良将导致学生生长发育障碍,而肥胖是高血压、高血脂、动脉粥样硬化、糖尿病等的诱发因素之一。这两种疾病均与日常饮食关系密切。学校应有计划地针对此种情况开展午餐营养配餐工作,同时学生要科学规划好早晚两餐,改掉偏食习惯,做到热量和营养素的合理搭配。

2.近视眼

轻度近视即应引起注意,尽量找出原因以防程度加深。原则上讲,患近视眼后,应找眼科医生验光,佩戴合适的矫正眼镜,使视物清晰,减轻视觉疲劳。学校要加强宣传力度,及早预防。

①不在暗处及行进的车船上看书,不要躺着看书,坚持每天做眼保健操,定期检查视力。

②阅读写字时,桌面上的照明不低于 25 瓦,姿势要端正,眼睛离桌面的距离应保持在 33 厘米左右。

③看电视时,室内应保持一定的亮度,人距电视 2.5~3 米左右,最好超过半小时就休息 10 分钟。

④看书学习 1 小时之后,可眺望远方的绿色花草树木。

⑤不要戴别人的眼镜,以免对眼睛造成损害。

3.沙眼

沙眼在大学生中发病率也较高,这种疾病是由沙眼衣原体感染引起的。预防沙眼,不要用脏手揉眼睛,不要与别人共用毛巾、脸盆。如发现眼睛红肿、流泪、有异物感、眼屎多等现象,应及时去医院治疗,或用利福平、10%~30%磺胺醋铣钠液等眼药水点眼治疗。

4.红眼病

红眼病发于夏秋季。要避免与病人接触,若接触病人,要用肥皂洗手;不用手揉眼,手帕、毛巾、脸盆等应个人专用;不要食用刺激性食物与饮酒;患病后不到公用澡堂洗澡、游泳池游泳。一旦发现红眼病人,应立即隔离治疗。

5.龋齿、牙周病

保持口腔卫生、坚持早晚刷牙,方法要正确,饭后漱口;交替选用各种牙膏刷牙;合理饮食,少吃糖,养成良好的饮食习惯;定期检查。学校应每学年定期发放保健牙刷,利用健康教育课教授学生怎样保护牙齿。

6.蛔虫、蛲虫病

①饭前便后要洗手。

②不吸吮手指及咬指甲。

③生吃瓜果、蔬菜要洗净。

④不喝生水。

7.中暑

①把病人移至通风阴凉处。

②用凉水浸湿毛巾敷于病人头部。

③喝淡盐水或凉茶补液降温。

④重症者送医院抢救。

8.骨折

①骨折病人如有伤口出血,应先找干净的毛巾或布单包扎伤口,压迫止血。

②用木板、竹条、塑料棒等把肢体骨折部位的上下两关节固定。

③尽快送医院治疗。

骨折后的处理方法如图 8-1 所示。

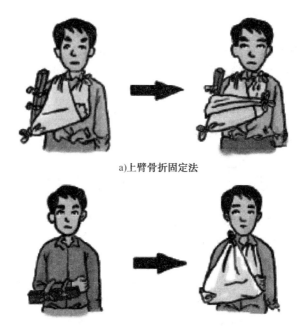

a)上臂骨折固定法

b)前臂骨折固定法

c)小腿骨折固定法

图 8-1　骨折后的处理

9.艾滋病

①加强大学生对艾滋病基本常识的宣传教育工作,在大学生中普及艾滋病常识,增强大学生防范艾滋病的意识。

②做好舆论宣传,开展丰富多彩的文化、科技、体育活动,丰富学生精神文化生活,教育学生远离艾滋病的传播渠道,珍爱生命,着眼未来。抓住"12.1 世界艾滋病"日的时机,集中开展艾滋病宣传。

③组织学生积极参加防治艾滋病的活动。

④组织师生开展艾滋病知识培训,提高其知晓率。

⑤加强学校与大学生、大学生与家长的沟通,及时掌握每个学生的行为动态,发现不良行为应给予应对性施教和帮助。

⑥对 HIV/AIDS 子女不歧视,入学实行优惠政策。

⑦通过墙报、橱窗、标语、横幅、宣传牌等各种手段,广泛开展面向社会的防治艾滋病宣传教育活动,尤其是加强大学生等高危人群的艾滋病预防教育,并因地制宜举办内容丰富、形式多样、社会各界广泛参与、群众喜闻乐见的艾滋病宣传教育活动。

10.一般外伤

①按住伤口靠心脏的一端,适当加压包扎以止血。

②用凉开水或盐水洗净创伤面。
③用碘酒或酒精局部消毒,贴上创可贴。
④如果扭伤,24小时内不可揉捏、按摩,应冷敷。
各种外伤的处理方法如图8-2所示。

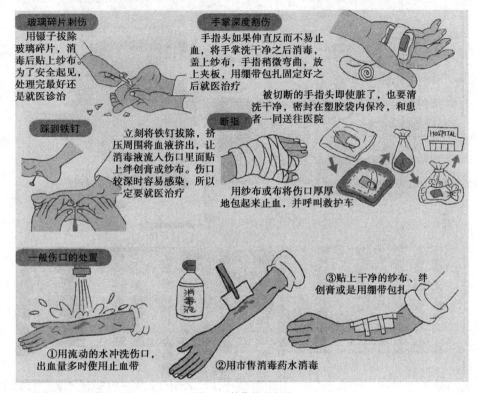

图8-2 外伤处理方法

知识链接

中暑人员的救助方法(图8-3):中暑是人持续在高温条件下或受阳光暴晒所致。轻度中暑会感到头昏、耳鸣、胸闷、心慌、四肢无力、口渴、恶心等;中度中暑可能会伴有高烧、昏迷、痉挛等。

①救助者迅速将中暑者移往通风处,将其头放低,解开其衣服,让其体温慢慢下降。

②用冷水将中暑者身体冲湿,让其浸泡在水中,或用棉布包冰块擦拭中暑者的身体,再为其进行四肢按摩,促进身体血液循环,让器官维持正常工作。

③给中暑者大量喝水。

④若条件允许,给中暑者服用人丹、十滴水、藿香正气水等药物,缓解轻度中暑引起的症状。

⑤注意中暑者体温下降的速度,如果体温下降缓慢,可以让中暑者稍微吹风。

⑥如果中暑者出现意识不清、器官衰竭现象,如小便尿不出来、血压、心跳改变,皮下出血,甚至昏迷,则要赶快拨打"120"急救电话或送医院诊治。

《学校卫生工作条例》第二条规定:"学校卫生工作的主要任务是:监测学生的健康状

况;对学生进行健康教育,培养学生良好的卫生习惯;改善学校卫生环境和教学卫生条件;加强对传染病、学生常见病的预防和治疗。"

图 8-3　中暑人员的救助方法

第三节　正确就医用药

生病乃是人之常情。生病、就医、用药是每个人一生中肯定会遇到的事情,如何正确就医用药是每一个人都应重视的问题。所谓正确就医用药,就是科学就医,合理用药。科学就医,合理用药主要表现在以下方面。

1.科学就医

①科学就医是指合理利用医疗卫生资源,选择适宜、适度的医疗卫生服务,有效防治疾病、维护健康。

②遵从分级诊疗,提倡"小病在社区、大病去医院、康复回社区",避免盲目去大医院就诊。

③定期健康体检,做到早发现、早诊断、早治疗。

④鼓励预约挂号,分时段、按流程就诊。

⑤就医时需携带有效身份证件、既往病历及各项检查资料,如实陈述病情,严格遵从医嘱。

⑥出现发热或腹泻症状,应当首先到医疗卫生机构专门设置的发热或肠道门诊就医。

⑦紧急情况拨打 120 急救电话。

⑧文明有序就医,严格遵守医疗机构的相关规定,共同维护良好的就医环境。

⑨参加适宜的医疗保险,了解保障内容,减轻疾病带来的经济负担。

⑩医学所能解决的健康问题是有限的,公众应当正确理解医学的局限性,理性对待诊疗结果。

2.合理用药
①正确的诊断。
②注意病史和用药史。
③注意个体化用药。
④严格掌握适应症。反面的例子是,大量的调查资料表明,目前国内滥用三素(激素、抗生素、维生素)的现象仍很普遍,超过国际个人平均用抗生素量3倍多。
⑤注意药物的相互作用。
⑥注意不良反应。
⑦全面深入地了解药物的药动学和药效学特点,注意药物的选择和用法。
⑧注意方便用药。在一般情况下,凡能口服和外用给药就不要肌内注射,能肌内注射就不要静脉给药。
⑨注意药物经济学。

3.正确就医用药典型案例

案例一: 某学院机电班女生汪某因身体虚弱、头晕,到该校附近的一无证中医诊所求医,因误服药物中毒死亡。经公安机关侦查表明,犯罪嫌疑人徐某暂住在该校附近,在未取得医生执业资格、无任何行医执照的情况下,在其住处私设中医诊所。当日,徐某给汪某进行诊断后开了两个疗程的中药。但徐某违反有关药品管理规定,将开出的中药与有毒性的药品马钱子混放在一起,致使汪某误服马钱子中毒。中毒后徐某又没对汪某进行及时救治,最终导致汪某死亡。

案例二: 某高校学生吴某感觉自己有感冒的症状,以为是感冒了,就到药店买了感冒药吃,结果病情却越来越重,出现胸闷、心悸症状,最后晕倒在宿舍,幸好被同学们紧急送往医院抢救才脱离危险。经确诊,吴某患的根本不是感冒,而是得了病毒性心肌炎。

知识链接

1.在购买和使用药品时,应注意通过以下方法来识别药品的真假:
①看包装:制假分子运用现代科技手段能够仿制正牌药品的包装,甚至达到以假乱真的程度。但是假药终归是假药,总要露马脚的,如包装较为粗糙,色调较差,套色不准,字迹模糊,文字说明中常出现错别字等,仔细观察可能会发现破绽。
②读说明:经批准合法生产的药品,其说明书内容对治疗范围限定严格,并附有详细的使用方法、禁忌症状、毒副作用等,而那些宣称包治百病的药往往是假药。
③辨文号:药品批准文号带有"药"字样,以"国药准字"为头。若批准文号为"健食准字"或"食准字"开头,则此类产品不属于药品。
④识期限:经批准合法生产的正规药品应有明确的生产日期和有效期。假药往往有生产日期而无有效期,甚至有时两者均无注明。
⑤查外观:针剂的真品封口光滑,印字清晰,无沉淀混浊物;而假药往往封口粗糙,有毛刺、印字模糊。片剂可以从有无裂痕、变形,色泽是否光亮,大小是否规则等方面判断。冲剂则以是否结块、发黏来鉴别。
⑥闻气味:一些药品具有特殊的气味,若气味发生改变,有怪味或气味消失等,均应警惕。

2.《中华人民共和国刑法》第三百三十六条规定：未取得医生执业资格的人非法行医，情节严重的，处三年以下有期徒刑、拘役或者管制，并处或者单处罚金；严重损害就诊人身体健康的，处三年以上十年以下有期徒刑，并处罚金；造成就诊人死亡的，处十年以上有期徒刑，并处罚金。

3.服用补药要适可而止。补药一般指的是各种营养药，如维生素类、蛋白质类、钙、铁等。目前市场上的补药多种多样，使人眼花缭乱，有的包装上说得很好，有的商品名取得很吸引人，其实并不是服用者所需要的。根据目前的生活水平来看，缺乏营养的人只是少数，一般营养可在每日的膳食中获得不必另补。补充人体营养素，应该是缺什么补什么，缺多少补多少，不能乱补或滥补，要补的心中有数。目前，有些大学生认为维生素类药物都是"补品"，是蔬菜、水果的"代用品"，副作用少、安全性大，因此，不少人吃维生素类药犹如吃蔬菜、水果，非常随便。其实不然，维生素药物也必须按规定的用法用量服用，否则也会引起不良反应，甚至引起残疾或死亡。例如，长期、大剂量服用维生素 A、维生素 D 可引起发热、腹泻、中毒等，对身体会造成一定的伤害。

第四节　倡导健康生活方式

世界卫生组织对影响健康的因素进行过如下总结：
健康＝60%生活方式＋15%遗传因素＋10%社会因素＋8%医疗因素＋7%气候因素
健康生活方式的要点：

1. 刷牙时间

饭后三分钟是漱口、刷牙的最佳时间。这时候口腔里的唾液开始分解食物残渣，产生的酸性物质容易腐蚀牙釉质，使牙齿受到损害。夜晚刷牙比清晨刷牙好。

2. 牛奶时间

牛奶含有丰富的钙。睡觉前饮用，可补偿夜间血钙的低落状态，保护骨骼。同时，牛奶有催眠的作用。早晨喝杯牛奶，可以补充一上午的蛋白质及能量。但最好不要只喝牛奶，以免优质蛋白被充当直接能量消耗掉，所以吃点面包等含碳水化合物的食品是有必要的。

3. 水果时间

吃水果的最佳时间是饭前一小时。水果属于生食，最好吃生食后再吃熟食。注意，是饭前一小时左右，而不是吃完水果紧接着吃正餐。

4. 喝茶时间

喝茶的最佳时间是用餐一小时后。饭后马上喝热茶，并不是很科学。因为茶中的鞣酸可与食物中的铁结合，变成不溶性的铁盐，干扰人体对铁的吸收。

5. 散步时间

饭后 45 分钟至 1 小时后散步，并且散步时间为 20 分钟，热量消耗最大。如果在饭后 2 小时再散步，效果会更好。注意，最好不要刚吃完就立刻散步。

6. 洗澡时间

每天晚上睡觉前，冲一个温水澡，能使全身的肌肉放松，减轻疲劳，也能减轻压力。

7. 睡眠时间

午睡最好在中午 11 点到下午 1 点之间，对心脏有好处。饭后半个小时就可以上床小睡一会儿，以 30~40 分钟为最好。晚上，则以 10 点至 11 点上床为佳，因为人的深睡时间在半夜 12 点至次日凌晨 3 点，而人在睡后 1 个半小时就能进入深睡状态。

8. 锻炼时间

傍晚锻炼最为有益，原因是：人类的体力发挥或身体的适应能力，都以下午或接近黄昏时分为最佳。此时，人的味觉、视觉、听觉等感觉最敏感，全身协调能力最强，尤其是心率与血压都较平稳，最适宜锻炼。

1. 亚健康症状

"亚健康"是指人的身体处于健康与疾病之间的状态。但大多数人并不能真正了解其中的内涵，更不知道如何来调理亚健康状态。亚健康症状主要包括以下几个方面。

症状一：体力下降。常感疲劳、乏力，稍活动就气喘，四肢关节酸痛，耐力下降。

症状二：心情压抑、情绪不稳定。精神不集中，记忆力减退，甚至与同事或周围人群交往困难。

症状三：抵抗力下降，易感冒，畏寒。

症状四：周身不适却查不出病因，睡眠不好、食欲下降、便溏或便秘；时有头痛、目眩、耳鸣、多汗，性功能减退或障碍，但体检各项指标均在正常值内。

症状五：体重超重。

2. 亚健康的调理

① 多吃谷类，供给充足的能量。谷类是我国膳食中主要的能量和蛋白质来源，青少年能量需求大，每日约需摄入 400~500 克，因活动量的大小可有所不同。

② 保证鱼、肉、蛋、奶、豆类和蔬菜的摄入。这些物质含有丰富的蛋白质和钙。蛋白质是组成器官增长及调节生长发育和性成熟的各种激素的原料，蛋白质摄入不足会影响青少年的生长发育，青少年每日摄入的蛋白质应有一半以上为优质蛋白质，为此膳食中应含有充足的动物性和大豆类食物。钙是建造骨骼的重要成分，青少年正值生长旺盛时期，骨骼发育迅速，需要摄入充足的钙。

③ 参加体力活动，避免盲目节食。

第五节　严防疾病传染

一、疾病传染及其类别

疾病传染由病原体（如病毒、立克次氏体、细菌、原虫、蠕虫、节肢动物等，不包括真菌）等引起，病原体均具有繁殖能力，可以在人群中从一个宿主通过一定途径传播到另一个宿主，使之产生同样的疾病，故称可传染性疾病。

疾病传染的类别主要包括：流行性感冒、流行性脑脊髓膜炎、人感染高致病性禽流感、结核病等疾病。

二、如何严防疾病传染

疾病传染是针对传染病而言的。严防传染病,必须明确其区域分布状况和时间分布。严防疾病传染,国家要积极发挥疾病预防控制中心的作用,提高监管力度,加大预防效力。学校要整合好校医院的最基本设施,积极保证学校食堂的卫生,使之符合国家卫生监测标准。同时,要注意完善学校基础设施建设,为学生锻炼身体提供很好的平台。大学生要注意自身卫生,加强身体锻炼,增强体质,提高免疫力。

1. 流行性感冒

流行性感冒简称流感,是由流感病毒引起的急性呼吸道传染病,具有很强的传染性。流感病毒分为甲、乙、丙三型。

①传播途径:以空气飞沫直接传播为主,也可通过被病毒污染的物品间接传播。

②主要症状:发热、全身酸痛、咽痛、咳嗽等。

③易感人群:人群对流感普遍易感,病后有一定的免疫力,但维持的时间不长,病毒不断发生变异,可反复引起感染发病。

④预防措施:接种流感疫苗已被国际医学界公认是防范流感的最有效的武器。由于流感病毒变异很快,通常每年的流行类型都有所不同。因此,每年接种最新的流感疫苗才能达到预防的效果。另外,锻炼身体,增强体质;在流感季节经常开窗通风,保持室内空气新鲜;老年人、儿童尽量少去人群密集的地方等,也是预防流感的有效措施。

2. 流行性脑脊髓膜炎

流行性脑脊髓膜炎,简称流脑,是由脑膜炎双球菌引起的急性呼吸道传染病。

①传播途径:大多通过呼吸道飞沫传播而感染。

②主要症状:最初表现为上呼吸道感染,多数病人无明显症状,随后病人突然寒战、高热,体温可达40℃,头痛、呕吐反复发作,早期皮肤上可见出血点或瘀斑,1~2日内发展为脑膜炎,高热持续不退,头痛剧烈,频繁呕吐,伴有惊厥,甚至出现昏迷。

③易感人群:人群普遍易感。

3. 人感染高致病性禽流感

人感染高致病性禽流感是由高致病性禽流感病毒引起的以呼吸道损害为主的人急性感染性疾病。

①传播途径:禽流感主要通过空气传播,病毒随病禽分泌物、排泄物及尸体的血液、器官组织、饮水和环境以及衣物、种蛋等传播,造成环境污染,亦可经过消化道和皮肤伤口而感染。

②主要症状:人禽流感的潜伏期一般为1~7天,出现的早期症状与一般流感相似,主要有发热、流涕、咽痛、咳嗽等,体温可达39℃以上,伴有全身酸痛,有些病人可有恶心、腹痛、腹泻、患结膜炎等症状。

③易感人群:任何年龄均具有被感染的可能性。与不明原因病死家禽或感染、疑似感染禽流感家禽密切接触人员为高危人群。

④预防措施:养成良好的卫生习惯,饭前便后、接触禽类要用流水洗手;注意饮食卫生,不喝生水,进食禽肉、蛋类要彻底煮熟,加工、保存食物时要注意生、熟分开;搞好厨房卫生,不生食禽肉和内脏,解剖活(死)家禽、家畜及其制品后要彻底洗手。

4.结核病

结核病过去俗称"痨病",是由结核杆菌主要经呼吸道传播引起的全身性慢性传染病,其中以肺结核最为常见,也可侵犯脑膜、肠道、肾脏、骨头、卵巢、子宫等器官。

①传播途径:活动期的排菌(也就是痰涂片阳性或者痰培养阳性)肺结核病人是主要的传染源;结核病的传播途径有呼吸道、消化道和皮肤黏膜接触,但主要通过呼吸道传播。

②主要症状:结核病多为缓慢起病,长期伴有疲倦、午后低热、夜间盗汗、食欲不振、体重减轻、女性月经紊乱等症状。严重的患者可有高热、畏寒、胸痛、呼吸困难、全身衰竭等表现。肺结核病人往往伴有咳嗽、咳痰,痰中可带血丝。结核杆菌侵犯脑膜、肠道、肾脏、骨头、卵巢、子宫等器官,可有头痛、呕吐、意识障碍、消瘦、腹泻与便秘交替,还可有血尿、脓尿、脾大、贫血以及妇科疾病的症状等。

③易感人群:人群普遍易感,但是与肺结核病人有密切接触的人群、机体对结核菌抵抗力较弱的人群,幼儿、老年人、营养不良、尘(矽)肺、糖尿病患者、HIV 阳性或者艾滋病人等群体是重点人群。

④预防措施:首先,应该提高自身的免疫力,加强锻炼,保证充足的营养。婴幼儿应按时接种卡介苗,以获得免疫力。其次,应注意房间通风,避免与已确诊的传染性结核病患者密切接触。再次,应积极、有效地治疗糖尿病、矽肺、百日咳等容易诱发结核病的基础疾病。

知识链接

预防传染性疾病传播专家温馨提示

①多通风:新鲜空气能够去除过量的湿气和稀释室内污染物。应定时开窗通风,保持空气流通;让阳光射进室内,因为阳光中的紫外线具有杀菌作用;也可用食醋熏蒸房间,起到消毒效果。

②勤洗手:传染病患者的鼻涕、痰液、飞沫等呼吸道分泌物以及排泄物等中含有大量的病原体,有可能通过手接触分泌物和排泄物,传染给健康人,因此特别强调注意手的卫生。

③常喝水:特别是在天气干燥的条件下,空气中尘埃含量高,人体鼻黏膜容易受损,要多喝水,让鼻黏膜保持湿润,能有效抵御病毒的入侵,还有利于体内毒素排泄,净化体内环境。

④补充营养:适当增加水分和维生素的摄入。注意多补充些鱼、肉、蛋、奶等营养价值较高的食物,增强机体免疫功能;多吃富含维生素 C 的新鲜蔬菜水果,这样可中和体内毒素,提高抗病能力,增强抵抗力。

⑤减少对呼吸道的刺激:不吸烟、不喝酒、少食辛辣的食物。

⑥避免受凉:当人体受凉时,呼吸道血管收缩,血液供应减少,局部抵抗力下降,病毒容易侵入。

⑦坚持体育锻炼和耐寒锻炼:适当增加户外活动,因为运动不仅能促进身体的血液循环,增强心肺功能,对呼吸系统也很有益。

⑧注意生活规律:生活不规律易使免疫系统功能减弱;充足睡眠能消除疲劳,调节人体各种机能,增强免疫力。

⑨加强个人卫生和个人防护:要注意勤洗手、勤漱口,不要用脏手触摸脸、眼、口等部位。出门在外要尽量站在空气通畅的地方,避免去拥挤的公共场所。

⑩早发现,早报告,早治疗:当自己或周围的人出现发热、咳嗽、呼吸困难、气短等一种或多种呼吸道症状时,应及时到医院就医并报告给相关部门,切忌不当回事,更不要自己胡乱吃药,以免延误诊断和治疗。

⑪预防接种:及时给适龄人群接种疫苗,可有效预防多种呼吸道传染病。

⑫避免去人群集中的地方:人群集中的场所空气质量差、通风不够,而且存在传染性疾病患者的可能性较大。

总之,疾病传染是当今社会必须迫切关心的问题,这关系到国家建设,关系着人民幸福。

第六节 实习实验安全

安全是一个永恒的话题。关注大学生安全问题应该切实深入大学生生活、学习、工作等的各个方面。大学生学习期间,实习是一个重要的环节,实习是检验自身理论知识水平如何运用到现实生活中一个重要阶段。而实验是大学生尤其是理、工、农、医等专业大学生必然要经历的学习环节,也是今后工作实践中必然要运用到的环节。所以重视实习实验安全,也是关注大学生健康成才成长的重要方面。

一、实习教学中的安全

1.实习的概念

实习,就是在实践中学习,是在课堂学习告一段落之后,通过实践自己所学的内容,来完善自己的知识体系,加深课堂与实践的联系。因为任何知识都源于实践,归于实践,所以要付之于实践来检验所学。

实习一般包括认知实习(社会调查)、课程实习、生产实习、金工实习、电子工艺实习、毕业实习等。实习教学可采取集中与分散、校内与校外、省内与省外、实习教学与课程教学相结合等多种形式。

2.实习的意义

①验证自己的职业抉择,在了解自我的基础上确定未来的职业理想。

②了解目标工作内容。在了解工作内容后就要尝试着操作,争取在实践中把工作都完成,从而明确自己的优劣势态。

③学习工作流程及企业标准。知道了工作都要做什么后,就要了解企业及业内对每项工作内容所要求的流程和标准。这时若能以业内及企业的最高标准来要求自己,无疑是向业内的一流人才发展。

④找到自身职业的差距。实习不单是为了落实工作,更要明确自己与岗位要求以及职业理想的差距,并在实习结束时制订详细可行的补短计划。若能从明确差距、弥补不足的高度来看实习,就会在实习中收获更多。

3.实习教学中发生事故的主要成因

(1)实习生心理准备不充分

实习前,学生往往对企业环境、实习工作过程和生产环境的认识理想化。进入实习现场后对可能遇到的种种困难、问题与突发事件,缺乏应有的心理准备。因此,一旦遇到突发事件就会手足无措,因操作失误导致事故发生。

(2)实习生安全意识淡薄

实习生对于学校与企业的安全教育,缺乏足够的重视。觉得带班师傅的工作比较简单,认为自己已完全掌握,高估了自己的能力,对于伤害事故的可能性认识不够深刻。

(3)实习生操作技能水平低下

实习生对职业技能水平及对操作规程的了解,直接影响系统的安全运行与操作的可靠性。尤其是当面对突发事件时,实习生的职业技能水平决定了其对事故的判断与操作行为的决策,并决定了事故控制处理的成败及事故后果的严重性。

(4)实习指导教师对生产过程缺乏深入的了解

在实习生参与企业实习时,实习指导教师没有做到跟踪指导,关注实习生实习现场与工作状况。

案例:2010年12月19日下午,东北某大学禽畜生产教育班30名学生在动物医学学院实验室进行"羊活体解剖学实验",全校5个班级28人被感染布鲁士菌病,其中包括27名学生,1名老师。据报道,布鲁士杆菌可寄宿在羊、猪、牛和狗等动物身上,人类通常通过接触受感染的动物分泌物,或进食受污染的肉类或奶制品而遭感染。感染造成的布鲁士菌病俗称"懒汉病",患者会有发烧、关节疼痛、浑身无力等症状,严重者病菌会侵蚀人体关节、肌肉、心脏甚至大脑。

在事件的调查报告上,记者看到,患病学生参与实验使用的4只实验山羊,全部来源于一家名为青喜的养殖场。实验动物购买时,采购人员均未按《黑龙江省实验动物管理条例》,要求养殖场出具有关检疫合格证明;实验前,指导教师也未按以上规定对其进行现场检疫。

(5)实习单位管理松懈

有些实习企业,特别是小型企业,自身的安全管理机制不完备,管理松懈,安全生产制度没有得到有效落实。

4.实习教学安全事故的预防措施

由伤害事故问题而引起的实习生、学校与企事业单位间的法律纠纷日益凸显。在我国,关于实习生伤害事故的处理,从法律层面上来讲,还有许多不完善的地方。企业的真实生产环境、生产过程比校内实习、实训场地更为复杂,不可预测性及安全隐患更多,管理上更为困难。因此,在实习中,实习生需要遵守以下几点,增强自身的安全防护意识。

(1)往返途中

①学生在实习实训期间,往返学校和公司、工厂等,一定要服从学校安排,不得随意调整时间、脱离集体单独行动。

②学生单独外出实习的,应该合理选择交通工具,不乘坐超载车船;不乘坐没有营运许可的车辆。上下车有序,防止踩踏事故发生。

③不与陌生人攀谈,不吃陌生人的水和食物,不向陌生人透露自己的基本信息和要到达的目的地。随时提高警惕,保护好个人财产安全。

(2)实习实训期间

①学生在实习实训期间,应该遵守公司、工厂等单位规章制度,严格操作流程。

②学生在实习实训中如有思想波动,应主动与带队老师或辅导员取得联系,汇报工作和生活情况;不得擅自脱离岗位,甚至不请假离开实习单位。

③工作期间如发现异常情况应及时向当班领导汇报。

④严格交接班制度,下班时及时切断电源、气源,熄灭火种,清理场地。

⑤在实习驻地,应自觉尊重当地风土人情,避免与当地群众或其他人员发生冲突,遇事应做到宽容与谦让。

⑥合理安排作息时间,如突发疾病可马上与单位领导和带队老师联系,以利及时救治。

⑦学生到工作间实习实训,不准穿拖鞋、凉鞋,不准戴围巾,男同学不准穿短裤、背心,女同学不准穿高跟鞋、裙子。严格遵守设备的操作规程,严禁违章操作,确保设备和人身安全。

⑧不准在车间内追逐、打闹、喧哗、串岗和抽烟等,以免造成事故或影响他人工作。

⑨不准随意触碰工作间里的电闸、开关、配电柜等,以防造成停电短路事件及人身、设备伤害事故。如发生事故,要保持冷静,迅速切断电源,防止事故扩大,并注意保护现场,及时向指导教师报告。实习实训结束后,要切断电源,关好门窗。

二、实验教学中的安全

1.实验教学的概念

实验,是科学研究的基本方法之一。根据科学研究的目的,尽可能地排除外界的影响,突出主要因素并利用一些专门的仪器设备,人为地变革、控制或模拟研究对象,使某些事物(或过程)发生或再现,从而去认识自然现象、自然性质、自然规律。

大学的实验教学,其结果往往是已经知道的或者是确定的,进行实验的目的是为了验证结果或找出与结果不同的实验条件。很多时候是为了教育或培训学生,让学生通过实验掌握一定的科学知识,加深对所学知识的理解。

2.实验室常见安全事故

由于大学中实验经常在实验室中进行,故而这里主要分类别讲解实验室中常见的安全事故的起因及防范应急措施,主要包括火灾事故、触电事故、爆炸事故。

(1)火灾事故

主要发生原因:

①实验结束后忘记关电源或在实验过程中擅自离开实验室较长时间,造成设备通电时间过长,温度过高,引起火灾。

②风干机、电烤箱、电热炉等电热设备老化,温控装置失灵,造成实验用品温度过高,引起火灾。

③操作或使用不当,使易燃物品接触火源。

④在实验室抽烟或乱扔烟蒂引起火灾。

⑤将生活用火用于实验室内引起火灾。

火灾预防措施主要有:

①在实验前认真检查实验设备的安全性能状况,发现电线及设备存在故障时,应及时报告老师。

②进入实验室应严格遵守实验室管理规定,不得违规在实验室内吸烟或使用电器,不要将与实验无关的物品带进实验室。

③实验操作时应集中精力,尤其是使用易燃易爆物品时要细心谨慎,实验结束前不得擅自离岗。

④实验室严禁使用非工作用电炉或其他明火。若实验需要使用,必须远离可燃物和易燃易爆化学物品,使用过程中时刻注意消防安全,停电或停用后及时切断电源。

⑤实验结束后,不要急于离开实验室,要对实验室进行全面清理,关闭电源、水源、气源,处理残存的化学物品,清扫易燃的纸屑等杂物,以消除火灾隐患。

⑥了解实验室灭火器材的种类、存放位置和使用方法。一旦实验室发生火灾,在报警的同时,立即使用灭火器材灭火。熟悉实验室的安全通道,以便发生火灾时能迅速逃生。

火灾的应急措施:

①发现火情,实验人员应立即采取措施处理,防止火势蔓延并迅速报告。

②确定火灾发生的位置,判断火灾发生的原因,如压缩气体、液化液体、易燃液体、易燃物品、自燃物品等。

③明确火灾周围环境,判断是否有重大危险源分布及是否会带来次生灾难。

④明确救灾的基本方法,并采取相应措施。

⑤视火情拨打"119"报警求救,并到明显位置引导消防车。

(2)触电事故

主要发生原因:

①违反操作规程进行操作,导致触电事故。

②设备老化导致电线脱落而存在故障和缺陷,造成漏电和电弧火花伤人。

触电预防措施:

①实验前,仔细检查线路是否符合安全用电的规范要求;对各种移动用电工具和线路进行检查,确保绝缘良好,发现问题应及时向老师汇报。

②不用湿手操作各种电器开关或触摸各种电器,实验所用的电工工具应有良好的绝缘手柄。最好穿胶底鞋进入实验室。

③不能用铝、铁、铜制导线代替熔断丝,不能使用不符合规定的熔断丝。

④实验结束后,将所有电源插座拔掉,关闭所有电源开关。

触电的应急措施:

①触电急救,首先将触电者迅速脱离电源;触电者未脱离电源前,救护人员不得用手直接触及伤员。

②触电者脱离电源后,神志清醒者,应使其就地躺平,严密视察,暂时不要让他站立或走动;如神志不清,应该就地仰面躺平,并确保呼吸畅通,并以5秒的时间间隔呼叫伤员或轻拍其肩膀,以判定伤员是否丧失意识。禁止摇动伤员头部呼叫伤员。

③抢救的伤员应立即就地用心肺复苏法抢救,并设法联系医务人员进行救治。

(3)爆炸事故

主要发生原因:

①违反操作规程,引燃易燃易爆物品,引起爆炸。

②实验设备老化,存在故障或缺陷,造成易燃易爆物品泄漏,遇火花引起爆炸。

③将有机溶剂存放在没有防爆功能的普通冰箱内,一旦泄漏即引起爆炸。

案例:2015年12月18日上午10时10分左右,清华大学化学系何添楼发生火灾爆炸事故,造成一名博士后实验人员孟祥见不幸遇难。发生爆炸的是二楼的一间实验室,爆炸物是叔丁基锂,是一种高度易燃的有机锂化合物。紧挨着爆炸房间的几扇窗户的玻璃均破碎,二层窗外一间小阳台脱落,房间内办公用具及玻璃碎片遍布地面。清华大学化学系将孟祥见遇难的12月18日设为"安全教育日"。

爆炸事故预防措施:

①了解爆炸物性能,了解导致其爆炸的因素。

②在操作时,严格遵守各项法律法规、规章制度。关于易燃易爆物品的使用,国家与学校相关实验室都有相应的操作规程,需要严格遵守。

③小组内操作时,需要统一指挥,严密配合。

④发现丢失爆炸品或易燃物时,要及时上报,不应私自隐瞒处理。

爆炸事故的应急措施:

①实验室发生爆炸时,实验人员在其认为安全的情况下必须及时切断电源和管道阀门。

②所有人员应听从临时召集人的安排,有组织地通过安全出口或用其他方法迅速撤离。

第七节　文体活动安全

文体活动是指所有的文娱和体育性质的活动,包括歌唱、书法、舞蹈等文娱活动和跑步、游泳、骑车等体育运动。

文体活动是增强大学生身体素质、丰富大学生学习生活的重要环节。社会发展需要多方面的人才,发掘大学生潜力,塑造全方位的大学生非常重要。在发挥文体活动的各种效益时,要特别注意大学生在参加文体活动时的安全。

一、文体活动产生的安全危害的形式

①由于器械或工具使用不当造成安全威胁,如文娱活动中碰到桌角,骑车运动中摔倒受伤等。

②由于文体活动强度过大导致身体损伤,如在跑步中用力过猛导致肌肉拉伤等。

③由于意外导致安全威胁,如在游泳时突然抽筋导致溺水等。

④由于恶意竞争导致人员冲突,因此造成安全问题。

二、举办或参加文体活动时的注意事项

(1)活动场所:校园内部的风雨操场、田径运动场、球类活动场地、图书馆报告厅等是师生的文体活动场所,经批准可以举办各种文体娱乐活动。

(2)各类文体活动应由学校、有关部门和群众团体等组织举办,要保证活动内容健康,任何个人或校外机构不得在校内组织举办各类大型文体活动,禁止在校内举办任何形式的纯商业性文体活动。

(3)学校直接组织的全校性大型文体活动须经校党政领导同意,并成立由主管校领导牵头、有关部门负责人参加的组委会,具体负责组织协调和安全保卫工作。

(4)各部门和群众团体组织举办各类大型文体活动,须在活动举办的1周前,向相关部门进行申请报备,经相关部门审批同意后方可举办。根据"谁主管、谁负责"的原则,落实安全责任制。负责举办活动的单位或部门要制定安全保卫措施,落实工作人员,明确责任人,

活动期间要接受保卫处对安全工作的检查和指导。主管领导应加强活动期间的安全管理和保障治安秩序的各项措施。参加活动的人员,必须遵守该场所的规章制度。

(5)活动完毕后,要清扫现场,如有器材或其他设施损坏,应由主办单位按规定赔偿。

(6)参加文体活动的人员和观众,必须遵守下列规定:

①讲文明礼貌、讲道德,遵守公共秩序,遵守举办单位和活动场所的有关制度和规定,听从工作人员的疏导和管理。

②禁止故意拥挤起哄、吵闹等扰乱场内外秩序的行为。

③禁止在场内打架、斗殴和辱骂、殴打演出人员及工作人员。

④禁止携带易燃、易爆等危险物品入场。

⑤禁止伪造、倒卖入场票或使用假废票入场。

三、事故处置程序

本事故处置程序适用于大型文体活动举办场所,小型文体活动请参照具体的活动事项进行设计。

①现场处理组指挥有关人员立即到达规定岗位,采取相应的应对措施。

②安排教师开展相关的抢险排危或者实施救助工作。

③根据需要对师生员工进行疏散,并根据事件性质,报请学院应急管理工作委员会迅速依法采取紧急措施。

④应急工作组应当根据"生命第一"的原则组织,启动学生大型活动突发事件应急预案。

⑤应急状态期间,活动的各班级应当根据应急工作保障组的统一部署,做好本班级的活动事故应急处理工作。

⑥参与活动的任何集体和个人都应当服从应急工作保障组所做出的决定和命令。活动安全事件涉及的有关班主任应积极做好对学生的安抚工作,涉及的其他教职员工也应当配合应急工作保障组做好学生的疏导工作。

⑦活动安全事故发生后,在进行事件调查和现场处理的同时,学校应当立即将突发事件所致的伤亡病人送往就近医院,对无法判断伤情的伤病员,应及时报警求救求援。

⑧治安保卫组应组织人员立即保护现场、采取疏散、隔离等措施,加强学生管理,并做好学生思想工作,确保学生心态和情绪稳定。

⑨大型安全事件发生后,学生大型活动突发事件应急指挥部根据需要,可以采取中止活动、疏散等措施,并及时向上级部门汇报事件情况以及采取应急措施。

⑩根据事件性质,应及时与涉及事件的学生家长、教师家属联系,在适当条件下,告知事件原因、处理结果,或者联系家长进行救治。

四、文体活动安全典型案例

案例一: 2015年11月28日晚7时许,北京某大学可靠性与系统工程学院在学校音乐厅举办师生联欢活动,升降舞台在谢幕环节发生意外沉降,致使部分师生跌落,20余名学生受伤。舞台坍塌疑似因为舞台上挡板下陷所致。高校校园内发生舞台坍塌事故不是第一次。2015年7月,西南科技大学土建学院学生表演时,疑因摇晃太剧烈,导致舞台突然坍塌,所幸学生们均无大碍。

案例二: 2016年3月13日,某大学大三学生杨某利用周末休息时间独自一人上崂山游玩。在途经明霞洞景区附近时,杨某觉得顺着景区的安全线路游玩不能满足自己的好奇心,于是选择了一条野山路继续攀爬。杨某在攀爬过程中遇到一块巨石,便在巨石上开心地玩起来。因景区起雾,雾气落在巨石上,巨石表面特别滑,再加上视线较差,杨某在转身时不慎从20多米高的巨石断崖处跌落,当场昏迷。14日早晨,杨某被景区索道巡线员及时发现并施救。

案例三:2015年4月26日,山东某大学大三学生吕某在参加国际马拉松赛时,在跑到18公里处突然晕倒在赛道上,心搏骤停,既没有意识也没有呼吸。同时参赛的济南市"白衣天使乐跑团"几名医护人员第一时间对吕某展开急救,在生死90秒时将吕某从死亡线上拉了回来。

第九章 心理健康安全

第一节 拒绝赌博

一、什么是赌博

赌博是一种丑恶的社会现象，是利用赌具，以钱财作为赌注，以占有他人利益和赢利为目的的违纪违法犯罪行为。这种行为是不劳而获、损人利己、尔虞我诈、唯利是图思想的反映，是一种腐朽思想的表现。

二、为什么要禁止大学赌博

1. 经常赌博会荒废学业，违反校纪校规

赌博很容易上瘾，既花费精力又浪费时间，因而学生不可能遵守学校正常的作息时间，不可避免地要违反校纪。有的学生因长期熬夜，精神萎靡不振，就难免迟到、早退、旷课，即使勉强进了课堂，注意力也不可能集中。有的学生干脆白天在寝室蒙头大睡，晚上继续"挑灯夜战"，将功课放置一旁，学习成绩下降，甚至因多门课程不及格而被迫退学。

2. 破坏同学关系，影响正常秩序

赌博是群体的违法犯罪活动，直接牵涉人际关系。一旦参与赌博，赢了的不会满足，输了的总想扳本（把输的捞回来），正常的同学关系势必会受"你输我赢"或"我输你赢"这种利益关系的影响，同学之间的互助、友爱之情往往会被利益关系所替代。同时，赌博活动不可避免地影响周围环境，绝大多数不愿意参与赌博的同学有碍情面，不便或不敢出面直接制止，想学习、想休息、想从事其他娱乐活动者往往忍气吞声。时间一长，不满意、不信任的气氛必然产生。

3. 容易走上违法犯罪的道路

根据有关部门统计资料显示，大学生中因参与赌博被学校给予开除学籍、留校察看的事件时有发生，而因赌博走上了违法犯罪道路的现象更是屡见不鲜。

三、如何做到抵制和拒绝参与赌博

①自觉遵守校纪校规，养成良好的遵纪守法意识，违法往往从违纪开始。

②充分认识赌博的危害，自觉培养高尚的情操，积极参加健康有益的文体活动，充实自己的业余文化生活。

③防微杜渐，分清娱乐和赌博的界限。很多赌博成瘾的人都是从"赢饭""赢水果""派夜宵""来烟""带点刺激""不能空手玩"等开始的，久而久之，胆子大了，胃口也大了，从而陷入赌博的泥潭。

④思想上要警惕，不要因为顾及朋友、同学的情面而参与赌博，遇到他人相邀，要设法推脱绝不参与。

⑤要从关心和爱护学生的角度出发,及时制止他人参与赌博,必要时要向老师和学校有关部门报告。

四、赌博的典型案例

案例一:小赵1996年大学本科毕业,在广州工作了4年后,转到深圳一家房地产企业发展,任建筑工程师,收入不菲,很快就在龙岗布吉置下了房产。小赵的太太在一家外贸公司上班,收入也很可观,由于是两个白领的"强强结合",小日子过得非常宽松滋润。安逸的生活在小赵的眼里似乎缺了一股激情,他开始跟朋友出入一些地下赌场,寻找刺激。刚开始时,仅利用周末玩玩,下注也就几百元,输赢并不大。随着浸染的时间变长,下注的金额也渐渐变大,一个晚上输万元成了常事。

习惯了一帆风顺的小赵不甘心自己赌场上的失意,他觉得以他的才干只要一点点运气,就可以将堆在赌桌上的钱赢进自己的腰包。一天晚上,他拿出全部积蓄来到一家地下赌场玩俄罗斯转盘,当天晚上运气丝毫没有眷顾他,小赵带来的10多万元现金悉数流进了庄家的腰包。天亮时,庄家拿出100元钱,让身无分文的小赵打车回家休息。

案例二:一大学新生1998年考入重庆市某大学,因疯狂地沉迷赌博,旷课一学期被学校留级一年。留级期间,又因旷课一学期,被学校勒令退学。之后,他回陕西老家补课3个月参加高考,并以598分,超过分数线30分的成绩考回原学校原专业。但他仍深陷赌博之中无法自拔,为筹赌资多次盗走同学财物。后来因4门课程未及格,只拿到结业证。几个月后,该学生被警方刑拘时,想到打工供自己读书的弟弟、妹妹和父亲,不禁泪流满面。

案例三:2016年3月9日,郑州某学院大二学生郑某因欠60多万元巨额债务无力偿还,从青岛市某宾馆八楼跳楼自杀。2015年1月亚洲杯时,郑某开始买足球彩票,下载了各种足彩APP。郑某刚开始玩的小,2元起步,连赢多天后,郑某觉得赚钱太容易了,投注慢慢加大,变成100元、200元。赌博像吸毒一样,染上便不易戒掉。郑某赔了,输光了生活费。随后,郑某想到了贷款,在网络上的大学生信用贷款平台贷了1万多元。半个月后,1万多元被郑某全部输光。郑某还利用当班长掌握同学们基本信息的机会,冒用或借用同学的身份信息网贷了数十万元,有一部分当事学生对借款的事情毫不知情,直到催债公司找上门来,才发现自己已经身负巨额债务。

案例四:2015年6月7日,江苏某高校的8名学生在泰安游玩时,在住宿的宾馆内玩"炸金花",被房客举报聚众赌博。泰安市公安局泰山分局财源派出所民警赶到现场后,当场控制正在玩"炸金花"扑克游戏的8名涉赌人员,并从房间内收缴赌资920元。最终,警方依法对8名涉赌学生做出治安拘留15日并罚款3000元的处罚。

案例解析:赌博是一种丧失理性,对人生缺乏信心,甚至是玩世不恭的行为。大学生一旦迷恋赌博便难以自拔,无端地耗费了大好的学习时光,荒废学业;往往是赢了之后还想再赢,输了之后还想扳本,会越陷越深,即便是万贯家财,最终也难逃一空。大学生在经济上不独立,更缺少足够的经济支持作为赌资。有些同学输钱之后,连生活费都无法解决,因而铤而走险,走上犯罪的道路。为筹集赌资,不惜偷盗、抢夺,以身试法,走上一条不归路。

知识链接

1.《中华人民共和国刑法》第三百零三条规定:以营利为目的,聚众赌博或者以赌博为业的,处三年以下有期徒刑、拘役或者管制,并处罚金。开设赌场的,处三年以下有期徒刑、拘役或者管制,并处罚金;情节严重的,处三年以上十年以下有期徒刑,并处罚金。

2.《中华人民共和国治安管理处罚法》第七十条规定:以营利为目的,为赌博提供条件的,或者参与赌博赌资较大的,处五日以下拘留或者五百元以下罚款;情节严重的,处十日以上十五日以下拘留,并处五百元以上三千元以下罚款。

第二节 远离毒品

一、什么是毒品

毒品是指鸦片、海洛因、吗啡、大麻、可卡因、冰毒以及国家规定管制的其他能够使人成瘾癖的麻醉药品和精神药品。吸食(包括注射)毒品或欺骗、容留、强迫他人吸食毒品,以及非法从事制造、贩毒已成为全世界的社会公害,每个大学生都不应染指,要充分认识其危害。

二、毒品的危害

1.吸食毒品会严重危害人体健康

吸食毒品成瘾后会产生强烈的病态反应,如烦躁不安、失眠、疲乏、精神不振、腹痛、腹泻、呕吐、性欲减退或丧失等。人体内的毒品达到一定剂量后会刺激脊髓,造成惊厥,乃至神经系统抑制,引起呼吸衰竭而死亡。静脉注射毒品又是肝炎、肺炎、性病及艾滋病等多种病传染的重要途径。

2.摧残意志和精神,荒废学业

吸食毒品使人逐渐懒惰无力,意志衰退,智力和主动性降低,记忆力减退,致使学业荒废。

3.吸毒是诱发犯罪的重要原因

毒品不仅危害人的身体,摧残意志,而且还能使人丧失理智和人格。吸毒耗资巨大,诱发吸毒者为解决毒资铤而走险,走上了盗窃、抢劫、诈骗、杀人、贪污、受贿、卖淫等犯罪道路。有些吸毒者以贩养吸,从害己转为既害己又害人。

三、如何预防毒品的侵袭

①充分认识毒品违法犯罪活动的危害性,加强法律意识,培养高尚的情操和伦理道德观念。

②积极参加有益健康的文体活动,增强集体观念,培养广泛的兴趣和爱好,避免孤僻的生活方式。

③提高对毒品的防御能力,不要结交有吸毒恶习的朋友或听信他们的谗言。

④绝不可因好奇而尝试毒品,防止上瘾而难以自拔。

⑤一旦沾染毒品,要积极主动向老师和学校报告,自觉接受学校、家庭及社会有关部门的监督戒除及康复治疗。

四、大学生吸毒的典型案例

案例一:浙江一女大学生吸毒贩毒被捕

张某在杭州上大学,大一暑假她因好奇跟着男友第一次吸食了毒品,当年12月再次吸毒后便上瘾。但由于自己还是学生,没钱购买毒品,而此时男友表示,他熟悉卖毒品的上家,在男友的建议下,她开始了贩毒路。

案例二:2015年重庆大学生贩毒案陡增

据重庆市江北区人民法院介绍,2015年前10个月,该院共审结贩毒案件285起,其中贩卖大麻案15起;涉及大学生贩毒案6起,其中5起涉贩卖大麻。相较于过去每年0~1起的大学生贩毒案来说,2015年以来大学生贩毒案陡增,且大学生贩卖大麻案竟占到所有贩卖大麻案的三分之一。

案例三:2013年11月,济南市公安机关抓获5名吸食、贩卖大麻的犯罪嫌疑人。其中,济南某高校大三学生武某集种植、吸食、贩卖于一体,从国外购买种子,种植后自己吸食之余,还利用微信向外贩卖。2013年6月,武某花2000元从国外某网站购买了十几粒大麻种子,将种子种在学校3株、家里1株、朋友家的苗圃7株,并谎称这是从国外进口的香草。济南市市中区人民法院以贩卖毒品罪判处被告人武某有期徒刑2年零3个月,并处罚金5000元。

案例解析:吸毒大都自精神的空虚开始。为寻求精神上的刺激,沾染毒品,继而生理上对毒品产生极大的依赖性,精神和身体上都产生对毒品的渴望,追求吸毒后的快感。理想、事业、前途也随着吸毒的次数增多而灰飞烟灭。吸毒又是非常昂贵的消费,作为一名经济上并不独立的大学生,根本无法支付如此巨额的开销,为寻找毒资,不惜出卖自己的身体,或偷或抢,想尽一切办法弄钱,筹集毒资。吸毒成了生活的中心,丧失了人的本性,成了危害社会的恶魔。

正因为如此,国家对从事毒品违法犯罪活动的处罚是非常严厉的。

知识链接

1.《中华人民共和国刑法》第三百四十七条规定:走私、贩卖、运输、制造毒品,无论数量多少,都应当追究刑事责任,予以刑事处罚。

走私、贩卖、运输、制造毒品,有下列情形之一的,处十五年有期徒刑、无期徒刑或者死刑,并处没收财产:

(一)走私、贩卖、运输、制造鸦片一千克以上、海洛因或者甲基苯丙胺五十克以上或者其他毒品数量大的;

(二)走私、贩卖、运输、制造毒品集团的首要分子;

(三)武装掩护走私、贩卖、运输、制造毒品的;

(四)以暴力抗拒检查、拘留、逮捕,情节严重的;

(五)参与有组织的国际贩毒活动的。

走私、贩卖、运输、制造鸦片二百克以上不满一千克、海洛因或者甲基苯丙胺十克以上不满五十克或者其他毒品数量较大的,处七年以上有期徒刑,并处罚金。

走私、贩卖、运输、制造鸦片不满二百克、海洛因或者甲基苯丙胺不满十克或者其他少量毒品的,处三年以下有期徒刑、拘役或者管制,并处罚金;情节严重的,处三年以上七年以下有期徒刑,并处罚金。

对多次走私、贩卖、运输、制造毒品,未经处理的,毒品数量累计计算。

2.《中华人民共和国治安管理处罚法》第七十二条规定:有下列行为之一的,处十日以上十五日以下拘留,可以并处二千元以下罚款;情节较轻的,处五日以下拘留或者五百元以下罚款:

（一）非法持有鸦片不满二百克、海洛因或者甲基苯丙胺不满十克或者其他少量毒品的；
（二）向他人提供毒品的；
（三）吸食、注射毒品的；
（四）胁迫、欺骗医务人员开具麻醉药品、精神药品的。

第三节　正确对待爱情

一、什么是爱情

爱情是男女双方基于一定的社会基础和共同的生活理想，在各自内心形成的相互倾慕并渴望对方成为自己终身伴侣的一种强烈、纯真、专一的感情。因为有了爱情，爱侣之间相互扶持、相互帮助，促进彼此的生活不断进步，从而也促进了全社会的进步。爱情观是一个人面对爱情应有的态度、观点和方法论。

二、大学生认识爱情的几个误区

1. 从众行为

有的大学生认为，别人都有了男朋友或女朋友，而自己却没有，说明自己能力不行，所以无论如何也要谈一次恋爱。这样的爱情是很危险的，草率的爱情很难成功，所以分手的概率很大，付出的感情恐怕都要付诸流水。这类学生应该去看动画片《花木兰》，其中木兰的爸爸借满树盛开的花丛中一朵含苞待放的花骨朵儿对落选秀女的木兰说："不要急，迟开的也许就是最艳丽的！"

2. 唯爱是从

恋爱中的男女容易被爱情冲昏头脑，爱情至上，什么都不顾及了，学业和社会工作都抛之脑后。美好的爱情是理智与情感的有机统一，失掉理智的爱情迟早会毁掉双方。

3. 为了填充生活的寂寞

很久前听到这样一首诗："床前明月光，人影一双双，唯我独徘徊，心里憋得慌。"于是他们得出这样一个结论："空虚+空虚＝不空虚"。有人说："哥恋的不是爱情，恋的是寂寞而已。"不难看出，对于这些学生而言，恋爱只是一种打发时间的方法，只是一种暂时的情感填空而已。

4. 脱离婚姻目的

有的学生说，大学很漫长，所以找个伴陪伴度过吧。这是极端错误的。美好的爱情是以心爱的两个人最终一起踏上红地毯，在家人和朋友的祝福下结为夫妻，共同度过人生的风风雨雨为目标的。大学生要树立远大的志向和理想，充实自己的抱负，扎扎实实地度过真切而奋进的大学4年，这才是真正的大学生活。

三、树立正确的爱情观

1. 摆正爱情的位置

虽然有人常说"没谈过恋爱的大学生活是不完整的"，但是谈恋爱却不是大学生活的全部，甚至是可有可无的一部分。大学生在没有走出校门之前都还是学生，而学生的本职工作就是学习。有过恋爱经历的人都会体会到爱情虽然能给人甜蜜浪漫的感觉，但是它同样会是学习生活的烦恼源。摆正爱情的位置，就要认识到爱情虽然在人生中占有重要的地位，没有爱情的人生是不完整的,但是爱情不是人生的根本宗旨,更不是全部,只为爱情而活着的人生是苍白的。所以大学生更应该好好学习,要知道努力学习、好好工作才是将来美好爱情的基础。

2. 培养自制力

恋爱是美好的、甜蜜的,恋爱了就意味着要花更多的时间给两个人了,因为感情需要培养。但是在一起不是无限制的,不是分分秒秒都不能分离的,也不是分开后就要长时间的"煲电话粥"。爱情中没有谁离不开谁,两个人选择相爱并不是选择失去自我,培养自制力就从控制在一起的时间做起。

案例: 某高校研究生王某在学校放假回家准备带着买的礼物去看望恋人时,得知恋人正与一位小伙子热恋。义愤和怨恨一起涌上王某的心头,他真想冲到女方家中闹个天翻地覆。但是,王某转而一想"我这样做能得到爱情吗",他告诫自己处理问题要理智。于是,王某在极短的时间内调整好自己的情绪,克制了感情和行为的冲动,权当昔日的恋人是普通朋友,把礼物送给了她。王某虽然失去了爱情,但却赢得了友情。

3. 促进正常交往

①要端正交往的心态。不是为了打发寂寞而爱,而是为了爱而爱,这样两人在交往的过程中就会给对方足够的尊重,就不会做出伤害一方的事情了。

②爱是神圣的。不要只沉溺于爱情中两个人身体的接触,要知道真正精神上的相爱才是高尚并能持久的。

③互帮互助,共同进步。大学生的恋爱基本上不用担心生活问题,所以两个人在一起的时候应该更多地去考虑学习上的事情,要互相帮助,取长补短,从而达到共同进步。

四、如何树立正确的爱情观

1. 对物质方面的付出要有正确的自我认识

校园中的学生都还是消费者,大都没有经济来源,每个月的生活费都是父母的血汗钱,而很多人却拿着这些钱在爱情中充大款。只要谈恋爱就要"烧钱",在一起的时候要给对方买东西而且还不能寒酸,不在一起的时候就没完没了地打电话,过节过生日的时候还不能忘了送礼物。这样算起来,生活的开销的确是有点大,当浪漫与甜蜜建立在物质基础上时,经济压力也就严重超出了一个大学生可以承受的能力范围了。所以,在一定意义上说,在校谈恋爱的学生都是父母在帮忙谈,因此在谈恋爱的过程中要把握好物质与爱情的关系,将物质享受与爱情分开来,不能将物质当作爱情的筹码。

2. 充实精神世界

我们应该要学会靠精神意志、精神交流来维持一段完美的大学爱情。离开了父母的怀抱,我们在生活上渐渐独立,开始学着自己去适应环境,走向社会,只有精神上的交流才能把两颗心紧紧地绑在一起,从而提升人格。我们需要怎么做才能丰富自己的精神世界呢?

①思想理论是素养和内涵的基础。作为大学生应该博览群书,为以后的社会实践增强软实力,通过理论学习,树立正确的人生观、价值观、世界观,自然就会形成正确的爱情观。也就是说,思想素养对于"爱情"能起到理性的指导作用。

②文艺作品有助于陶冶积极健康的情操。优秀文艺作品对于人格的自我完善有潜移默化的效果,有助于构建大学生健康积极的爱情观。

3.社会和家庭应该给予正确的鼓励与引导

大学生是一个有较高文化水平的知识群体,他们有自己的思想和主见,因此当他们的道路出现偏差时,社会和家庭不应一味地指责与埋怨,而是要在平等的基础上进行深入的交流。来自家庭和社会的不当压力往往会使原本就脆弱的大学生爱情变得更加不堪一击,为了避免悲剧的发生,家庭和社会应该对大学生积极引导,进行爱的教育。父母婚姻的状况往往会对大学生的爱情观产生很大的影响,所以在家庭方面,父母除了要给孩子提供良好的生活条件,更要给他们树立良好的精神榜样。

爱是浪漫,是甜蜜,但它更应该是责任、尊重与担当,拥有美好未来的爱才能恒久流传。希望在追逐真爱的路上,每一个人都是勇士,用真心换真心,好好享受那份属于自己的成熟爱情。

第四节 维护心理健康

一、什么是心理健康

心理健康是指一种良好而持续的生活适应状态。其一,心理健康是指人能适应生活,而对生活中的一切,不论喜怒哀乐,均能平静接受;其二,心理健康是指人的这种适应状态是持续稳定的,而非瞬间发生的。美国心理学家马斯洛认为心理健康表现在10个方面:

①具有适度的安全感受。
②具有适度的自我评价。
③生活的目标切合实际。
④能与现实环境保持良好的接触。
⑤能保持人格的完整与和谐。
⑥具备从经验中学习的能力。
⑦保持适当和良好的人际关系。
⑧适度的情绪表达与控制。
⑨在不违背团体的原则下能保持自己的个性。
⑩在不违背社会成规的条件下,对个人的基本需求能做到恰如其分的满足。

二、什么是不良心理

不良心理包括心理障碍和心理疾病。所谓不良心理是相对于健康而言的,大学生的不良心理往往表现为心理障碍现象。健康心理是指一个人能以积极的、稳定的心理状态适应生活、学习、工作中各种内外因素、环境、政策的变化,从而保持应有的心理平衡。而不良心理或心理障碍是指这种心理平衡被打破,出现了异常的心理倾向。

大学生不良心理主要集中表现在以下几个方面。

1.学业方面

表现为考试焦虑、成绩不稳定、学习压力过大、负担过重、专业不理想、缺乏学习动力、厌学情绪比较严重、没有学习欲望。

2.人际关系方面

表现为沟通不良、交往恐惧、人际冲突、关系失调、孤独封闭、缺乏社交技能等,从而产生自卑、自负、嫉妒以及冷漠等不健康心态。

3.恋爱与性方面

表现为与异性交往困难、因单相思而苦恋或失恋、陷入多角关系不能自拔、对性冲动的不良心理反应、对性自慰行为的过分自责以及时常产生性幻想。

4.人生态度方面

表现为对人生意义的理解、人生价值的取向、人的本质的认识等问题产生消极的评价倾向。经不起批评、打击和失败。

5.其他

如家庭关系、经济困乏、职业选择、个人发展方面,出现困惑和苦恼以及情绪的不稳定等。

三、诱发大学生心理问题的因素

1.交际、交往的困难是诱发心理问题的首要因素

进入大学的青年男女在现实生活中是一个独立的个体,与中学时代相比,缺少父母、亲朋、师长的关照,因此有些大学生不会独立生活,不知道如何与人沟通,不懂交往的技巧与原则。有的学生有自闭倾向,不愿与人交往;有的学生为交际而交际,不惜牺牲原则,随波逐流。

导致大学生交际困难有以下几个原因:

①目前大学生多为独生子女,父母对其教育不当产生了一些负面效果,如任性自私、为所欲为。

②由于从小缺乏集体环境而导致缺乏集体感与合作精神。

③家长的过分包办使独生子女缺乏最起码的独立生活及为人处世的能力。由于交际困难,一方面导致大学生产生自闭偏执等心理问题,另一方面因无倾诉对象,有问题的学生更会加重心理压力,还易导致心理疾病。

2.情感困惑和危机是诱发心理问题的重要因素

当前,大学生对情感方面的问题能否正确认识与处理,已直接影响到他们的心理健康。大学生因恋爱所造成的情感危机是诱发其心理问题的重要因素,恋爱失败往往导致心理变异,有的人因此而走向极端,甚至造成悲剧。

3.角色转换与适应大学生活的能力高低是诱发心理问题的又一重要因素

大学新生都有一个角色转换与适应的过程,每年刚入学的大学生往往会出现各种各样的心理问题,心理学上将这一时期称为"大学新生心理失衡期"。导致新生心理失衡的原因首先是现实中的大学与他们心目中的大学不统一,由此产生心理落差;其次是新生对新的环境、新的人际关系、新的教学模式不适应,产生困惑而造成心理失调;另外,新生作为大学生中普通的一员,与其以前在中学里作为佼佼者的感觉大不一样。

大学新生对新环境不适应,如果得不到及时调整,便会产生失落、自卑、焦虑、抑郁等心理问题,有的学生还会因长期不适应而退学。

4.学习与生活的压力也会诱发心理问题

进入大学后,教师的授课方式、学生的学习方法与学习习惯都会因环境的变化而有很大的改变,学生被迫做出调整;部分大学生所学的专业并非是自己理想的专业,使他们长期处于冲突与痛苦之中;课程负担过重、学习方法有问题、精神长期过度紧张也会带来压力;另外,还有参加各类证书考试及考研所带来的应试压力等。精神长期处于高度紧张的状态下,极可能导致出现强迫、焦虑甚至是精神分裂等心理疾病。生活的压力主要在于学生不善于独立生活和为人处世。还有生活贫困所造成的心理压力,有些人虚荣心太强,经不起贫困带来的精神压力,总觉得穷是没面子的事,不敢面对贫困,与同学相处敏感而自卑,采取逃避、自闭的做法,有的同学甚至发展成自闭症、抑郁症而不得不退学。

5. 就业压力的增大也是诱发心理问题的因素之一

近几年来,由于社会竞争的加剧,就业市场的不景气,大学生找工作或找比较理想的工作越来越困难。这对众多高年级学生造成很大的精神心理压力,他们因焦虑、自卑而失去安全感,许多心理问题也随之产生。

6. 对网络的依赖是诱发心理问题的一个重要原因

不少大学生一方面因交际困难而在网络的虚拟世界里寻找心理满足,另一方面也被网络本身的精彩所深深吸引。所以,有些大学生对网络的依赖性越来越强,有的甚至染上网瘾,每天花大量时间泡在网上,沉湎于虚拟世界,自我封闭,与现实生活产生隔阂,不愿与人面对面交往。这样,久而久之,会影响正常的认知、情感和心理定位,还可能导致人格分裂,不利于健康性格和人生观的塑造。迷恋网络还会使人产生精神依赖性,在日常生活和学习中举止失常、神情恍惚、胡言乱语、行为怪异,甚至发展成为"网络综合征"。

7. 家长对独生子女教育不当造成的后遗症,是导致大学生心理问题频发的另一诱因

独生子女群体已成为当前大学生的主体。独生子女从小就备受家人的溺爱,缺乏集体合作精神。由于升入大学前期家长对独生子女的教育不当,使得独生子女出现任性、自私、不善交际等问题,甚至产生暴力倾向和行为。

8. 家庭及外界环境的不利影响诱发大学生心理问题

家庭及外界环境的不利影响也会成为诱发大学生心理问题的因素,比如不当的家庭教育方式、单亲家庭环境及学校环境的负面影响、消费攀比、对贫困生的歧视、学习节奏过于紧张等。

四、如何调适自己的心理情绪

一个人对事物及问题的认识不同,会产生不同的情绪。大学生正处在世界观、人生观、价值观的形成阶段,对事物的认识和对问题的看法往往有失全面性和客观性。如果不注意完善,提高自我,就会陷入情绪化、不理智状态,对未来失去信心,长此以往,还可能形成不健康的心理。大学生要定时调整自己的情绪,不妨采取以下方法。

1. 调整认识角度

美国心理学家艾里森在20世纪50年代创立的"合理情绪疗法"理论认为,情绪困扰并不一定是由诱发性事件直接引起的,常常是由经历者对事件的非理性的解释和评价引起的。如果改变了非理性观念,调整了对诱发事件的认识和评价,领悟其中的理性,情绪困扰就会消除。现实生活中的许多情绪困扰都是这样,如果从非理性的角度去认识某一事物或问题,会使人怨恨不已;如果换个角度去认识,理性认识,就会使人豁然开朗。也就是人们常说的"退一步海阔天空"或是"换个角度天地宽"。

2. 学会难得糊涂

对一些无关大局的非原则性的外部刺激,在认识上要模糊一些,在心理感受上要淡漠一些。当别人在背后说自己几句话时,或因一些小事与人发生口角时,或偶遇失意时,不妨有意识地控制一下自己的情绪,坦然处之。不斤斤计较,不耿耿于怀,做到大事清楚,小事糊涂。这种超然处世的态度,源于自信和修养,需要有意识地经常加以培养。

3. 合理进行宣泄

人的情绪处于压抑状态时,需要加以合理宣泄,这样才能调节机体的平衡,缓解不良情绪的困扰和压抑,恢复正常的情绪情感状态。如遇到挫折和失败,内心苦闷难受时,畅快地哭一场,或者找人诉说一番,都是缓解情绪压抑的好办法。日本一家企业专门购置了旋转吊袋供对企业有不满情绪的人击打,发泄后再畅谈一番。国外一些城市、大学内,设立多种形式的心理咨询机构,如"自杀咨询电话""大学生心理咨询中心"等,将自己信任的老师、同学、老乡、恋人,特别是受过专门训练的心理咨询人员,作为倾吐的对象。这些机构可以成为大学生缓解消极情绪压力的"精神港湾"。

4. 通过活动转换

当出现不良情绪反应时,头脑中有一个较强的"兴奋灶",此时如果能够在头脑中建立起另外的"兴奋灶",可以将原先的"兴奋灶"冲淡或抵消。这就是利用环境的调节和活动的转移来排忧解惑的又一方法。例如,苦闷烦恼时,出去散步或听听音乐,会使人心情舒畅一些;当怒不可遏时,可强迫自己做一些别的事情,分散注意力,从而稳定情绪;失恋中的青年,可以把学习或工作的日程排得满一些,紧凑一些,使自己沉浸于繁忙的学习和工作中。

5. 巧用幽默缓解

幽默感是消除不良情绪的有用工具。当人们遇到某些无关大局的不良的外界刺激时,如别人的讪笑、挖苦等,要避免陷入激怒状态,最好的办法就是超然洒脱一些。一个得体的幽默,一句适宜的俏皮话,常常可以使已经紧张的局面轻松起来,使一个窘迫难堪的场景消失。幽默,是智慧的表现,是成熟的表现。乐观地对待生活,不为任何挫折、失败和痛苦所压倒,这样的人才是真正的强者。幽默感,正是在这样的意志锤炼中培养起来的。

五、如何看待自杀行为

自杀是个人有意识地结束自己生命的行为,是在个人陷入极度的绝望中而无法解脱时所选择的解脱自己的一种自我毁灭行为。一个心理健康的人,一个有社会和家庭责任感的人,一个对人生价值和意义有发现的人,是不会为了自己的精神和肉体的解脱而选择自杀的。人的价值往往是在与厄运的抗争中呈现出来的。鲁迅说过:"伟大的心胸,应该表现出这样的气概——用笑脸来迎接悲惨的厄运,用百倍的勇气来应付一切的不幸。"屈原遭放逐作《离骚》,司马迁受宫刑作《史记》,都是在挫折环境下抗争的典范。对于那些因失恋、生活困难、别人不能理解自己、身体有痛疾而自杀的人来说,自杀是屈服于挫折和逆境的表现,是一种脆弱的表现,是一种不负责任的逃避行为。自杀,不但不会解决什么问题,反而会给生者留下无限的遗憾和痛苦。生命对于每一个人来说只有一次,仅仅为了这一次,父母为此付出了很大的心血,寄予了很大的希望。一个人的自杀也许会导致他的亲友由希望变为绝望,由欢乐变为永远的痛苦,因此自杀应当受到人们的唾弃和谴责。

哲学家黑格尔曾说过,自杀是一种"卑贱的勇敢"。试想当你以自杀方式自以为得到解脱时,你的家人、朋友该有多难过,尤其是家人,自杀会带给他们一生的痛苦。在遇到困难时,大学生应该学会这样做:

1.自我安慰

应该相信自己是很不错的,应该欣赏自己。当事情没有如你所希望的那样发展时,也要试着去接受它,要善于满足现状,要很高兴地感到:事情原本还更糟呢。

2.培养多方面的兴趣

有多方面的兴趣,如打球、绘画、听音乐、下棋等,对于青少年来说是很重要的。在遇到挫折和失败时,应将注意力转移到兴趣中去,从中体验到快乐,忘却烦恼。

3.结交知心朋友

一个人在烦恼、迷惘、焦虑、不满时,如果有知心朋友陪伴左右,倾诉心里话,宣泄情感,并对此表示理解,忧郁可能会减少一半。

4.寻求社会力量的帮助

大学生可以到专门的心理门诊寻求心理工作者的帮助,也可以打热线电话宣泄烦恼,在交谈中,他们对你的情绪进行疏导,可能会使你放弃自杀这一很不明智的想法。

第十章 养成教育

　　大学生养成教育是指以高校为主体,在家庭、社会的配合下,根据大学生的身心形成和发展规律,运用各种途径和手段,对大学生施加系统影响,促使其养成良好的思想和心理素质、道德品质以及良好的行为习惯。对大学生进行的养成教育是强调做人基本素质的教育,让学生学会做什么样的人和怎样做人,这在当今社会里显得尤为重要。养成教育既是教会学生做人的基础教育,同时又是一项全面的综合性的教育。它的成功,不仅有利于德育工作优化,也有利于学习成绩的提高、体能的加强和美育的落实,同时对本书探讨的大学生安全教育的开展也具有重大的意义。

第一节　养成教育的现状及必要性

一、大学生养成教育的现状

1.大学生养成素质的现状

　　首先,在思想道德上,当代大学生的人生观、价值观、荣辱观的主流是积极向上的,他们渴望成才,积极思考国家的命运和自己的社会角色。如"5·12 汶川地震"后的抗震救灾活动中,以大学生为代表的广大青年表现出强烈的爱国热情和公共精神,展现出当代大学生良好的精神风貌和道德情操。但我们也清楚地看到,一些大学生在社会各种消极因素的影响和冲击下,观念和道德产生了错位和倾斜。主要表现在:①思想道德心态逆转,自我意识膨胀,理想追求淡化。一些学生以自我价值的实现为核心,强调个人本位,社会、集体次之,忽视远大理想和目标,或确立了远大理想和目标却缺乏科学的职业生涯规划,从而造成思想与行动脱节。淡化社会责任,过于急功近利,敬业意识薄弱。②诚信意识淡薄,个人行为失范。当代大学生诚信意识的缺失成为较为普遍的现象,考试作弊、学术剽窃、恶意欠费、恶意欠贷等现象呈大面积蔓延趋势。③生活追求新潮,安逸享乐、奢侈浪费之风渐长。随着人们生活水平的提高,人们的需求越来越多样化和高档化,在现代生活消费意识熏陶下,青年学生也纷纷追求生活的新潮化和高档化,安于享乐,奢侈浪费,缺乏勤俭和刻苦精神。

　　其次,当代大学生普遍缺乏良好的学习能力和学习习惯。具体表现为:学生学习目的不明确,思想不统一,缺乏自信心、悲观、沉沦,学习无用论存在着一定的市场;学习能力欠缺,不少学生难以完成从中学生到大学生的角色转换,不能掌握良好的大学学习方法,尤其欠缺自学能力;在学习过程中缺乏主动性、自觉性、刻苦精神、钻研精神严重不足;学习纪律涣散,迟到、早退、旷课现象严重,课堂学习质量差,上课看闲书、说闲话、玩手机现象突出;理论和实践脱节,重理论学习,轻实践检验,动手能力普遍低下;基础知识欠缺,学习过于依赖电脑、网络,出现大量的"电脑一开满腹经纶,电脑一关白纸一张"的"电脑型学生"。

　　再次,在行为习惯上,基础文明素质状况堪忧,普遍缺乏文明的生活习惯、文明礼仪,生活能力及生活自理能力不强,纪律松弛。具体表现为:文明礼仪缺失,知书不达理,言行粗鲁、衣冠不整、不遵守公共秩序;卫生习惯不好,宿舍脏乱差现象非常严重;作息习惯不好,学习、生活缺乏规律性、科学性，就寝时间随意性大；人际交往能力差，解决纠纷的方式往往简单化、暴力化，致使出现打架斗殴现象；饮食习惯不好，不少学生有吸烟酗酒现象；生活方式不健康，个别学生甚至涉足黄赌毒。

最后，长期以来，我国的高等教育中对心理健康教育的关注和研究不足，当代大学生心理健康状况堪忧。据相关调查显示，全国大学生中大面积存在不同程度的心理问题，主要表现在自闭、抑郁、焦虑、偏执、强迫及精神分裂等方面。近年来，由于心理问题诱发的不良事件在高校中时有发生，"马加爵事件"更是成为近年来大学生心理健康问题的突出案例。

2.大学生养成教育存在的问题

高等学府历来都是人类文明成果的重要集散地，也是展示人类文明的一个窗口。在改革开放新形势下，在党和政府的关怀下，高校德育工作者在德育教育的大量实践活动中，不断总结经验，探索规律，取得了一系列重要成绩：如德育课程的不断改革，有组织的大学生社会实践活动；开展大学生心理咨询工作及校园文化的建设；中华传统美德教育的加强等对大学生健康成才，产生了积极的影响。相关数据表明，当代大学生思想道德从总体上看是健康和积极向上的，他们大多具有强烈的民族自尊心和自豪感，热爱祖国，关心国家的前途和命运，拥护党的领导，有远大的人生理想和正确的人生态度，崇尚知识和科学，渴望成才。但不可否认，大学生作为同龄人中文化层次最高的群体，其文化素质和文明素质的不相称是目前较为普遍的现象，近年来不断涌现的一些典型案例足以说明大学生在经过中小学教育之后，并未完全形成良好的思想素质、道德品质、行为习惯等。大学生养成教育的深度和效果，在内容、方法、途径、手段等方面还不能很好地适应社会进步、形势发展需要。比较突出地存在以下问题。

（1）重智育轻德育，发展严重失衡

道德素质教育作为一种重要的教育理念，已为人们所接受，德育工作的重要性毋庸置疑，然而在具体的教育实践中，各类学校、各级教育部门更多关注智育而客观上弱化德育。这种现象的产生跟现行的教育体制息息相关，长期以来，小学、中学教育始终紧紧围绕"升学"这个主题，升学离不开考试，考试离不开智育，从而导致中小学教育中智育地位超然，德育长期弱势的现象。进入大学阶段，摆脱了升学压力的束缚，高校对德育工作普遍高度重视，然而到了这个阶段我们才发现，大学生的德育基础非常薄弱，德育工作的深化和强化难以实施，很多高校德育工作实际上是在补中小学阶段的课程。

一段时间以来，社会观念也存在着一些偏差，在谈到现代社会对人的道德素质要求及对学生进行素质培养时，人们更多强调的是对科学文化素质和能力的要求及培养，而对思想道德素质的重视程度相对薄弱。好在目前这样的现象有所改观，以"有德有才，破格重用；有德无才，培养使用；有才无德，限制录用；无德无才，坚决不用"的人才观为代表，人们对道德素质的重视程度正在逐步提升。然而，罗马不是一天建成的，德育工作地位的提升仍有较长的路要走。

（2）养成教育的针对性不强

由于大学生中独生子女越来越多，高等教育为有偿教育，使得现在的学生在个性心理特征及思想道德等方面，具有与以往大学生不同的特点。例如，在具有较强的自立意识、竞争意识、平等意识、价值意识、创新意识的同时，也有诸多的道德困惑，产生了许多道德误区，如用等价交换取代奉献精神，用个人主义取代集体主义，用竞争取代协作，用物质追求取代精神追求等。个别人对教育工作者所提出的道德标准不以为然。我们的教育工作还存在忽视学生个性发展的倾向和联系学生个体实际不够的现象，因而造成了个别院校形式上的轰轰烈烈，口号满天飞，实际上应者寥寥，成效甚微的状况。另外，养成教育工作的方式方法已相对显得滞后。必须把握养成教育工作的特殊性，充分考虑学生的年龄特点、个性差异，考虑社会对思想道德要求的层次结构，恰当地确定学校的德育目标和内容才可能真正打好学生思想道德素质的基础。

（3）养成教育内容的时代性不强

不同的时代、不同的社会对人有着不同的要求。高科技信息化时代，对人的素质提出了新的更高的要求。它不仅要求人应具有以人生观、价值观为主要内容的道德认识，而且还有社会知识和道德行为规范；不仅要具有道德思维能力、践行能力、评价能力，而且要具有人际交往能力、自我教育能力；不仅要具有道德需要和动机，以及道德感、社会政治理想，而且要有较强的自我意识。这是一个全方位的道德教育体系，而素质教育工作与这种要求相比，还存在着明显的差距。

（4）养成教育缺乏培养大学生知行统一的有效手段

许多大学生在道德行为上存在知与行相分离的现象，即道德认知与道德行为的悖反。绝大多数大学生在接受多年的思想政治教育后，能够对道德的概念、对什么是正确的人生观和世界观、什么是高尚的情操和远大的理想等倒背如流。虽然参加有关的辩论比赛或演讲比赛，能够有理有据、声情并茂地侃侃而谈，但其道德行为的现实表现却令人忧虑，口头上追求理想，实际上崇尚实惠；有强烈的爱国情感，但缺乏主人翁的责任感和使命感；有真善美的道德知识，却没有良好的行为习惯；期待建立和谐规范的社会道德秩序，但自身又不愿受各种规章制度的约束；有成就事业的愿望，而又缺乏脚踏实地的实干精神等等。现行的养成教育体系正是缺乏将理论教化与行为培养有机统一的有效手段。

3.大学生养成教育存在问题的原因

任何现象的发生，都有其形成的原因，我们只有认真了解、分析它的原委，才能够在实际工作中防止和纠正它。针对以上现象，究其原因有以下几点：

（1）教育界对大学生养成教育重要性认识程度不够

一些教育机构和教育工作者没有意识到养成教育是一项长期的工作，是一项系统工程，既要坚持不懈，也要与时俱进、发展创新。没有结合新时期新环境、大学生现状和大学生养成教育的特点进行深入的分析研究，教育工作缺乏针对性。

（2）社会转型和市场经济给教育带来了某些负面影响

市场经济具有两重性。一方面，它具有突出的积极作用，不仅推动了生产力的快速发展，而且给社会主义精神文明建设增添了许多新的内容；另一方面，它具有自身的局限性，如市场行为盲目性与自发性，部分市场主体的本位性与唯利性等。这些功能缺陷反映到政治生活中就会导致权钱交易、贪污腐败，影响到思想领域则容易滋生本位主义、拜金主义、享乐主义等。在市场经济确立和发展这样一个大变革、大发展的社会转型时期，原有的伦理道德体系有不少方面已不适应社会经济发展的要求，而与社会主义市场经济发展要求相适应的道德理论、规范体系又尚未完全建立起来。于是，在现实社会生活中，作为社会生活中的一个特殊群体的大学生就不可避免地会受到一些负面影响，从而削弱了学校养成教育工作的效果，出现了道德评价紊乱，道德监督、调控失灵，在社会公德、职业道德、家庭伦理等方面出现了一些"滑坡"的现象。

(3)重智育轻德育的教育理念对养成教育造成冲击

曾几何时,一个热爱劳动、体贴家长、尊敬老师、团结同学、乐于助人的孩子就能够让父母和老师感到欣慰和满足。而如今这些都远远不够了,它们甚至退居极次要的地位,取而代之的是挤进名牌大学才是学生的自身价值和人格尊严之所在。重智育轻德育,社会正是以此来评判学校教育的成败、教师教学的得失、学生本人的优劣的。为了使他们能够顺利地考入大学,家庭、学校为他们构建了一个完全封闭的理想环境,一切与社会相接触的矛盾冲突都由父母、老师替他们解决了,他们成了两耳不闻窗外事,一心只读圣贤书的学校"尖了"。在这种全方位的保护下成长起来的当代大学生,依赖性强、忍耐力、适应性差,缺乏独立处理矛盾的能力,不具有改革创新时代对大学生要求的最基本的素质。

(4)大学生自身因素

大学生的生理和心理尚未完全成熟,仍然处在世界观逐步形成的时期,他们的思想和心理尚未成熟,判断是非真伪的能力还不够强,自我控制能力弱,言行常常出现反复,一些大学生社会适应能力、自我控制能力较差。此外,部分大学生缺乏良好的分析问题、解决问题和适应环境的能力。因此,养成教育的效果往往不明显。

(5)校园教育与社会环境不能接轨

我国的国际化进程和发展节奏加快,国际经济、文化交流频繁,新兴事物不断出现。对纷至沓来的种种新兴事物以及各种挑战,一些大学生经常处于被动地接受地位,无法与社会现实进行同步互动。同时,在心理调节方面与现实存在种种偏差,导致大学生心理错位与扭曲,无法适应和融入社会。再加上辨别能力较差,对一些不良事物无知地接受,给自身的发展、学校的稳定,甚至是社会的安定造成很大的消极影响。

养成教育本身是一个传统的命题,它在人的教育和发展中的地位与作用,早已为人们所公认。同时,养成教育又是一个新课题,尤其在当今大学生主体意识发展和价值观念新取向以及教育改革不断深化的背景下,它所存在的问题和内在原因,还需要在长期实践中不断探索,加以解决。

(6)"黄赌毒"在校园中的渗透

近年来,"黄赌毒"等社会丑恶现象逐步抬头,不断蔓延,甚至在大学校园中也有了一定的渗透。

随着信息传播技术的不断发展普及,现在的大学生主动或被动地接受黄色淫秽信息已成为一件"易如反掌"的事情。青年人好奇心强,但分辨是非、善恶的能力较弱,一不留神就会受其诱惑,付出惨痛的代价。

赌博是社会公害之一。赌博之风屡禁不止,对青少年的健康成长危害极大。很多大学生沉溺于赌博,一旦上瘾就很难戒掉,极有可能走上骗、偷、抢的违法犯罪之路。

毒品的危害众所周知,但大学校园里的涉毒案件却仍然时有发生。现在有些青少年吸毒,往往是为了在群体中自我炫耀,以获得其在群体中同伴的肯定。他们认为,吸毒是现代社会的一种时尚,不吸就会落伍,吸了"神奇",更显"身份"。

"黄赌毒"对大学生的危害是显而易见的,它不但侵害大学生的思想,动摇他们的人生观、世界观,也败坏他们的行为,使不少学生荒废学业,甚至步入歧途。"黄赌毒"已成为养成教育实践中的一大公害。

二、实施大学生养成教育的必要性

1. 对大学生进行养成教育是改善当前大学生思想道德素质状况的客观需要

教育心理学研究表明,大学生思想品德形成是一个循序渐进的过程,一般要依次经过对思想品德原则的认识和理解,在认识和理解的基础上产生对思想品德的强烈情感,锻炼坚持思想品德原则的意志,树立坚定思想品德原则的信念和形成行为的持续习惯等五个过程。对思想品德原则的认知和理解是思想品德形成的前提和基础,对思想品德原则的情感和意志是思想品德形成的必要条件,树立思想品德原则的信念是思想品德形成的核心条件,行为是习惯的持续,这五个过程缺一不可,只有在实践的基础上有机统一起来,才能使大学生形成良好的思想品德。

现行的教育体系在培养大学生思想品德形成过程中,往往忽视了"情感、意志、信念"三个过程,往往是向大学生传授了思想品德原则后,便要求他们去付诸行动,这实质上就是一种填鸭式的教育,违背了大学生思想品德形成的规律,注定得不到好的效果。大学生道德品质的形成虽然离不开理论的传授教育,但更重要的是要通过实践的磨炼。而养成教育作为大学生在亲身实践中逐步形成对某种事物情感、意志和信念的最佳、最直接、最不易改变的一种教育形式,是对大学生思想品德的情感、意志、信念的根本培养途径之一。可见,养成教育是促进大学生思想品德形成的客观需要。

2. 对大学生进行养成教育是保持大学生心理健康的重要手段

大学生处于心理成熟的关键时期,而在我国的高等教育体系中,对大学生的心理健康教育长期处于被忽视状态,随着社会竞争的日益加剧,在巨大的压力条件下,大学生由心理健康问题诱发的不良事件近年来层出不穷,并逐渐成为一个普遍的社会问题。实践表明,现代社会对人才的要求除了要求具备较强的专业技能之外,越来越强调团队协作、职业道德、心理健康等方面的能力和素质。因此,加强大学生的心理健康教育已成为社会共识。

心理健康教育有其内在的规律,是一个循序渐进的过程,绝不能一蹴而就,需要在大学生的成长过程中逐步渗透实施。其内容包括:引导大学生培养良好的人格品质,养成科学的生活方式,加强自我心理调节,培养良好的人际交往能力等,而这些恰恰是养成教育的基本内容。

3. 对大学生进行养成教育是培养大学生良好行为习惯的有效途径

从事学生工作的人经常会有这样的体会:很多道理,大学生都明白,讲起来头头是道,但是往往落实不到自己的实际行动上。比如,明知道不认真学习,考试就会不及格,就不能毕业,但是总有少数学生把大量的时间花在吃喝玩乐上;明明知道睡懒觉既影响健康又影响学习,但是总有不少学生经常睡懒觉;明明知道随地吐痰污染环境,不利于健康,但是学生宿舍里总有数不清的痰迹;明明知道沉迷于电脑游戏会荒废学业,浪费青春,而校园周围的网吧总是人满为患,游戏大战通宵达旦,如此等等,大学生群体表现出的不良行为数不胜数。老师苦口婆心做工作,非但不能起到教育的目的,反而会引起学生的逆反心理。这种情况的出现,实质上是因为不少大学生没有养成良好的行为习惯。

所以,正确的认知并不一定导致正确的行为。一个人对事物有了正确的认知后,还要经过自我约束和外在约束,才能产生良好的行为,然后在生活实践中一以贯之地不断强化,方能内化为良好的习惯,良好习惯实际上就是良好行为的反复再现。因此,从正确认知到良好行为的中间环节就是习惯养成的过程。养成教育的实施将为大学生良好行为习惯的形成提供有效的途径。

第二节 养成教育的特征和内容

一、大学生养成教育的特征

大学生的养成教育,既不同于大学生的规范教育,又不同于中小学的养成教育,有自己的特征。

1.目标特征:养习成德

习,即习惯,指人们在实践中反复练习而巩固下来并变成主体内在需要的行为方式。它是在一定的情境、动机与行为之间建立起来的稳定而持久的联系,是内在的心理素质与外在的行为之间的有机统一。这里的习惯不同于心理学上的一般定义。首先,体现了一定的规范,具有善恶意义,含有善恶价值。其次,体现了主体的自觉自主性。自觉包括两方面,一是理解并认同主体所遵循的规范,二是对主体行为的意义和价值有所意识。自主,指习惯是主体意志努力、自决自制的结果。

德,即品德,又称道德品质。是一个人在一系列的行为中表现出来的比较稳定的特征和倾向。道德品质与道德习惯具有高度的统一性。道德习惯是道德品质的动态表现,道德品质则是道德习惯的凝结化、特征化。养成教育,正是立足于道德品质与道德习惯的同构性特征,着手于受教育者的良好习惯的培养,最终达到优良品质的造就。正如亚里士多德所言:"德性基于天性,成于习惯"。

大学生的养成教育,把培养良好的习惯和品德作为教育目标,就与时下流行的道德规范教育、道德知识教育有所区别。道德规范教育和道德知识教育,是把道德原则规范、范畴及相关的伦理知识体系的传授作为主要目标。大学生思想道德修养课,名为"道德修养",实为知识传授。这种重规范教育的高校德育模式,不仅无助于大学生健康人格的培育,反而会造就一些表里不一的伪君子。养成教育则不同,它更注重大学生的行为训练和品德培养,把道德知识的传授置于从属地位。养成教育不满足于使学生知道"应该做什么",而是实实在在地训练学生"应该是什么。"

2.内容特征:知情意行

知,即认知,也就是认识。对于每个人说来,一切科学认识都是必要的和有益的。对于青年一代来说,最重要的是自我认识。在自我认识中突出地表现为对自己行为的认识。所谓行为的认识,按照马克思主义的观点,指的是人们在认识世界和改造世界的过程中,进行自我反省、自我批评,认识自己的行为是否与人们所总结、规定、形成了的行为规范相符合。一致的要坚持,不一致的要进行控制,达到导向、控制、调节自己行为的目的,这就是养成教育关于"知"的全部内涵。

情,即情感,亦称感情,指人的喜、怒、哀、乐等心理表现,它是心理要素的核心内容。养成教育的目的之一,就是在日常生活、工作、学习中,通过科学管理、严格要求,激起青年的积极情绪并使之巩固下来,以促进他们的积极行动。通过养成教育,使青年一代的爱国热情、积极情绪同革命的坚定性结合起来,牢固树立强烈的感情信念,促使其事业达到最高成就。特别是作为情感最高形式的道德和理想,是最具有特色的情感,它能最大限度地调动人的本质力量去追求自己的事业,完成祖国和人民所赋予的历史使命。

意,即意志,它是人类特有的精神现象。凡是意志都是有目的的,意志对人的创造性活动起着不可低估的作用。没有顽强拼搏、坚韧不拔的精神,就不可能把创造活动坚持到底。对大学生进行养成教育的目的之一,就是对他们意志的培养和坚定信念的养成。

行,即行为。人生活在一定的社会制度中,就得遵从该社会的政治法律规范、伦理道德规范。只有按照一定的规范活动,才能在认识和改造客观世界的过程中发挥人的能动作用,也只有如此,社会才能有序,个人才能为社会和他人所承认。否则,就会产生越轨行为,走上违纪犯法的道路。为了使大学生自觉遵守各种规范,必须对他们进行养成教育。

3.方法特征:尚行习动

强调实践环节,把行为的教育和训导作为切入口或开端,重视动机教育、意志磨炼和行为练习,这是大学生养成教育的又一特征。

许多先哲贤达,早已提出教育要落实到"行"。孔子提出"听其言而观其行"(《论语·公冶长》);王廷相强调道德习惯的养成,是靠"人也,非天也"(《王廷相集·雅述上篇》);王夫之主张"力行而后知之真"(《四书训义》)"实体之则实知之矣"(《张子正蒙注》);颜元等人更是尖锐地批评宋明道学家空谈心性修养,力倡"习行""习动";孙中山则从认识论的角度概括行的重要性,认为"其始则不知而行之,其继则行之而后知之,其终则因已知而更进于行"(《孙文学说》)。

大学生的养成教育,正是遵循了个体从行为经习惯至品德这一成长规律,把行为教育作为开端,要求学生在行中习德,在实践中积累道德品质。

以行为作为养成教育的起点,并不意味着忽视认识、情感和意志的教育。道德品质的养成,必须经过长期的、反复的行为训练。行为的反复和坚持,又会遇到种种困难和挫折,必须克服心灵的冲突和碰撞,经受住外物的引诱和私欲的迷惑,而这些都离不开坚强的意志。坚强的意志又以坚定的信念为前提,对一定原则的自觉和确信,就尤为必要。意志不仅要有坚定的信念和明确的目标,还必须辅之以强烈的情感。养成教育以行为教育为开端,但又不拘泥于行为;以行为的训导为中心,同时又向意志、情感、认识等方面辐射,并最终整合为道德品质。

以行为教育为开端,注重培养熟练的行动技能和良好的习惯,又使养成教育不同于大学生的规范教育和情感教育。规范教育以知识教育为开端,注重规范的诠释;情感教育以感情教育为开端,注重感情的陶冶。唯有养成教育,是以行为教育为主线,力图在一定的情境、动机与行为方式之间构建稳固的联系。

二、大学生养成教育的内容

大学生养成教育是一项系统的重要的育人工程,必须规范教育的基本内容才能把握养成教育的规范性和科学性。明确了内容,大学生在养成教育的过程中也才能认清目标,扎实学习与训练,不断提高自身的综合素质。

1.思想道德素质的养成

(1)热爱祖国,勤奋学习

热爱祖国是中华民族的光荣传统和崇高品德,爱国为人称颂、卖国遭人唾弃。大学生应当有爱国主义的精神和行为。爱国主义的思想情感和行为是调整个人同国家、民族关系的重要道德规范。这种爱国情感集中地表现为民族自尊心和民族自信心,表现为人们争取自己祖国的独立繁荣富强而"天下兴亡,匹夫有责""以国家之务为己任""捐躯赴国难,视死忽如归"英勇献身的奋斗精神,表现为个人立志报国、无私奉献的一种精神力量。当代大学生肩负建设社会主义祖国,实现跨世纪建设目标的历史重任,理应把爱国热情化为维护祖国的利益、热爱共产党、热爱社会主义、热爱人民、热爱科学、为民服务、勤奋学习的实际行动。

(2)理想远大,科学规划

理想是人生前进的原动力,大学生在对待人生的态度上应该志存高远、心怀天下,树立远大的理想,而不是不思进取、碌碌无为、得过且过。伴随着国家民族的高歌猛进、伟大复兴,所有有理想、有抱负、有准备的人都有机会实现自己的人生价值。在确立远大理想的同时,理想的实现也要讲究科学的方法,大学生应该深刻理解"千里之行,始于足下""不积跬步,无以至千里"的道理,科学制定个人的学业规划、职业生涯规划,将大目标化为小计划,逐步实现自己的人生理想。

(3)诚实守信,谦虚谨慎

诚实守信,谦虚谨慎,自古以来就是世人称赞的美德,也是做人起码的、基本的道德品质和行为。"诚招天下客,誉从信中来""满招损,谦受益"这些格言说明:诚实守信、谦虚谨慎的人普遍受他人或单位信赖并委以重任;相反,虚伪奸诈、骄傲狂妄的人不受他人信任,或不愿与其交友共事。大学生在对待学习工作,对待事业成就,与人交往,对待同学间友谊、结交朋友,处理个人与同学关系、个人与集体关系,正确认识评价自己,从事科研工作,以及入党、选干、评优、考试等诸多方面上应当诚实守信而不是弄虚作假、言而无信、自食其言。应当谦虚谨慎而不是目中无人、骄傲自满、处事粗枝大叶、马马虎虎。

(4)提升品位,志趣高雅

大学生应大力提高个人的人文素养,树立正确的审美观,明是非、知善恶、识美丑、辨荣辱,在对艺术美、自然美、社会美欣赏的同时,了解自然、了解社会、了解历史,从而获得广博的知识,激发形象思维和创新潜能。

(5)关心集体,团结协作

社会主义道德建设的基本原则是集体主义,只有发扬集体主义才能保障个性得到健康而全面的发展。大学生应该树立集体主义的意识,反对极端个人主义,关心集体、热爱集体,积极参加集体活动和热心公益活动,支持、参与校、院、系、班团组织、学生会工作,不做有损集体荣誉、有损集体利益、不利于集体团结的事。强调团队协作,摒弃个人英雄主义。在处理同学关系上,应团结友爱,同学间亲如兄弟姐妹,对同学关心照顾。同学有困难,尽力帮助;同学思想有"困惑""障碍",主动开导;同学间有矛盾,主动化解、互相体谅、消除隔阂;同学有错误,善意指出、耐心帮助;同学间有纠纷,热心调解;见同学有不良行为要"过失相规",勇于制止。切忌"同美相嫉、同智相谋、同贵相害、同利相忌",绝不能不靠组织靠"老乡",绝不能是非不辨、良莠不分,讲"哥们义气"、交"酒肉朋友",以老乡观念分派分伙,争胜好斗,违规违纪,甚至走上犯罪道路。

2.基础文明素质的养成

(1)尊敬师长,尊重他人

这是对待长辈、对待同辈,尤其是对待老师和同学文明行为的主要标志。尊敬师长,尊重他人就是要尊重教师、长辈及别人的人格、劳动成果、正当的愿望、感情、爱好、风俗习惯及其他应该享有的权利和利益。人们之间的互相尊重,既体现了人的自尊心和尊严,也会促使学校乃至社会形成高尚的道德力量和良好的校风及社会风尚。

(2)尊老爱幼,乐于助人

孝敬父母、赡养老人、爱护儿童是每个公民的义务,也是做人的美德,是大学生应有的文明行为。不忘父母养育之恩,爱心献给老人儿童。切不可认为上了大学,身价百倍,跳出农门,出人头地,就忘了父老乡亲,不认爹娘、嫌弃老人。大学生在学校集体生活中,应该提倡互相关心、互相帮助、乐于助人、见义勇为。切不可"只顾自己不顾别人""隔岸观火""见死不救"。

(3)语言优美,礼貌待人

这是人们通往相互友好、增进友谊、互相尊重的桥梁。谈吐文雅、说话和气,常用"谢谢""您好""请""对不起"等文明用语,使人悦耳暖心。男女交往,举止得体,待人接物,彬彬有礼,会给人"一见如故,宾至如归"的亲切感觉。如果出口成"脏"、粗话连篇、下流粗俗、恶语伤人、不讲礼貌、侮辱人格,则与受高等教育的大学生身份相悖。

(4)衣着整洁,仪态端庄

衣着整洁,仪态端庄表现了一个人的精神面貌和文明程度。如果衣帽不整、不修边幅、举止不当,则与人相处,或参会、赴约、作客会使人产生不快,甚至厌恶。我们提倡大学生衣着整洁、仪态端庄,并不是主张学生穿奇装异服,留古怪发型,搞浓妆艳抹、不伦不类的打扮,或讲究铺张浪费,追求新潮时尚,一身名牌,而是应量体裁衣,体现大学生整洁、朴素、健美、大方的活力之美,反映出青年学生富有朝气的精神面貌。

(5)热爱劳动,勤俭节约

我们熟知"劳动光荣,不劳而获可耻""劳动创造了人和人类社会,它是人类的根本标志和最光荣、最豪迈的象征"的道理。"勤俭节约""俭以养德""淡泊可以明志""艰难困苦,玉汝于成"是治国之道、持家之理、人品之美。特别是在建立和发展社会主义市场经济,我们的物质日益丰富、生活条件有所改善的今天,提倡"勤俭节约"更具有现实意义。大学生更应培养自己热爱劳动、吃苦耐劳、勤俭节约、珍惜粮食、节约水电、生活俭朴的习惯,绝不能错误认为参加公益活动,搞点体力劳动和勤工助学活动,扫地擦桌等就"丢面子"。

(6)爱护公物,保护环境

爱护公物是尊重劳动人民、珍惜劳动成果的美德,也是维护国家和集体利益的具体体现。保护环境是人与自然关系间应遵守的公德。自然环境、城市环境,学校学习、生活、工作环境、家庭生活环境均应做到卫生、整洁、绿化、美化,反映出一个社会,或一个单位的文明水平,同时这也是衡量其文明程度的一个尺度。大学生应该养成不随地吐痰,不乱扔果皮、纸屑,不破坏树木花草、践踏草坪,不伤害受保护野生动物,不乱贴、乱画、乱写,不损坏学校公物的文明行为,共同创造一个优美的环境。

(7)遵纪守法,维持秩序

每个大学生都应该正确处理好法纪与自由的关系,自觉遵纪守法、遵守公共秩序。不打架斗殴、不赌博、不酗酒、不观看和传播黄色书刊和声像制品;不吸烟、不吸毒;遵守宿舍和教室管理规定,按时熄灯就寝,不喧哗、不打闹、不影响他人的正常学习和休息;不损毁和私自拆装宿舍和教室的设备;不留宿异性;遵守外事纪律,在涉外活动中不做有损国格人格的事。

3.健康心理素质的养成

(1)自尊自爱,自强不息

大学生要提高自身的道德修养,培养自己的文明行为,必须自尊自爱、自强不息。自尊,即自己尊重自己,具有自尊心、自信心、责任感,而不是玩世不恭、自惭形秽、自己看不起自己。自尊才能受人尊重,也才会尊重他人。自爱,即自惜羽毛,爱护自己,爱护自己的人格、名声和荣誉,而不是自暴自弃、行为不检点、厚颜无耻、自甘堕落、自毁荣誉。自爱才能严于律己,谦让待人,才会受他人理解、敬爱。自强不息,即努力上进,拼搏进取,永不停息,这是战胜困难、摆脱逆境、经受挫折、解除困惑、排除障碍、端正人生、成才有为的巨大精神动力,也是大学生应具有的人格、人品和行为。

(2)乐观豁达,心理健康

健康心理是现代人立"身"之本,是必备的基本素质。仅有身体健康而无心理健康的人不能算是一个健康的人。只有身心和谐统一发展的人,才能算是一个健康的人。当今社会,竞争日趋激烈,对大学生来说,人生总不会是一帆风顺的,随时可能遇到困难和挫折,培养乐观豁达、襟怀宽广的优秀品格,保持健康的心理状态已经成为大学生素质教育的重要环节。

(3)科学认识,自我调节

心理学是从西方舶来的学科,国人对心理健康问题长期讳莫如深,认知上存在严重的不足甚至偏差。心理健康教育的重要任务是使大学生科学认识心理健康问题,接受心理咨询,学会自我心理调节。

第三节 养成教育的实施途径

一、养成教育的基础环节——加强人文素质教育,塑造人文精神

提高大学生的人文素质,塑造人文精神已成为21世纪高校教学改革探索的热点。人文精神造就人的灵魂,是人文素质教育的核心,是社会发展和人类进步的一种无形动力。这种精神不是强制产生的,而是为了追求人生的真谛,实现人生价值的一种自觉的精神,是人类文明发展的推动力。

加强大学生人文素质教育,就是要培养他们的现代人文精神,引导他们学会做人,包括正确处理人与自然、人与社会、人与人之间的关系以及自身的理性、情感、意志等方面的问题。人文素质的培养,对人生观、世界观、价值观的形成具有十分重要的作用。人文素质教育,可以把深层次的文化建构与爱国主义教育结合起来,使大学生在理想、信仰等方面受到人文精神尤其是中华民族精神的熏陶,使之成为有理想、有道德、有文化、有纪律的跨世纪人才,这是固民族之本、扬民族之威的精神纽带。

因此,不论什么学校,不论什么学科,不仅要加强大学生新的学术理论和高新技术的学习,而且要注意开发利用中华民族的人文资源,加强大学生人文知识的学习,使其系统地接受马克思主义理论、法学、社会学、文学、史学、哲学、艺术学等人文社科知识的传授;系统地受到道德、法律、文史哲、科学、文艺和校园人文环境等人文素质的熏陶;系统地得到语言行为方式、人际关系、交往礼仪等人文形态的塑造。把他们培养成具有以人为核心,融天地万物与人为一体,追求人生价值实现的最高理想境界和自爱、自律与自制精神的人,使他们不仅具有较高科学文化知识,而且在人格、道德、精神和审美等方面有较高品位。

二、养成教育的主导环节——发挥教师言传身教的作用

教育者是思想政治教育活动的主导,教育活动的选择是由他们实施的。学生是受教育

者,在教师的指导下,学生积极主动地参与思想政治教育活动,创造有利于自身思想政治素质提高的环境和条件。在学生的活动和交往关系中,师生关系是一种极其重要且具有特殊作用的关系。道德教育过程中的师生活动与交往对于激发学生的内在动机,调动学生接受教育的积极性,具有特别重要的意义。车尔尼雪夫斯基说:"教师要把学生造就成一种什么样的人,自己就该当是这种人。"教师的思想道德素质,直接影响育人的实施效果,能产生强有力的教育力量,因此教师应在道德人格、心灵、境界、情操等方面足以成为学生效法的楷模。我国古代教育家孔子认为:"其身正,不令而行;其身不正,虽令不从。"教师不仅是在教书,更是在育人,不仅要用真理的力量说服人,更要用人格的力量感染人。因此,教师的一言一行、一举一动都要能够做学生的模范。教师只有在各个方面成为学生的表率,才能在学生中享有较高的威望,教师讲的,学生才容易接受,才能照着去做。大学生的人生观、理想、信念和品德的培养,不是靠抽象的口头说教所能济事的。如果通过对客观事物的感知,特别是教师高尚情操的熏陶,不仅对学生起着潜移默化的作用,而且直接证明着教师言传身教的真实性,这是一种无声胜有声的教育。当学生发现美德就在自己身边发生着而不是一句空话时,就会坚信不疑地加以吸收,成为自己的道德财富。所以说,教育者的人格是教育事业中的一切,没有教师给学生个人直接的影响,深入到学生性格中的真正教育是不可能有的。无数教育实践证明,同一教育内容,由不同的教师传授,所获的效果会大不相同,这往往是由教师的个人素质差异引起的。

三、养成教育的保障环节——加强学校管理的科学化、规范化

管理育人,管理制度是重要载体。管理者在管人管事的过程中,必须靠科学、规范、健全的规章制度为依据,方能有效地开展工作。制度作为一种规范体系,对人和社会的行为有着强大的导向作用。个体道德的发展塑造离不开制度的规约和引导。

好制度应当具备两个条件:第一,要符合基本的伦理原则,如公正、民主、人本等,它们是鼓励人向善的。第二,要具有很强的可行性。也就是程序合法,程序与实体统一。这里要强调程序的合法性。程序是实体的保障,现实中程序却往往被忽视和扭曲。因此,要从两方面着手,一要完善管理制度,二要加强管理制度的执行力。高等学校是一个庞大的教育体系,要处理方方面面的关系,教师之间、学生之间、行政人员之间、教职员工与学生之间等,尤其是学生管理这方面。学生是特殊群体,是受教育的对象,必须对他们有更多的关注与引导,宁严勿松、宁细勿粗,必须严格管理、细化各项规章,高效执行,使学校管理制度深入到学生学习生活的各个环节中,使制度理念、制度所代表的大学精神深入到学生心中。此外,好的制度能否实现既定目标取决于执行者,所谓"徒法不能以自行",在高校就取决于行政管理人员、后勤人员以及教师等。这就要求高校管理者和教师要树立榜样作用,以表里如一、一以贯之的言行贯彻制度精神,时时做到民主、公正、廉洁。反之,如果管理人员在制度执行中营私舞弊、贪污腐败、个人专权、拉帮结派,那么再好的制度也只会起坏作用,在高校的直接后果就是对学生无形之中的负面教育。加强学校的管理水平和管理效率将有力地促进大学生的养成教育。

四、养成教育的执行环节——考核知识与考核行为相结合

高校"两课"是对大学生系统进行马克思主义理论教育和思想品德教育的主阵地和主渠道。因此,搞好高校"两课"教学,积极进行教学改革,特别是考核方法改革具有重大意义。

从历年来的"两课"试卷评析中可以发现,相当一部分大学生理论答卷与平时表现严重不符。很多大学生卷面写得很漂亮,但是平时表现却很差,出现了严重的知行脱节、知行分离的现象。要克服这一现象,对大学生进行养成教育,"两课"考核应与学生平时表现相结合。因此,在"两课"考核方法改革中,应坚持知行统一原则,加大学生的平时考核力度,把辅导员老师对学生的日常行为评价纳入考核之中。辅导员是做学生日常思想政治工作的专职干部,对于学生的思想实际、日常行为表现有着比较全面的了解,因此,要使学生的成绩名实相符,就需要辅导员的密切配合。实际上,学生学习"两课"的实际功效,主要体现在课后的行为表现上,将辅导员对学生的日常行为评分计入期末考试成绩将有效避免学生重学习成绩,轻行为践履的弊病,对于引导学生规范自己的言行、文明修身、促进知行统一具有积极意义。

五、养成教育的实践环节——积极引导大学生参与校园文化活动和社会实践活动

一个人的思想政治道德素养形成和完善的过程,是在大量实践活动和交往中产生相应的情感体验和不断提高的过程。寓思想教育于学生的工作、生活、活动之中,一直是高校思想政治工作的闪光点。大学生在参与校园文化活动和社会实践活动的过程中进行自我教育。正是在这些活动中,人的责任意识、民主意识、法治意识、爱国意识、集体主义观念、纪律观念等经历着不断检验、不断完善的过程,最终实现自身人格的塑造,完成完整意义上的"人的现代化"。现在各个高校都比较重视校园文化建设,但在组织实施过程中应注意以下四个问题:

① 紧扣主旋律,始终将活动主题与思想政治教育主题有机结合。

② 要不断丰富校园文化活动的内容和形式,勇于创新,同时提升活动的趣味性,寓教于乐,与校园外庸俗、不良的文化娱乐活动争夺学生。

③ 打造精品,塑造品牌,不断提升校园文化活动的影响力。

④ 紧跟时代,与时俱进,在创新的同时,修改、完善、调整,甚至放弃不合时宜的活动形式和内容。

实践证明,受教育者广泛参加社会实践活动,有助于他们加深对事物的本质及其规律的理解,有助于养成他们良好的辩证的思维方式,有助于培养他们美好的情感和健康的心态。这可以说是养成过程最有效、最直接的环节,是养成教育的"知"向养成教育的"行"转化、升华的重要环节。

总之,高校养成教育是高校思想政治教育不可或缺的重要组成部分,是实现思想道德和校园文化建设的基础工作。加强养成教育,有利于规范学生的行为、提高学生基础文明素质、增强遵纪守法和社会公德的意识,有利于优化学风、净化校风,形成健康的校园文化氛围和文明风尚。当然,养成教育是一个系统工程,需要依靠社会、学校、家庭各方面的合力,需要调动、借助、依靠和发挥各方的作用。要达到更好的效果,既要弘扬中华传统美德、优秀品质,又要与时俱进,这样才能培养出适应社会发展的优秀人才。社会各界、学校各部门都应对大学生养成教育高度重视,共同肩负起对当代青年的教育责任。

第十一章 生命教育

第一节 热爱生命 成就生命

作为当代大学生,如何奏响热爱生命的人生华章,处理好时间与生命的关系,自觉抵制不良风气,形成健康的身心和性格,从而提升生命的价值,意义尤为重大。

一、珍惜时间,惜时如金

1. 以生命衡量时间

人最宝贵的是生命,而生命由时间构成。不管太阳有多长的寿命,地球有多长的寿命,与自己的一生都没有多大的关系,只有自己的时间才决定了自己的命运。人的寿命都只有短短的几十年,能够活上一个世纪的人几乎太少。不管这个世界上有多么美好的事情发生,多么美好的时光到来,人们都只能享受几十年而已。

然而,我们多数人只重视生命,却不珍惜时间。因为生命只有一次,而时间却有很多。所以,我们意识不到时间的重要性。这是人的一种本性,只注重结果,不注重过程。没有过程,哪有结果?没有时间,那有生命?当我们的过程走完,结果也就到了。当我们的时间用完了,生命也就结束了。因此我们想结果变得美好,那就注重过程吧,我们想生命活得精彩,那就珍惜时间吧!

2. 以激情点燃时间

时光老人是热情的,又是无情的,说他热情是因为他无私地把一年 365 天全部奉献给我们每一个人,谁也不多,谁也不少。因为有了时间,才有生机勃勃的春天、花木繁茂的夏天、红叶似火的秋天、白雪皑皑的冬天,才有我们幸福的生活。因为有了时间,世界上才有了生命,才使一代一代的人类诞生,是时间的热情创造了我们。说他无情,是因为他一去就不会再回头。当你匆匆地做一件没做完的事时,一天早已过去,时间永远不等人。当你回想起过去的糊涂和懒惰,会感到一丝后悔吗?也许你后悔了,可后悔又有什么用呢?时间一去就再也不回头。

人的生命是由时间构成的,当时间一天天过去,一天天减少,我们就一天天老了。每个人从出生那天就注定要走向死亡,只是每个所走的步伐不同而已,但是谁也不能违背上天的指示,违抗上天的命令。因为每个人最终都必须走向坟墓,生命的价值就在于你在迈进坟墓的过程中做了些什么。时间足以改变一个人的命运,关键在于我们是否愿意在有限的时间内做出最大量的行动。人生的意义和价值不在于你出生在哪里,而在于你是如何度过自己短暂的一生,以生命的激情点燃时间。

3. 以行动珍惜时间

伟大的哲学家狄德罗说:"知道事物应该是什么样,说明你是聪明的人;知道事物实际上是什么样,说明你是有经验的人;知道怎样使事物变得更好,说明你是有才能的人。"套用此话,假设"事物"是实现人生理想,知道实现人生理想好,你是聪明的人;知道实现人生理想不容易,你是有经验的人;知道要付出艰苦努力并真正实践了,实现了,你才是一个有才能的人。历史上凡是有成就的人无不都珍惜时间。伟大的科学家爱因斯坦与朋友有约,他站在桥头一边等一边在纸上写着,雨淋湿了衣服,他也毫无察觉。朋友来了满怀歉意地说:"不好意思,耽误了你宝贵的时间。"爱因斯坦却兴奋地说:"我非常有意义地度过了这段时间,因为在这些时候我又想到了一个出色的想法。"人生的价值就在于我们整个生命过程中为人类所做的贡献。如果我们希望为社会做出更大的贡献,体现更高的价值。那么在我们不能延长生命的前提下,只有充分利用时间来提高工作的效率,以最快的速度做最有生产力的事情。我们只有不断地提升每个时间段的价值,才能使整个生命的价值提升。

二、勤于锻炼,成就生命

1.运动承载生命

我们常说,生命在于运动。运动可以疏散人体内的郁结气,使体内的血气顺畅通达,强筋健骨,促进新陈代谢,维持人体正常的动态平衡。《黄帝内经》认为世界万物总是处于一种不停运动状态,其静止也是相对的静止,人也如此。《黄帝内经·素问》曰:"出入废则神机化灭,升降息则气立孤危。故非出入,则无以生、长、壮、老、已;非升降,则无以生、长、化、收、藏。"生命依"升降出入"的运动方式得以延续。适度的运动有利于身体健康、形体的锻炼和健美,而过度的运动不仅起不到练形的作用,反而会损伤身体,"物极必反""过犹不及"说的就是这个道理。作为新世纪的莘莘学子,我们更应该懂得运动与学习的关系。大学阶段的我们处在最富青春朝气的年龄,应像朝阳一样照亮每一处阴暗。因为我们代表着希望,好的身体可以为学习增添一块重要的砝码,有些同学却忽视了"磨刀不误砍柴工"的道理,不太愿意花太多的时间让自己分泌过多的汗液。殊不知,这正是青春的味道!让运动的汗水带走你的疲惫,让自己更有效率地投入紧张的学习,让运动的激情融入同样需要激情和斗志的学习中,让青春的身体散发出无限的活力和生机。

2.创新点缀生命

21世纪是创新的世纪、创造的世纪,各个国家的发展依赖的不再是地下的经济资源,而是人的能力的发挥和创造,尤其是大学生的创新能力的培养。创新离不开对事物的探究,传统教育的一大弊端是过分注重知识灌输,而对学生缺乏探究性的引导启发教育。长期保持独立思考精神和探求疑难问题的欲望,将会大大促进学生创新能力的提高。"应当鼓励学生独立思考、积极探索,提出独到的见解、设想与独特的做法,完成富有个人特色的创造性作品,并注重让学生在探究的过程中,不仅扩充个人的知识视野,而且形成探究的兴趣、创新性思考和学习的能力以及人格和习惯。所以,我们不仅要勇于改变客观现状的理想,养成自我加压、自我超越的人格特征,使今后能始终以昂扬的精神去开拓充满荆棘的一个个未知新领域,使他们始终把昨日的成就当成今日进取探索的新起点,获取一个又一个新成就。

3.价值成就生命

可以肯定地说,每一个生命的出现,都承载着一定的责任与义务。我们理应尽其所能地去完成自己应尽的职责和历史使命。比如,当父母赐给我们生命时,就决定了我们和父母之间的共同承载的种种责任与义务,我们要用一辈子的努力去践行它。作为一个社会人,我们不仅要成全自己的生命,还要尽其所能去帮助他人和其他的生命体,成全他们(它们)的生命,使之实现生命的价值。

在一次讨论会上,一位著名的演说家没讲一句开场白,手里却高举着一张20美元的钞票,面对会议室里的200个人问:"谁要这20美元?"一只只手举了起来。他接着说:"我打算把这20美元送给你们中的一位,但这之前,请准许我做一件事。"他说着将钞票揉成团,然后问:"谁还要?"仍有人举起手来。他又说:"那么,假如我这样做又会怎么样呢?"他把钞票扔到地上,又踏上一只脚,并且用脚碾它。而后捡起钞票,钞票已变得又脏又皱。"现在谁还要?"还是有人举起手来。这位演说家接着说:"朋友们,你们已经上了一堂很有意义的课。无论我如何对待这张钞票,你们还是想要它,因为它并没有贬值,它依旧值20美元。人生路上,我们会无数次被自己的决定或碰到的逆境击倒、欺凌甚至碾得粉身碎骨,觉得自己似乎一文不值。但无论发生什么,或将要发生什么,你们永远不会丧失价值。生命的价值不依赖我们的所作所为,也不依仗我们结交的人物,而是取决于我们本身!你们是独特的,永远不要忘记这一点!"人生价值也只有以生命来承载,用生命来彰显,才禁得起岁月的洗礼和历史的考验。

三、健康快乐,幸福人生

1. 健康是幸福人生的奠基石

上帝给了我们创造世界的智慧,而父母给了我们宝贵的生命。生命是健康的前提,健康能让生命更加完整,两者是相辅相成的,生命高于一切,而拥有健康的体魄能更方便地享受生命的乐趣。根据世界卫生组织的解释,健康不仅是一个人没有疾病或不虚弱,更是指一个人生理上、心理上和社会适应上的完好状态。心理健康是身体健康的精神支柱,身体健康则是心理健康的物质基础。良好的情绪状态可以使生理功能处于最佳状态,反之,则会降低或破坏某种功能而引起疾病。有人用"1"代表健康,用"1"后面的"0"代表事业、金钱、地位、权力、快乐、房子、爱情等,少几个"0"可以,但是没有"1",就都等于"0",所以健康是家庭幸福的基础,是事业成功的本钱。

健康是人生幸福的奠基石。拥有健康身心的人,更容易保持乐观心态,而乐观正是培养积极生活态度所不可缺少的条件。一个生活丰富的人往往懂得健康之道,把维护健康看作是生命的崇高责任。一个不爱惜自己生命的人又怎么能体验幸福的滋味呢?只有充沛的生命力,才可以抵抗各种疾病,渡过各种难关,迎接一个又一个的挑战。健康的身体是人生最为宝贵的财富,没有健康,一切都无从谈起。而拥有了健康,就可以去创造一切、拥有一切,也只有健康,才是人生最为宝贵的财富。

2. 快乐是幸福人生的原动力

保持心理健康是快乐的基础。心理健康标准在国际上有多种提法,中国传统文化关于心理健康标准有以下几个方面:

① 具有良好的人际关系。
② 适当约束自己的言行。
③ 保持情绪平衡与稳定。
④ 正确认识周围环境。
⑤ 抱有积极的生活态度。
⑥ 完善的自我发展目标。

概括起来即为:理性的自我认知、适度的发展目标、乐观的人生态度、和谐的人际关系以及顽强的应变能力。大学生选择健康的娱乐方式可以形成文明休息的良好习惯,培养良好、愉快、乐观、开朗、满意等积极向上的情绪,最终促成健康身心的养成。

保持快乐心情是人生幸福的原动力。人生中我们何尝不是在路上寻求着属于自己的欢愉？我们并不强求一定要到达终点，走在路上，就是一种尝试，并能欣赏到一路的风景，就是一种收获。所以说，人生就是一段征程，我们只是一个个的行路人，用脚步丈量路途，而这每一步或深或浅的脚印就构成了属于自己的人生。

四、远离邪教，科学发展

1. 视邪教为人生绊脚石

我国是一个多民族多宗教的社会主义国家，我国公民有信教的自由，正常的宗教活动受国家法律保护，但绝不允许任何人利用宗教进行违法犯罪活动。邪教组织是冒用宗教、气功或其他名义建立、神化首要分子，利用自造、散布迷信邪说等手段，蛊惑、蒙骗他人，发展控制成员，危害社会的非法组织，具有反正统性、反社会性、反人类性的特点。有些邪教组织将知识分子聚集的高校作为重要的渗透场所，利用各种机会对大学生进行传播活动，尤其经常利用所谓的"宗教节日"，对高校通过网络传送电子邮件、邮寄、投递宗教宣传品或乱发邀请函。大学生一定要认清邪教的罪恶本质，视邪教为人生绊脚石，崇尚科学、提倡文明、抵制邪教、反对邪教。

2. 视邪教为文明的阻碍

历史潮流浩浩荡荡，邪恶从来没有战胜过正义，古今中外的邪教从来没有哪一个能够长期肆虐于世。纵观当今世界的各种邪教，莫不是威胁人民生命财产安全和社会稳定的恐怖之源，"教主"往往不惜牺牲教徒生命，制造集体自杀或绑架、暗杀、爆炸等事件，其残忍和疯狂令人震惊。

校园应拒绝邪教。校园是培养社会主义事业建设者和接班人的重要阵地，绝不允许邪教危害青少年学生的健康成长。

3. 用科学发展观指引人生

要通过组织讲座、报告会、座谈会，组织收看有关专题教育片，通过已转化的邪教练习者的现身说法，揭露和控诉邪教对社会的危害、对青少年精神和肉体的残害，进一步帮助广大青少年学生认识邪教本质和政治目的。各级各类学校要开展以遵纪守法、崇尚科学、抵制邪教为主要内容的宣传教育活动，组织开展新学期第一次主题团日、队会、班会等活动，组织开展"校园拒绝邪教"签名倡议活动，举办法治讲座、科普竞赛、文艺演出、社团活动等科学文明、健康向上的校园文化科技活动，加大校园广播、有线电视、计算机网络和校报校刊，宣传栏以及各种刊物的宣传力度，形成"校园拒绝邪教"的浓厚氛围和强大声势。

要结合有关课程，普遍进行遵纪守法、崇尚科学、抵制邪教的教育，通过教育，使广大青少年学生遵纪守法、崇尚科学、热爱生活、珍惜生命，树立正确的世界观、人生观和价值观，自觉抵制并与邪教做斗争。

第二节 尊重生命 珍惜生命

一、生命的脆弱——正视大学生自杀

1. 寻找自杀原因

从自杀的原因分析中可以得出压力型自杀、心理型自杀、情感型自杀，以及这些类型自

杀的交叉。

压力型自杀是当前的自杀率增大现象中第一位的原因。与这种自杀率增大的趋势相比照，压力也是当前大学生所面临的头等问题。对压力的承受能力也将构成大学生的基本能力之一。大学生的压力主要有学习的压力、就业的压力和生活的压力。随着我国高等教育的逐渐发展，可以说能够进入高等学校接受教育和培训，特别是进入重点或名牌大学学习的学生的数量还是很少，很大一部分学生不能够进入理想的高等学校，特别是中国高等教育已经从精英化进入大众化，大学生再也不是"天之骄子"，学习、就业和经济困难等问题都会给大学生带来焦虑情绪。

心理型自杀主要是指因心理的非健康状况而引起的自杀事件。目前大学生应该说基本上是独生子女，这些子女一般在家庭中受到特别的关爱，实际上就是一种溺爱。这种溺爱对于进入大学学习的大学生所需要和具备的独立能力显然是不匹配的，以至于一部分大学生根本不能脱离父母而独立生活。这种类型的大学生不能正确对待挫折和困难，因自卑、失恋、受挫等心理因素引起的自杀成为大学生非正常死亡的重要原因。

情感型自杀也是近年来出现比较多的大学生非正常死亡原因。情感型自杀不仅仅是感情和爱情方面的，还包括其他类型的处理人与人之间关系的情感因素。人与人之间关系的处理不善也会给大学生带来情绪上的不利影响。这种类型的自杀一般都会与压力型自杀、心理型自杀的原因交织在一起，给学生的学习和生活造成很大程度的破坏。

2. 发现他人自杀征兆

在现实中人们未能及时阻止大学生自杀，其中很重要的原因是人们不相信他们会自杀，而绝不是自杀者没有行为"信号"。这些信号包括：

首先，个体是否具备自杀的危险因素，包括有无自杀未遂史，是否已形成了一个自杀计划，最近经历了哪些特殊应急事件，是否患有精神疾病，是否有药物和酒精滥用史，是否独居并与他人失去联系，是否有抑郁症或是否处于抑郁症的恢复期，以及是否有失败的医疗史等等。

其次，自杀前有"线索"可寻，这些线索可以是语言的（轻生念头，无缘无故道谢、告别），也可以是行为的（如表现焦躁不安、抑郁、性格改变、失眠、赠送贵重物品），书面的（如日记、信函、绘画）等。

此外，自杀的学生也可以找到"先兆"，透露自杀、暗示、开玩笑、日记、遗书等是重要的自杀预兆。据调查，青少年自杀写遗书者较多。国外资料表明，有1/6的自杀者会写遗书。受教育程度高的人，自杀前多会写遗书。

3. 舒缓自我自杀倾向

自杀是一种典型的心理不健康问题，有自杀倾向的人，通过心理调整、治疗，是可以预防的。

①培养业余兴趣爱好，寻找人生快乐。工作学习之外的兴趣很重要，只要有兴趣，运动类也好，艺术类也好，通过业余活动，会体验到人生的快乐，改变人的心情。

②鼓励寻找知心朋友。每当有烦恼、焦虑的事情时，和知心朋友说一说，会减轻你的烦恼和焦虑。有一个可以倾诉的对象，也是人生的一大乐趣。

③搞好人际关系，避免为一些琐事发生不愉快的争吵或者纠纷。毫无意义的争吵通常会使人心情变得很糟糕。不少年轻人自杀就是因为一些琐事引起的。

④多到室外活动,摆脱孤独心理的困扰。常常鼓励受情绪困扰者走出家门,参加一些有意义的集体活动,或者是旅游、散步等,让他的身心和社会融合起来。

⑤确立一个可行的人生目标,可以是长远的,也可以是分阶段的。有了目标,就有动力和希望,鼓励他顽强地活下去。

⑥心理咨询。心理医生能充分倾听来访者的烦恼,为其保守秘密并提供帮助。有必要的话,可以通过心理医生的治疗,使他的自信心得到恢复,重新树立信心,迎接美好的明天。

二、生命的美丽——珍惜自我

1.珍惜自己的生命

开展生命教育,首先要教育学生珍视生命、保护生命。其实,珍视生命的教育应该从小开始。美国某小学发生火灾,许多学生从火海中逃离出来,但老师发现少了两个学生,于是命令所有的学生到火场外去寻找他们。有一位同学认为,这两个同学一定是在火海中没有出来,于是没有向老师报告,就奋不顾身地冲进火海。这位"小英雄"最后却不幸遇难,而他要救的那两个小朋友却早就顺利逃生。更令人不可思议的是,美国学校没有表扬这个在我们看来"真正"的英雄,更谈不上追认什么荣誉称号,反而是校方因为没有教好学生如何逃生而受到了当局的处罚。作为大学生,更应该懂得如何珍惜生命。

珍惜生命首先是保护生命。一个人在成长过程中会面临各种考验,有些考验甚至是灾难性的。学生自身要学会保护生命,同时,教师作为学生成长的守护者,既要关注学生精神发展的规律,又要教给学生各种生存的知识、面对各种生存危机的处理办法和逃生的本领,提高他们的自我保护意识和能力,防止任何可能性伤害事件的发生。

其次要明确生命是人生最宝贵的东西。生命是十分珍贵的,没有任何等价物,任何东西都不能代替它。生命对于每个人来说,只有一次,失去了就不可复得。人类的生命价值就在于它是人类创造和实施一切价值的前提与先决条件,生命的价值要求我们必须关注生命、热爱生命、珍惜生命。人的生命的意义在于谋求发展。

2.享受生命的美丽

有圣人曾经说过:"你当珍惜五件事:在老迈之前,要珍惜你的青春;在生病之前,要珍惜你的健康;在贫穷之前,要珍惜你的富裕;在忙碌之前,要珍惜你的空闲;在死亡之前,要珍惜你的生命。"

老迈就意味着老态龙钟、白头鹤须、满脸皱纹,散失了青春的美丽与活力;就意味着精力衰退、体弱多病、腰酸背痛、头昏眼花,甚至耳聋眼瞎。就像傍晚时快要落山的太阳,就像秋天零落凋谢的残叶,剩下的日子不多了,所以青年人都讨厌老迈,不愿提起老迈,以免打破他们青春的美梦。为了预防衰老,他们不惜花费重金,几十、几百,甚至几千购买各种各样的护肤品,做美容,千方百计地想留住青春。但不论你愿不愿意,生命总是要老的,就像西边的太阳肯定要落山一样。从古到今,从来就没有长生不老、青春永驻的人。

青春是一生中精力最充沛、体格最强壮的黄金时代,历代的诗人、文学家都在以优美动人的诗句赞美青春,鼓励和提醒人们要珍惜青春,不要虚度年华。学知识、做学问,不管是读书还是挣钱要靠年轻,做生意、赚大钱也要靠年轻。

古人常常言及孝道,而《孝经》的开篇就告诫过,我们的身体受之父母,对自己生命的珍惜是行孝道的第一步。甚至在为人处事方面,古人也说过父母在的时候,不要轻易用自己的生命去做承诺。生命是宝贵的,死亡是可怕的。

不妨用冰心的《敬畏生命》来无限延展这个话题:"用爱面对每一天、每一个人、每一件事,心中就不会堆积烦恼;世间纷争也会减少。生命虽然很有价值,若不能好好运用,等于没有价值。面对困难,要勇于接受挑战,借由人生的历练,锻炼出柔软如水、坚强如钢的精神。生老病死是自然的法则,也是每个人必经的历程。透彻生命、明了生命的源头,就不会恐惧死亡。对于生命,谁都没有所有权,无常一来、呼吸一停,则万事皆休。"

三、大爱无疆——追求与奉献

1.追求理想与信仰

人不仅生活在社会之中,还生活在自然之中、宇宙之中,所以生命教育还可以从尊重自我、尊重他人,扩展到人与社会、人与自然、人与宇宙的关系之中,学会尊重差异、敬畏自然、胸怀社会,最终实现"美美与共,天下大同"和"天人合一"的理想境界。

信仰,是人们对于世界及人生的总的看法和总的方针。它是一种精神纽带,是一个组织或一个阶层、一个社会或一个国家的成员团结奋进的精神基础和精神动力,具有生活价值的定向功能、社会秩序的控制功能、社会力量的凝聚功能、行为选择的动力功能。

针对当代大学生出现的这些信仰危机,我们该何去何从,做出怎样的选择呢?办法是人想出来的,路也是人走出来的。首先,我们应该相信党,相信社会主义,相信共产主义,看到社会主义制度的优越性。共产主义信仰即对共产主义学说和理论的信服、敬仰和崇拜。信仰是人们的一种高级精神活动,有了信仰,人们就有了精神的寄托,有了行动的指南。共产主义信仰是一种科学的信仰,是有史以来最崇高的信仰。共产主义信仰体现着无产阶级革命者的向往和追求,是无产阶级革命者强大的精神支柱。确立了共产主义信仰,就要把在全人类实现共产主义作为自己终生奋斗的理想;就要用共产主义思想体系观察世界、观察社会、观察人生,树立科学的世界观和人生观;就要用共产主义道德原则和规范来处理个人与社会、集体与他人的关系,培养高尚的道德品质。共产主义信仰是无产阶级革命者行动的指南。

同时,我们应该自觉地学习党的理论知识,用社会主义核心价值体系和科学发展观来武装自己。树立远大的理想和抱负,坚持做有价值有意义的事情。理想是人们在实践中形成的、有可能实现的对未来社会和自身发展的向往和追求,是人们的世界观、人生观和价值观在奋斗目标上的集中体现。理想可以指引人生的奋斗目标,提供人生的前进动力,也可以提高人生的精神境界。

在多元化的世界中,人们的信仰也呈现了多元化的趋势。而大学生时期是世界观、人生观、价值观形成的关键时期,对大学生而言,如果共产主义的伟大信仰不去占领,落后的思想便会乘虚而入。因此,我们必须用共产主义的共同理想来武装我们。追求远大理想,坚持崇高的信仰。

2.奉献人生

人生的价值在于奉献,用这个关键词在百度上一搜索,结果真的有很多。老套的话语不如反思自己的敬畏,反思自己的过往。

人如果没有崇高的思想境界,就不可能有勇于献身的精神;没有净化自我的动机,就不会有牺牲自我的升华;没有挣脱单个的"我"的羁绊,再造一个有益于社会的"我"的决心,就难以实现从索取到奉献的飞跃。

人在奉献中实现自我。人除了向社会索取衣食住行,满足生存的需要;向社会索取保护,满足安全的需要;向社会索取人际关系,满足社会交往的需要;向社会不断索取,满足发展的需要外,还向社会不断奉献,满足其实现自我价值的需要。任何人实现自我价值的积累和发展过程,也是其不断投入和奉献的过程。雷锋如此,焦裕禄、孔繁森等人亦是如此。试想,他们如果没有在平凡的岗位上步履艰难地跋涉,没有在细微处洒下微笑和汗水,没有把一切献给人民的信念,就不可能在全国人民心中展现他们的价值。正确的人生观使他们认识到:人生的真正价值在于奉献,其闪光点就在于奉献。没有千百万人一点一滴的奉献,也就没有社会的发展和进步。

人在实践中走向奉献。有正确的思想但是没有社会实践,就不可能产生奉献行为。思想是行为的指南,行为是思想的实践,只有思想和行为的有机统一,才能取得实践成果。社会实践,记录着人们生活中的每一个缩影,记录着生活中每一个人的酸甜苦辣。社会的潮头,有时把你推向谷底,有时把你拥向峰巅,对自身价值缺乏正确认识的人,当你在谷底时,就会自甘沉没,一蹶不振,对生活、前途、理想缺乏信心;当你在峰巅时,又会沾沾自喜,目空一切,被胜利冲昏了头脑,而缺乏约束自我的本领。可见,积极投身社会实践,并在实践中正确把握自己,是走向成功的关键一步。倘若有人嘴里整天空喊奉献,而又不肯付诸行动,或者说的是一套,做的是另一套,那么,这个人的人生价值观念就一定很浅显,或者说根本没有形成。如果我们在实践中的每个人都能潜心培育自己的奉献精神,努力挖掘内在的奉献潜力,认真实践自己的奉献价值,那么一些无私奉献的劳动者就不再是孤立的学习楷模,而是千百万致力于献身富强、和谐的党的建设事业的精英们奉献行为的再现。

人在自我奉献中升华。由于意识环境的影响可能造成观念的异动,实践环境的影响可能造成观念的倾斜,因而,当奉献观念尚未在人的大脑中根植时,或者说,当人的意识还不能确定行为倾向的时候,即使是曾经闪现过奉献观念的人也很难完全从自我中解脱出来。即使是一个真正的马克思主义者,也不可能没有自我。关键是如何认识自我、选择自我和再造自我。所谓认识自我,是指每个人对自身优缺点的正确评价,对自身奉献能量的正确估价,对自身生存价值的正确定价;所谓选择自我,是指人们在对苦与乐、生与死、索取与奉献经过再认识之后,做出与传统观念相反的抉择的过程;所谓再造自我,是指人们在社会实践中,彻底从自私的、单个的自我中解脱出来,站在全新的、更高的起点上去认识和实践自身的价值,把"我"的奉献与对社会、单位和他人作贡献联系起来,把实现自我的价值与完成奉献的过程统一起来。倘若人们没有正确的人生观,没有随时为党和人民的事业献身的思想准备,在关键时刻就不可能有献身于党的事业的行为表现。

第十二章 挫折教育

现代社会变迁的加速和竞争的加剧给大学生造成了诸多压力和困扰,甚至带来了巨大的挫折,而挫折的负面效应直接影响大学生健康人格和能力素质的全面发展。当他们受到挫折困扰,自身又不能有效调节时,就会产生各种心理和行为的障碍和疾病,影响大学生身心健康。要加强大学生的挫折教育,根据大学生的身心发展特点和教育规律,培养大学生良好的心理品质和自尊、自爱、自律、自强的优良品格,增强大学生克服困难、经受考验和承受挫折的能力,使大学生顺利地成长长才。

第一节 挫折与挫折教育

一、概述

挫折是人们在意志行动过程中,遇到无法克服或自以为无法克服的干扰或障碍,使预定目标不能实现时所产生的紧张状态和不良情绪反应。在现实中,人的发展并非一帆风顺,难免会遇到一些曲折和坎坷。对某些人来说,坎坷和曲折是他们成功路上难以逾越的鸿沟;对另一些人来说,这些坎坷和曲折则是他们迈向成功的桥梁。大学生作为高素质、高层次的特殊青年群体,置身于社会之中,不可避免地会面临适应与发展的严峻挑战。

挫折教育是以科学的人生观为指导,以心理学、教育学为基础,结合现代思想教育的原理与机制,研究挫折产生的原因、挫折反应、挫折承受能力、挫折防卫机制、挫折心理疏导、挫折教育的途径和方法,以及建立全方位的大学生挫折教育网络等问题,进而揭示挫折教育的规律和发展趋势,帮助大学生塑造健康品格和健全人格。大量事实证明,挫折教育是新时期大学生素质教育的重要内容。它以陶冶人生、激励人生、磨炼人生、指导人生为目的,教育和引导广大大学生树立挫折意识,以楷模为榜样,自觉激活自身潜力,改变认知结构和行为模式,增强心理免疫力和挫折承受力,提高对未来生活的适应性。

2004年10月,中共中央国务院发布《关于进一步加强和改进大学生思想政治教育的意见》。《意见》强调:"要结合大学生实际,广泛深入开展谈心活动,有针对性地帮助大学生处理好学习成才、择业交友、健康生活等方面的具体问题,提高思想认识和精神境界。"国家、社会和学校越来越深刻地认识到挫折教育的必要性和迫切性,它不仅关系到个人的健康成长,更关乎国家和民族的前途。

二、挫折的原因与反应

1.挫折产生的原因

(1)自然环境

挫折产生的自然环境原因是使个体动机不能获得满足的自然的或物理环境的限制。作为自然环境中生存发展的人,必定会受到特定环境的制约和影响,从而引起挫折。对大学生来说,家庭遭受重大自然灾害、家庭成员或本人患重大疾病和家庭经济困难都会导致挫折的产生。在我们日常生活中,由于各种非人为的自然力量所造成的时空限制,也是时时处处存在的。

(2)社会环境

造成挫折的社会环境原因主要是社会环境中导致挫折的各种人为的限制、阻碍或冲突,其影响因素包括政治、经济、道德、宗教等。现代社会的三种冲突使得现代人更多地产生挫折感:一是竞争与合作的冲突。无论是求学、就职、婚姻或其他社会活动,人人都必须经受激烈的竞争才能成功。而现代人从小所受的教育又要求大家协力合作、谦让、牺牲,因此构成了强烈的内心冲突。二是满足欲望与抑制欲望的冲突。现代社会的发展刺激了人的各种欲望和需求,而经济上或传统道德上的约束又抑制了人们的欲望,这造成现代人内心的冲突。三是自由与现实的冲突,现实不能按照人的自由意志发展。内心冲突的不断加强和能量的不断累积,就会导致个人越来越难以适应他人与社会,从而产生心理挫折甚至行为失常。社会转型中发生的新现象和新问题也会冲击大学生原有的思维、意识和心理,容易诱发思想上的震荡,这也越来越成为导致大学生产生挫折的重要原因。

(3)家庭环境

大学生在进入学校和社会以前接受的是家庭教育,家庭环境在人的成长和发展的初期产生重要影响,它也是可能导致挫折产生的重要原因。家庭是塑造情感、意志、性格、品德的场所,可以促进大学生顺利成长。然而,人们的心理挫折总能找到一些家庭的烙印。家长的文化素质、道德品质、价值观念、教育方式、职业、阅历、家庭经济状况、家庭矛盾纠纷、家庭成员的健康状况以及家庭与邻里之间的关系等,都影响着家庭成员的心理状况。一些负面的影响如夫妻间的冲突、婚变以及简单粗暴的教育方式,常给子女在心理上留下阴影和创伤,从而导致挫折产生。

(4)学校环境

大学生在学校生活中可能导致挫折的原因主要包括:第一,学业原因,即学生个体在学习过程中遇到种种障碍而引起挫折,主要表现为学习方法和内容的不适应、学习目的不明确、对考试的担忧和恐惧、对专业的不满意以及教师因素带来的挫折。第二,人际关系原因,即个体在处理人际关系方面遇到障碍而引起挫折,主要表现在缺乏经验技巧不善交往、担心同学轻视自己而不愿交往、不敢与异性交往等方面。第三,恋爱原因,大学生正处在生理活动和心理活动最活跃的时期,对恋爱的需求和渴望非常强烈,但往往由于在恋爱观、道德观、人生观和自制力等方面缺乏锻炼,经验不足,容易遭受恋爱挫折。第四,就业原因,全新的就业模式给大学生的就业增加了新机会的同时也增加了压力和风险。很多大学生都担心毕业时找不到称心如意的工作,这类挫折在高年级同学身上表现得尤为显著,而且有向低年级发展的趋势。

(5)个体原因

导致挫折的个体原因主要包括生理与心理两个方面。第一,生理原因。身体有缺陷或残疾的大学生,如果自身不能正确认识和对待自身的缺陷,很容易产生自卑心理和与正常人相较之下的挫折感。另一类导致挫折产生的生理原因是容貌、身材、体质等生理上的弱势或不足,与其他同学相比,这些弱势和不足也容易让大学生产生挫折。第二,心理原因。个体在有目的的行为活动中,常常会因为一个或几个目标而同时产生两个或两个以上的动机,但是出于条件的限制,这些并存的动机不可能同时全部实现,而必须有所取舍,于是就会形成动机冲突的心理现象。如果这种心理矛盾持续得太强、太久,就可能会引起挫折。

2.受挫后的反应

挫折形成后将会对个体的情绪和行为产生影响,主要包括情绪性反应和理智性反应。情绪性反应,是指当个体在遭受挫折时伴随着强烈的紧张、愤怒、焦虑等情绪所做出的表情或行为反应。这些行为反应都是失常、失控、没有目标导向的,甚至是对自己、他人和社会会造成一定程度危害的行为。理智性反应是与情绪性反应相反的一种积极反应方式,它是个体在遭受挫折后不失常态的、有控制的、能够以摆脱挫折情境为目标的,并且能保持冷静,面对现实能审时度势,采取积极的态度来对待挫折的理智行为。这些行为的共性是"不屈不挠",是与情绪性反应相反的一种表现方式。在这里我们主要分析大学生受挫后的情绪性反应。

（1）焦虑

当个体遭受挫折,一时又无能为力的情况下,情感会产生复杂的变化反应,包括自尊心和自信心受到损害,紧张、不安、恐惧的情绪交织在一起,加上情绪上的不良刺激,就会感到焦虑,这是挫折产生后最常见的心理反应。适度的焦虑对提高效率、激发潜能有一定的积极作用,而过度的焦虑会导致心理疾病,甚至发展成焦虑症。当焦虑过度,就会导致自尊心和自信心的丧失、失败感与内疚感的产生,从而处于不可名状的烦躁心情之中。焦虑过度的学生一般都很烦躁,暴躁易怒,对某些事物特别敏感,坐卧不安,心境、食欲和睡眠都受到妨碍。

（2）固执

当个体一再遭到同样的挫折,不去总结经验教训,不听取批评劝导时,就会慢慢失去信心,失去随机应变的能力,从而形成刻板的反应方式,固执盲目地重复同样无效的行为,最终往往使个体在挫折中越陷越深,丧失摆脱困境的机会。固执行为不同于意志力,意志力坚强的个体都有明确的目标和方向,当知道方向不正确就主动加以调整,重新进行尝试。在固执的行为反应中,个体往往不能客观正确分析失败的原因,反而采用刻板的方式盲目地重复某种无效行为,是一种极不明智的对抗形式。

（3）攻击

大学生受到挫折时,常常会在情绪与行动上产生一种对有关人或物的攻击性的抵触反应,以消除来自挫折的痛苦。攻击是一种破坏性行为,可分为直接攻击和转向攻击。直接攻击是指一个人受到挫折后,把愤怒的情绪直接发泄到使之受挫的人或物上,以求得心理平衡,如大学里发生的打架斗殴、损害公物等现象。转向攻击是指受挫的个体不直接攻击使自己遭受挫折的人和事物,从而把攻击行为转向无关的人和事物。这种攻击常常是觉察到造成挫折的对象是不可能或不应该直接攻击的,比如领导、上司、父母等;或者是找不到攻击对象,自己对挫折的来源也不明确,于是便找个"替罪羊"迁怒于他人。比如,有的同学因与家人的矛盾,而与寝室同学发生争执;有的毕业生因就业无着落,而毁坏学校财物。直接攻击行为在大学生中虽然存在,但不如转向攻击行为普遍。攻击行为表现所带来的后果一般难以消除原有的挫折感,甚至会给社会和他人造成新的危害。

（4）逃避

这是一种与攻击行为相反的情绪反应。当个体遭受挫折时,其反应不表现为攻击,而以退缩的反应来适应挫折情境,表现为无动于衷、漠不关心。逃避情绪反应大多是个体在每次攻击都以失败告终，或者招致更大的挫折之后，而形成的一种情绪反应，多表现为冷漠、幻想等，借此脱离现实的困扰。受挫的大学生采取逃避的方法，不能主动自我调节情绪，是极为危险的。不但问题没有解决，长期下去还会形成不良适应，而导致不求进取，甚至产生心理疾病。比如长期在逃避的心理暗示下会因害怕考试而在考试前一天高烧不退，没有任何病因，但也不是装病，产生这种情况本人往往是无意识的，是个体借助某种生理机能的障碍来逃避困难。

（5）逆反

通常情况下，个体的行为方向和他的动机方向应当是一致的。但是，当个体遭受挫折后，如果不仅是一意孤行，更是对正确的方面盲目地持反抗、抵制与排斥态度，这种行为便是逆反。例如，有的大学生因上课时受到教师的批评，便采取逃课或不理睬教师的教学等方式来表现自己的不满。持逆反心理的人往往为了排除内心的不满，会采取一些不符合社会规范、不被允许的愿望和行为，产生一些反社会性行为。

（6）冷漠

这里的冷漠是指大学生在受到挫折后，冷漠麻木、无动于衷，对挫折情境漠然处之，它是比攻击更为复杂的反应。比如，我们有的学生干部、学生党员，一向敢于与不良现象做斗争，在发展党员程序过程中，认真负责不徇私情，但却遭到一些同学的非议，他对不良现象逐渐漠然视之，对自己工作的热情逐渐消失。冷漠并非不包含愤怒的情绪，只是个体把这种愤怒压制了，这通常危害更大。

以上所论述的只是大学生挫折心理的典型行为反应，实质上是大学生为避免再次受挫折而采取的一种自我保护。这种自我保护既有积极的，也有妥协的，但大多数是消极的。积极的行为反应有助于大学生适应挫折，化解困境，促进身心发展。妥协的或消极的行为反应虽然能暂时缓冲大学生心理矛盾，减轻痛苦和不安，但问题并未真正解决，受挫机会仍然存在。如果任其继续发展而不加改变，势必会使他们所处的环境越来越困难。

三、挫折教育的任务与目标

挫折教育就是要提高大学生的挫折认知能力，正确认识和对待所遇到的种种挫折，提高大学生主动积极地对待和处理挫折的能力，尽可能地减少、避免挫折可能产生的消极后果，使大学生能在挫折磨炼中成人、成才，使大学生学会正确地使用心理防卫机制，增强对付挫折的心理调节能力。同时，要通过课程、活动和其他形式指导大学生学会在挫折中学习，战胜挫折。总体来看，大学生挫折教育的任务和目标具体包括以下几方面的内容。

1. 加强教育，引导大学生了解挫折、了解自我

关于挫折的知识是关于人们遭受挫折后心理活动规律的知识。大学生挫折教育中的知识是运用普通的心理学、人生学和教育学知识直接为大学生服务的，专门研究挫折产生的原因、反应、挫折忍受力、挫折防卫机制、挫折心理应对等。因此，挫折教育首要的任务就是让更多的大学生了解关于挫折的基本知识，了解其原因、结果、发生机制等，在此基础上有效地应对挫折。加深大学生自我认识也是开展挫折教育的重要任务。尽管挫折产生的原因十分复杂，但是挫折发生的根本原因还是在于大学生自身。自知者智，只有对自己有充分完全的认识才能进一步完善自己，促进个人的发展，克服各种前进中的障碍，达到理想的彼岸。

2. 增强挫折承受力，保障身心健康

挫折教育是为了增强大学生在遇到挫折时应对和调节的能力，它能帮助大学生辩证地认识和对待挫折,使他们意识到挫折也可以使人们变得聪明和成熟,逆境所造成的挫折虽然给人们造成打击和压力,但打击和压力也能转变成动力,使人成为强者。挫折的承受能力与人格特征有关,那些心胸狭窄、性情暴躁、意志薄弱的大学生都通常经不住挫折打击,也最容易引起挫折感。挫折教育有助于大学生改变那些不适于发展的人格品质,培养诸如自信乐观、自强不息、宽容豁达、开拓创新等良好的人格品质。

3. 构建防卫机制,加强自我调节

挫折防卫机制是指个体受挫后为维护自己的身心健康,用自己的方式把受挫时产生的否定情绪自我解决,减少内心的冲突和不安,保证心境安宁的过程。挫折防卫机制可以起到缓解心理挫折,减轻焦虑情绪等作用。通过挫折教育,通常可以使大学生建立起积极的心理防卫机制来减缓挫折对人所造成的影响。同时,开展积极的挫折教育,可以不断增强大学生对于挫折的自我保护意识和自我调节能力。应该通过形式多样的挫折教育,鼓励大学生参加集体活动,如文体活动、素质拓展训练等,在实践中增强他们的信心,教会他们自我调节的各种方法和途径,开发他们的潜能,提高他们应对挫折的能力,从而保障他们的身心健康。

4. 开展行为和心理指导,开展危机干预

挫折教育的另外一个重要任务就是运用有关知识和方法,对那些不能很好应对挫折的大学生进行咨询和指导,帮助他们调适和舒缓各种行为和心理上的问题。这样的咨询和指导可以为大学生提供倾吐烦恼、宣泄郁闷、寻求慰藉的机会,更可以对这些同学进行指导,帮助其克服自身弱点。同时,也可以对问题较为严重的如有暴力、自杀或自我伤害倾向的个体进行及时的危机干预。

第二节 大学生挫折承受能力提升

一、挫折承受力

挫折承受力即遭受挫折后的承受能力,是指个体在遭遇挫折情境时,是否经得起打击和压力,有没有摆脱困境而使自己避免心理与行为失常的耐受能力,亦即个体适应挫折、抵抗和应付挫折的一种能力。挫折承受力较强的人,挫折反应小,挫折时间短,挫折的消极影响少;而挫折承受力较弱的人,则容易在挫折面前不知所措,挫折的不良影响大而且易受伤害,甚至会导致心理和行为的异常。因此,挫折承受能力的大小反映了一个人的心理素质和健康水平。许多人的心理问题就是由于遭受挫折而又不能很好地排解和调适造成的。增强挫折承受能力,是获得对挫折的良好适应和保持心理健康的重要途径。影响挫折承受能力的因素主要包括生理条件、生活经历、挫折频率、挫折认知、思想基础、个性特征和社会条件等等。

二、挫折承受力与心理健康

挫折对于心理健康的影响,既有消极的一面,也有积极的一面。其积极影响在于挫折会引起适度的紧张和压力,有助于人们更清楚地认识自己及所处的环境,不断调整自己,发挥最大潜能,以更好地适应环境和改善环境。人们正是在与挫折的不断斗争中才变得更加成熟、更加坚强,心理也发展得更加充分、更加健康。因此,挫折对于人的心理健康有着一定的积极意义。但是,强烈的、持续的挫折压力对于正处于知识和身心发展关键时期的大学生来讲是极为不利的。许多心理障碍和心理疾病就是由于连续受到挫折而又不能很好地调适而产生的。挫折承受力是心理健康的重要保护伞,如果挫折承受力强,则挫折的不良影响就弱,反之,挫折承受力弱则容易导致心理障碍和疾病。

1. 受挫心理障碍

所谓心理障碍是指人的心理活动或个性特征的异常。人的心理过程包括感知、记忆、思维、情感、意志、能力、性格等各种心理现象,因此,受挫心理障碍主要地表现在感知障碍、记忆障碍、思维障碍、智力障碍、情感障碍、意识障碍和人格障碍等方面。

2. 受挫心理疾病

大学生个体在遭受挫折后,常常会产生紧张、焦虑、恐惧、抑郁等不良情绪反应,如果得不到及时宣泄和疏导,长期积压,很容易导致心理疾病。常见的受挫心理疾病主要表现为:神经衰弱,它是指因挫折与冲突长期未能解决,产生了情绪紧张与焦虑,造成脑功能紊乱而形成的神经症,常常表现为情绪不稳、失眠、乏力、抑郁寡欢,患有神经衰弱的人极易产生疲劳之感,总感到精力疲乏;焦虑症,是以不安紧张、忧心忡忡等情绪障碍为主的精神症,表现的核心症状是情绪不安,这种不安是心里预料可能出现的危险、挫折等事物而感知的紧张、忧虑;强迫症,是一种患者主观上感到某种不可抗拒的和被迫无奈的观念、意向、情绪或行为的存在,明知不合理但无法控制;恐怖症,是指患者对于某些事物或特殊情景明知没有危险却产生异常激烈的恐怖反应,其特点是所表现出来的恐惧与外界刺激不成比例,并且患者能自我认识到这种恐惧是不合逻辑的;抑郁症,是一种以抑郁性情感为特征的心理疾病,主要表现为悲伤、绝望、孤独、自卑和自责,患者悲观失望、精神不振等。

这里我们提供两个自评表,读者可以根据自评表判断焦虑和抑郁的水平。

下面的"焦虑自评量表"(表12-1)可用于评定具有焦虑症状的人现在或过去一周的主观感受。表中有20条文字,请仔细阅读每一条,把意思弄明白,然后根据你最近一星期的实际感受,在表中右边对应的数字上打"√"。

焦 虑 自 评 量 表 表12-1

自测内容	没有或很少有	少部分时间有	相当多时间有	绝大部分或长时间有
1. 我觉得我平时容易紧张或着急	1	2	3	4
2. 我会无缘无故感到害怕	1	2	3	4
3. 我觉得我可能将要发疯	1	2	3	4
4. 我觉得一切很好,不会发生什么不幸	4	3	2	1
5. 我手脚发抖打战	1	2	3	4
6. 我因头痛、颈痛和背痛而苦恼	1	2	3	4
7. 我有晕倒要发作,或似乎要晕倒似的	1	2	3	4
8. 我呼气吸气都感觉很容易	4	3	2	1
9. 我手脚麻木和刺痛	1	2	3	4
10. 我因胃痛和消化不良而苦恼	1	2	3	4
11. 我常常要小便	1	2	3	4
12. 我手脚经常是干燥和温暖的	4	3	2	1
13. 我感到容易衰弱和疲乏	1	2	3	4

续上表

自测内容	没有或很少有	少部分时间有	相当多时间有	绝大部分或长时间有
14.我觉得心里烦乱或发慌	1	2	3	4
15.我心平气和,并容易安静坐着	4	3	2	1
16.我觉得心跳得很快	1	2	3	4
17.我因为一阵阵头晕而苦恼	1	2	3	4
18.我脸红发热	1	2	3	4
19.我容易入睡而且睡得很好	4	3	2	1
20.我做噩梦	1	2	3	4

评分:请将20个项目各个得分相加,得到粗分,再将粗分乘以1.25,取整数部分即可得到标准分。

判断:以50~55分为界,分值越高,焦虑倾向越明显。

下面的"抑郁自评量表"(表12-2)用于评出具有抑郁症状的人在过去一周内的主观感受。表中有20条文字,请仔细阅读每一条,把意思弄明白,根据您最近一星期的实际感受,在表中右边对应的数字上打"√"。

抑郁自评量表　　　　表12-2

自测内容	没有或很少有	少部分时间有	相当多时间有	绝大部分或长时间有
1.我感到情绪沮丧、郁闷	1	2	3	4
2.我感到早晨心情最好	4	3	2	1
3.我要哭或想哭	1	2	3	4
4.我夜间睡眠不好	1	2	3	4
5.我吃饭像平时一样多	4	3	2	1
6.我的性功能正常	4	3	2	1
7.我感到体重减轻	1	2	3	4
8.我为便秘而烦恼	1	2	3	4
9.我的心跳比平时快	1	2	3	4
10.我无故感到疲劳	1	2	3	4
11.我的头脑像往常一样清楚	4	3	2	1
12.我做事像平时一样不感到困难	4	3	2	1
13.我坐卧不安,难以保持平静	1	2	3	4
14.我对未来感到有希望	4	3	2	1
15.我比平时更容易激怒	1	2	3	4
16.我觉得决定什么事情很容易	4	3	2	1
17.我感到自己是有用和不可缺少的	4	3	2	1
18.我的生活很有意义	4	3	2	1
19.假如我死了,别人会过得更好	1	2	3	4
20.我仍旧喜爱平时自己喜欢的东西	4	3	2	1

评分：请将20个项目各个得分相加，得到粗分，再将粗分乘以1.25，取整数部分即可得到标准分。

判断：以50~55分为界，分值越高，抑郁倾向越明显。

三、如何增强挫折承受能力

要适应时代的要求，保持良好的心理状态和乐观进取的精神，大学生不仅要具有必要的知识，还应不断提高适应性，自觉增强挫折承受能力。

1.树立远大理想与科学的世界观、人生观

人具有远大的理想和坚定的信念，就会对自己理想中的奋斗目标充满希望，坚信自己所追求的目标是正确的，在逆境和挫折面前就不会悲观、绝望，而能够不屈不挠、愈挫愈勇。大学生只有树立了科学的世界观与人生观，才能正确地认识世界、社会和自己并把握人生，才能正确地对待人生道路上所遇到的各种曲折与坎坷。正确的人生观使人始终保持积极乐观的生活态度，对未来充满信心，在胜利面前保持清醒的头脑，在困难和挫折面前沉着、坚定，保持清醒、理智，客观地分析和判断。大学生只有树立了正确的世界观与人生观，生活才有动力、有压力，有正确的目标和方向，从而自觉地培养高尚的道德情感，锻炼坚强的意志品格，脚踏实地，勇敢坚定，富于开拓，才能正确对待他人，正确评价自己，摆正个人、集体和社会的关系；才能抛弃个人私利和恩怨，从而形成正确的苦乐观、恋爱观、荣辱观，真正做到"心底无私天地宽"；才能心胸开阔，豁达大度，经得起各种利益得失的冲击和各种困难、挫折的考验。

2.树立正确的挫折观

挫折观即人们对挫折的认识与评价。人们在遭受挫折之后，是否会产生强烈的挫折感和情绪反应，能否经得住挫折的打击和压力，不仅在于挫折本身的性质和程度，更主要地在于人们对挫折的认知与评价。要树立正确的挫折观，需要做到以下几个方面内容：

一是要认识到挫折的必然性。人为了维持自身的生存与发展，以及为了使种族得以延续，必须同自然界进行抗争，向大自然进行索取，而这一活动过程不可能是一帆风顺的，困难和挫折是不可避免的。同时，人与人之间社会关系的形成不可避免地会产生种种矛盾和冲突。总之，人需要的无限性与满足需要条件的有限性之间的矛盾与冲突是客观存在的，那么，挫折的产生就是必然的。

二是要认识到挫折的普遍性。从某种意义上讲，挫折也是社会生活的组成部分，人人都会遇到。从人的一生来看，挫折伴随着每一不同的发展阶段，如幼儿时期会有学步跌倒、想要的玩具得不到；青少年时期会有考试成绩不理想、人际交往发生障碍；老年时期会有职业压力、疾病缠身、生活孤独等。现实告诉我们，凡有人存在、有社会生活发生，就会有人因需要得不到满足、因天灾人祸等而遇到坎坷、遭受挫折。

三是要认识到挫折的两面性。辩证唯物主义告诉我们，挫折既有积极影响也有消极影响。挫折的两面性也是相对而言的，事情的结果往往因所处的环境等不同而出现不同结果。痛苦和磨难不仅会把人们磨炼得更坚强，而且能扩大人们的视野，扩大人们对生活认识的范围和深度，使自己成熟起来。比如，别人的嫉妒和谣言中伤一方面会给我们带来痛苦，但另一方面，也可以帮助我们认识到人际关系的复杂性，使我们变得聪明起来。

3.正确评价自我和挫折归因

如果一个人的抱负水平过低，目标很容易实现，但是不容易给人带来真正的满足感和成就感;相反,如果一个人的抱负过高,超过了他的实际能力,虽然全力以赴仍达不到目标,就会在人的心理上产生挫折感。因此,确定合适的抱负水平是降低活动风险、获得成功与自信的重要条件。一般来说,影响抱负水平的主要因素包括成就动机的强度、过去的成败经验、自信心和外界条件等。抱负水平是否合适,关系到活动的实际成就与目标期望之间的差距大小,也影响着个体不能达到目标而产生的挫折感及其反应,进而影响到对挫折的适应和耐受程度。这就要求我们既要有超越现实的理想,又要立足于现实的土壤,要善于正确评价自我,将个人的优缺点与环境的利弊等因素综合起来分析,扬长避短,挖掘有利因素,发挥个人优势。

对挫折进行正确的归因,就是要对造成挫折的原因进行实事求是的认识和分析,弄清挫折的原因是来自外部客观环境还是自身主观因素,或是主、客观因素相互交织共同起作用的。大学生如果不加分析地将挫折的原因归于外部原因,就不能对自己的行为做自我控制与自我调节,面对挫折就会感到无能为力、束手无策,从而不能尽自己的最大努力克服困难和改变所处的困境。反过来,如果把挫折的原因统统归结于个人内部原因,就可能会过多责备自己,而看不到外界环境的不利因素,从而不能有效地改善挫折处境。大学生只有以积极的态度冷静地分析导致挫折的主、客观原因,正确、及时找出产生挫折的症结所在,才能从实际出发,促使挫折情境的转变。

4.培养良好意志和健康情绪

意志品质在个体遭遇艰难险阻和重大挫折时,往往会现出重大差异。即个人对行动的目的和动机有清楚、深刻的认识,并受正确的信念和世界观调节支配,能坚持原则,使行动达到既定目标。意志品质的果断性、自制力、坚韧性都可以帮助个体克服困难与挫折。积极情绪的增力作用和消极情绪的减力作用也是比较明显的。目的性恰当、反应适度的情绪,能够为有效的机能作用和创造力提供背景性动机,对生理、心理健康产生正性作用,能引起热情、快乐、兴奋、应激、发愤等机体激活状态,增强机体活力,产生强大的生理和心理驱动力,从而对个体的学习、工作、生活和人格产生积极的影响。而任何目的性不适当、过度的情绪反应则是有害的,会产生负性作用。爆发式的情绪或持久的消沉情绪会冲击神经系统的功能,使其机能失调;过度昂扬紧张的情绪反应会引起副交感神经系统的强烈兴奋,从而破坏兴奋——抑制的动态平衡。因此,培养良好的意志品质,保持健康、乐观的情绪,对克服困难、增强挫折承受力具有十分重要的意义。

5.养成良好性格,保持和谐人际关系

性格具有非常复杂的结构,它包含着许多特征,这些特征大体可以概括为四个方面:对现实和对自己的态度的性格特征、性格的意志特征、性格的情绪特征和性格的理智特征。养成良好的性格是保持心理健康的内在动力,是增强挫折承受力的重要条件。实现性格的自我完善,要择优汰劣,更要持之以恒。不良性格不是轻易能克服的;乐观、自信、勇敢、开朗、合群、宽容、独立性、坚韧等优良性格,更不可能同时集于一身。要培养良好的性格,除了准确地了解和分析自己的性格特征外,还要有信心和自制力。在性格的自我完善中,要特别注意自爱和自信,要尊重自己的人格,相信自己的能力;要有坚强的毅力和极大的自觉性,同自我的惰性进行坚持不懈的斗争。

要战胜挫折,增强对挫折的承受能力,离开和谐的人际关系是难以想象的。建立和谐的人际关系,要坚持平等与尊重、诚实与守信、团结与互利、宽容与谅解等基本原则,坚持尊敬、信赖、友爱等肯定的态度。对其所属集体要有休戚相关、安危与共的情感,并愿意牺牲个人欲望或利益去谋求集体的发展。这样,你就会被所处的集体所容纳,被朋友所认同,就不会因人际关系的紧张而导致心理挫折,偶尔遇到挫折和失败也会有朋友伸出友谊之手。

第三节　挫折防卫机制运用与挫折心理应对

一、挫折防卫机制及其运用

挫折防卫机制实际上是个体在遭遇挫折时自身所具有的一种自我保护,以减轻各种不适的情绪和感觉,恢复情绪稳定,最大限度地达到心理平衡的适应性倾向。尽管它不能完全消除或改变挫折情景,但是如果运用得当也能起到很好的自我保护作用。挫折防卫机制是自发的调节机能,如果使用不当也会造成更严重的后果。

1.建设性防卫机制

建设性防卫机制是一种积极的挫折防卫机制,是个体在遭到挫折后,不是沉浸在痛苦和不良情绪中,而是将之转化为一种建设性的动力,把情感和精力投入到有利于社会和他人的活动中,"升华"便是最为典型的一种方式。"升华"是心理学精神分析学说中的术语,指一些本能的冲动或欲望是意识所不能接受和不能容忍的,而且与社会道德规范或法律规范相违背,不能直接发泄出来,必须改头换面,以另外的方式表现出来。大学生遇到挫折后,将自己不为社会所认可的动机或欲望转变为符合社会要求的动机或欲望,或者受挫后将自己的情感和精力转移到有益的活动中去,将不良情绪和不为社会所允许的动机转化为社会规范所接受的方向,从而保持情绪的稳定和心理的平衡。大学生在面对挫折时,最积极的策略就是把时间和精力投入学习、工作以及有意义的事情之中,以对高尚目标的追求化解内心的苦痛,从而使精神得到升华。

2.替代性防卫机制

替代性防卫机制是指个体受挫后以新的目标或活动取代原来的目标或活动,进而减轻受挫的痛苦,以获得心态的平衡,它包括抵消作用、认同作用、补偿作用等形式。第一,抵消作用是指个体以某种象征性的活动或事情来抵消已经发生的不愉快的事情,以其取代心理上的不愉快。有时,它也用来抵消自己内心的罪恶感或自认为邪恶的念头。第二,认同作用是指个体在受到挫折而痛苦时,效仿他人获得成功的经验和方法,使自己的思想、情绪、目标和言行更适合环境的要求,或者把别人具有的、令人羡慕的品格加在自己身上,提高自己的信心、声望、地位,从而降低自己的挫折感,但是"认同"如果使用不当也容易成为一种防卫反应。需要指出的是,我们所说的认同或模仿,是人们受到挫折后无意识产生的,而非有意识地学习。第三,补偿作用就是指个体借助"补偿"方式来力求克服个人的缺陷。一个人由于生理上的缺陷或心理上的不适应,致使目标无法实现而产生挫折,可以通过补偿作用来缓解受挫后的情绪和感觉,防止心理压力过大。然而,这种补偿作用的关键在于新的目标和活动是否符合社会规范,是否有利于社会、他人和自身。

3.掩饰性防卫机制

掩饰性防卫机制也被称为自骗性防卫机制,它是指个体在遭受挫折后,为了保持自尊,减轻痛苦和焦虑,常以某种借口、态度、理论或行为来掩饰自己,如合理化作用、反向作用、幽默作用等。第一,合理化作用,指个体在无法达到目标或自己的需要和欲望不符合社会规范时,为减轻或免除因挫折而产生的焦虑和痛苦,于是寻找种种理由自圆其说或以值得原谅的借口替自己辩护。换句话说,"合理化"就是制造"合理"的理由来解释并遮盖自我的伤害。"合理化"是日常生活中人们使用最多的一种挫折防卫机制,它的表现形式有"推诿""酸葡萄心理"和"甜柠檬心理"等。第二,反向作用,指个体把自己的一些不符合社会规范或不被允许的动机或欲望,以一种截然相反的形式表现出来,以掩盖隐藏本意从而避免或减轻自尊心受损。这种外在的态度和行为与内在的欲望或动机相反的现象就是反向作用。如果使用得当,它在一定程度上可以掩盖个体的真实动机,维护其自尊,但长期过度使用,不断压抑自己内心的欲望或动机,且以相反的行为表现出来,则会造成自我意识扭曲,动机与行为脱节,容易产生严重的心理困扰。第三,幽默作用,个体在遇到挫折、处境困难或尴尬时,用幽默的方式来化解困境,以维持自己的心理平衡,这种防卫机制称为幽默作用。幽默不仅是一种聪明机智的举动,更是心理修养较高的体现。一般来说,人格较为成熟的人常懂得在适当的场合,使用合适的幽默化险为夷、渡过难关或面对窘境。

4. 逃避性防卫机制

逃避性防卫机制是指个体受挫后,通过某种途径或方式回避面临的挫折情境,以解除不安和焦虑,如潜抑作用、退化作用、否定作用、幻想作用等。第一,潜抑作用,它是个体在遭受挫折以后,把意识所不能接受的、使人感到困扰或痛苦的思想、欲望或体验不知不觉地压抑到潜意识之中,不再想起,以保持内心的安宁。个人常常有意无意地将由不愉快的或痛苦的经验所产生的焦虑压抑,以保持内心的平静与安宁,表面上它使事情忘记了,而事实上它在潜意识之中形成"情结",一有机会就可能会在潜意识中干扰人的正常情绪,甚至表现为无名的焦虑。第二,退化作用,是指个体受挫后,采取倒退到童年或低于现实水平的行为来取得别人的同情和关怀,从而逃避紧张和焦虑。第三,否定作用,它与潜抑作用相似,但其方法并不在于把已发生的痛苦有目的地"忘却",而是彻底加以否定,认为根本没有发生过,以此来躲避心理上的不安与痛苦。第四,幻想作用,指当个体的动机或欲望受到阻碍无法实现时,便以想象的方式从现实中脱离出来,在幻想中获得满足。

5. 攻击性防卫性机制

攻击性防卫机制是个体在遇到挫折后,将焦虑或愤怒的情绪转移到其他的人或事物上,以维持自身的心理平衡,如移位作用、投射作用等。第一,移位作用,它是指将在一种情境下是危险的情感或行为,不自觉地转移到另一种较为安全的情境中释放出来。迁怒也是一种挫折心理的防卫机制,它是把对某一事物的强烈情感不自觉地转移到另一事物上,以缓解、减轻本身精神上的负担。第二,投射作用,它是指个体将自己不喜欢的或不能接受的而自己又具有的观念、态度、情感、欲望以及某些性格特征转移到别人身上,认为别人也是如此。这是一种凭主观想法去推及外界的事实,或把自己的过错归咎于他人的防卫方式。如果长期使用,就会对他人形成敌对的、难以容忍的以及怀疑心重的态度,妨碍与他人之间良好的人际关系,甚至会引起更多的麻烦。

很明显,运用迁怒等攻击性防卫机制,必须掌握一定的度,不应伤害和影响到他人,不能违反社会道德标准和法律规范,不能给社会带来不良后果等。

二、挫折心理调适

挫折的发生是经常的、不可避免的。要想尽快地摆脱不良情绪,恢复心理平衡,更好地适应周围环境,关键还在于受挫者学会自我调节。即使受挫后寻求他人帮助,接受心理疏导,最终也是要通过受挫者自身的心理调节来起作用。

1. 动机化解冲动

众所周知,我们的行为都是在动机驱使下进行的。人们在有目的的行为活动中,常常会遇到两个或两个以上的目标而产生两个或两个以上的动机。但是由于种种条件的限制,这些目标或动机不可能同时获得实现或满足,因而便会发生动机冲突。如果动机冲突过于强烈或者持续时间过长,就可能引起强烈的心理挫折,影响人的身心健康。因此,必须对活动中的动机冲突进行化解。

首先,要承认矛盾,正视冲突,而不能回避矛盾,掩盖冲突。因为矛盾、冲突是绝对的,只有正视它,对它进行及时而认真的分析,才能找到有效的途径和进行最有利的选择。回避冲突,只能使人失去理智而导致错误的抉择。

其次,要摆正国家、集体和个人利益三者之间的关系。当自己的动机和行为与集体和人民的利益或社会规范发生冲突时,要自觉地把集体、人民的利益放在首位,提高自己的思想境界,用正确的、高尚的动机代替不正确的、低级的动机。

再次,选择适当的满足动机或需要的方式。当自己的需要、愿望与客观现实发生矛盾而不能同时得到满足时,解决冲突的办法,就是要实事求是地重新衡量主客观条件、权衡利弊,或适当调整自己的目标和要求以彼此兼顾;或选择一部分,以满足主导动机,减缓冲突;或全部放弃,另辟路径,以满足新的需要;或暂时搁置,推迟解决,以缓解冲突等等。

总之,化解动机冲突,并非轻而易举的事情。它不仅取决于当事人整个心理发展水平的成熟程度,也与个人的思想素质和认识水平有着密切的关系。在大学生选择自由度增加的同时,其所面临的动机冲突也在增加。因此,正确解决个人的动机冲突,对于适应社会减少挫折具有重要的意义。

2. 挫折压力的自我调节

(1) 正确认知

对挫折的不合理认知是产生挫折情绪反应和心理压力的重要原因,因此对挫折有正确合理的认知就成为挫折压力自我调节的关键。第一,要充分认识到挫折是不可避免的,是普遍存在的。生活之所以丰富多彩、绚丽多姿,就是因为它有喜怒哀乐、苦辣酸甜。挫折是生活的组成部分,世界上的一切事物都是在挫折中不断发展、前进的,人生也是在与挫折的抗争中不断走向成熟的。其次,要认识到挫折具有两重性。一方面它给人带来痛苦和压力,另一方面也可以使人奋起,给人以勇气和力量。罗曼·罗兰曾经说:"痛苦这把犁刀,一方面割破了你的心,一方面掘出了生命的新的水源。"事实告诉我们,只要能从挫折中认真总结受挫的原因,把失败的教训变为前进的动力,今后的事情就一定能办得更好。

(2) 主动进攻

这是指个体在遭到挫折之后,审时度势,冷静分析,以积极进取的态度改善挫折情境,减轻挫折压力。如果是由于自身知识、能力不足而受挫,那么就要继续挖掘潜力,增强实力,以更加坚定的毅力与恒心致力于既定的目标,以期获得成功。如果确实遇到了无法克服的障碍而不能达到既定目标,那么不妨"绕道而行",以求得殊途同归的效果。例如,有的人几次高考都失败后,于是寻求电大、夜大、自学考试等途径,来满足自己求知的愿望。如果对某一既定目标的追求屡试屡败,那么还可考虑改换目标另谋出路,当生活给你关上一扇门的时候,同时会给你打开一扇窗。

(3) 心理疏导

挫折的产生是不以人的主观意志为转移的,如果还不具备足够的知识和能力从正面去应对挫折,还可以运用心理疏导的方法和技巧来减轻心理负荷。常用的方法除了前面已提及的宣泄、移情、升华外,还有自我暗示法、呼吸调节法、音乐调节法和系统脱敏法等。

自我暗示就是以某种观念和信息来影响自己,它是通过语言、表情等各种信号来调整自己对事物的认知、情感、意志和行为,有积极和消极之分。积极的自我暗示对于改变个体对挫折情境的认知和感受,缓解心理紧张和压力,有着良好的效果。比如,愤怒时可在心里不断地默念如"发怒只能使事情变得更糟"或"冲动是魔鬼";考试怯场时,可用暗示的方法鼓励自己,如"我学得不错,紧张只能使自己发挥不好"或"我觉得题难,别人也未必觉得容易"等。自我暗示还可以将提示语写在书本上、条幅上、床头边或书桌上,以便经常鞭策自己。

呼吸调节法,是指通过调整呼吸来使身体得到松弛,进而缓解精神紧张。比如深呼吸练习,其做法是:平躺在地毯或床垫上,两肘弯曲,两脚分开20～30厘米,脚趾稍向外,背躺直。对全身紧张区逐一进行扫描,将一手置于腹部,另一手置于胸前。用鼻子慢慢地吸气,进入腹部,置于腹部的手随之舒适地升起,然后微笑地用鼻子吸气,用嘴呼气,呼气时轻轻地、松弛地发出"啊"声,好像轻轻地将风吹出去,使自己感到松弛。这样的练习每天进行1～2次,每次5～10分钟,2周后可延长至每次20分钟。

此外,还有系统脱敏法、音乐调解法等。前者是一种对付受挫后的紧张与焦虑的有效方法,其特点是通过在想象中对现实生活中的挫折情境和使自己感到紧张、焦虑的事件预演,学会在想象的情境中放松自己,从而达到能在真实挫折情境和紧张场合下对付各种不良的情绪反应。后者是通过音乐的频率、节奏和声压引起人的心理和生理上的反应来改善人的情绪,从而消除受挫后的紧张、焦虑、忧郁、恐惧等不良心理状态。

案例:

在挫折中找寻希望,人生终将辉煌

新东方教育集团董事长兼总裁、民盟中央委员、民盟中央教育委员会副主任、第十届中华全国青年联合会常务委员、第八届中国青年企业家协会副会长俞敏洪是当代大学生心中的偶像。他的成长历程充分说明了承受失败和挫折的能力对于成功的重要性。俞敏洪高考三次才成功,在读书期间又患上肺结核休学。在北京大学的那段时间里,没有一个女孩子看上他,用他的话说就是"对爱情的渴望使他看到任何一个女孩子都想扑上去"。后来,他毅然从北京大学辞职下海创业,创办今日的新东方。创业之初的艰辛和挫折更是至今让他唏嘘不已,除了生活的困难,还有来自竞争的威胁甚至是伤害。然而,俞敏洪都坚持挺过来了。如今,新东方已经在纽约证交所成功上市,开创了中国民办教育发展的新模式,俞敏洪身价暴涨成为中国最富有的教师。俞敏洪常言是挫折造就了他的人生,他接下来的这段即兴发表的感慨一定会让听者热血沸腾、激动不已,更会激励我们战胜挫折,勇往直前。

"人的生活方式有两种,第一种是像草一样活着,你尽管活着,每年还在成长,但是你毕竟是吸收雨露阳光,但是你长不大。人们可以踩过你,但是人们不会因为你的痛苦,而他产生痛苦;人们不会因为你被踩了,而来怜悯你,因为人们本身就没有看到你。所以我们每个人,都应该像树一样成长,即使我们现在什么都不是,但是只要你有树的种子,即使被踩到泥土中间,你依然能吸收泥土的养分,自己成长起来。当你长成参天大树以后,遥远的地方,人们就能看到你;走近你,你能给人一片绿色,即使有一天人们离开你,回头一看,你依然是地平线上一道亮丽的风景。活着是美丽的风景,死了依然是栋梁之材,活着死了都有用。这就是我们每一个同学做人的标准和成长的标准。"

第十三章 法治教育

　　法治教育就是培育大学生良好法律品质、提高法律意识、增强法治观念的有效途径,高校必须发挥法治教育这一主阵地的作用,不断提高大学生运用所学到的法律知识,观察、分析和解决实际问题的能力,提高辨别是非的能力,在实践中依法自觉地约束自己的行为,指导自己的行动。因此,进一步加强高校大学生的法治教育,构建完善的大学生法治教育体系,培养大学生法治观念和法律意识,切实提高大学生的法律素养具有特别重要的意义。

第一节　加强法治教育　增强法治观念

　　大学生的法律行为是在一定法治观念支配下进行的,法律知识的学习固然重要,但是领会法治精神,培养现代法治理念,是提高大学生法律素质的关键。大学生法治教育的重点应该是法治观念的正确引导,尤其应重视培养他们对法律的信仰。法律信仰就是人们对现行法所持的一种尊重、信赖并积极认同的态度。如果没有正确的法治观念的支撑,就失去了对现行法律的尊重与信赖,即使有丰富的法律知识,仍可能经受不住私欲的诱惑而违法甚至犯罪。

　　下面就从加强大学生法治教育的意义、当前大学生法治观念的现状、培养大学生法律意识的途径三个角度进行阐述,这是大学生法治教育的基本出发点,只有先解决了这些问题,法治教育的进行才会顺利,才会有意义。

一、加强大学生法治教育的意义

　　大学生法律意识的强弱、法律素质的高低,不仅关系到各种人才整体素质的高低问题,而且将直接影响到我们建设社会主义法治国家的进程。必备的法律素质已成为现代公民特别是青年大学生立足社会的基本要件。高校进行法治教育的目的不仅是使法治观念深入人心,逐步提高大学生的法律意识,而且还希望大学生将这种成果带入社会,使其不仅成为法治教育的受益者,而且还是法治教育的传播者。因此,加强高校法治教育,提高大学生的法律素养,是全面推进以思想政治素质为核心的素质教育,培养德智体全面发展的社会主义合格建设者和可靠接班人的需要,也是维护社会稳定与建设社会主义法治国家、实现全面建设小康社会宏伟目标的需要。

　　首先,加强大学生法治教育,是引导和保障大学生健康成长的重要保证。大学生正处于生理和心理的生长发育阶段,辨别是非观念比较差,自控能力比较弱,可塑性却很强,容易受到各种消极因素的影响。近年来,大学生触犯法律的案件数量逐渐增多,已成为危害社会安全的因素之一。当代大学生违法犯罪呈现出广泛性、突发性和团伙性等特点。广泛性是指犯罪主体涉及大学生各个层次,包括本科生、硕士生、博士生,以及犯罪内容的广泛,包括危害国家安全、偷盗、抢劫、强奸等。突发性则指犯罪动机形成具有明显的情景性,大学生往往是在遇到外界事物刺激、理智失去控制、情绪激动的情况下实施犯罪。违法犯罪的动机以及主观目的都比较盲目、单一,经常是因一两句言语不和或者是所谓"哥们义气",众人附和,一哄而上。高校法治教育不仅要使大学生养成学法、知法、守法、护法的习惯,还要让法治观念深入大学生内心,培养学生的法律信仰,并以之为行为的最高准则,从而引导和保障大学生的身心健康。

其次,加强大学生的法治教育,是全面提高大学生素质,维护高校安全与稳定的内在需求。高校开展法治教育有利于强化大学生的社会主义道德观念,使法律由外在的行为规范变成自觉遵行的道德规范,自觉地将自己的行为纳入国家法治建设的轨道,从而强化社会主义道德意识,自觉遵守社会主义道德规范,提高思想道德水平,从全方面提高自己的素养。大学生只有具备了良好的法律意识,才能使守法由国家力量的外在强制转化为自身对法律的权威以及法律内含的价值要素的认同,依照法律行使自己享有的权利和履行自己应尽的义务;就会充分尊重他人合法、合理的权利和自由;就会积极寻求法律途径解决纠纷和争议,自觉运用法律的武器维护自己的合法权利和利益;就会主动抵制破坏法律和秩序的行为等。加强对大学生的法治教育,使他们树立法治观念,可以有效地减少内在的不安定因素对学生的影响,让他们在脑海中时刻绷紧法律这根弦,减少校园违法犯罪案件的发生,有助于维护学校自身的稳定和构建和谐平安校园。

其三,加强大学生的法治教育,是国家法治建设的百年大计,是建设社会主义法治国家的长远方针。加强大学生法治教育,从根本上讲,就是要通过提高大学生的法律素质和现代法治观念,培养适应社会主义市场经济、实施全面依法治国基本方略、建设社会主义法治国家需要的遵纪守法、依法办事的一代新人;造就一批依法管理国家社会事务、经济文化事务,在观念和行为上与国际接轨,积极参与国际竞争,依法维护国家的利益,切实担负起强国兴国重任的现代化合格人才。

二、当前大学生法治观念的现状

求木之长者,必固其根本;欲流之远者,必浚其泉源。随着国家对法治教育尤其高校法治教育重视程度的逐年提升,各大高校积极响应国家的号召,按照有关规定,通过设置专门的法律基础课等方式,提高大学生的法律意识和法律素质。近几年来,高校的法治教育有了很大的进步。但是,当前高校大学生法治观念的现状并不乐观,其主要表现为:

1.大学生法律知识储备与受教育水平不相当

大学生认同法律在社会中的重要性,但法律知识知晓程度与受教育水平不相当。知识是观念的基础,没有足够的法律知识的积累就不可能形成牢固的法治观念。高校大学生学习过一些法律知识,但整体法律知识水平还比较低,只对我国现行法律略知一二。想通过几个学时的法律基础课使非法律专业大学生都具备全面的法律知识几乎是不可能的。正如"硫酸伤熊"案当事人清华大学学生刘某所言:"我们上大一时就学了《法律基础》课,学了民法和刑法,但我只知道猎杀野生动物违法,用试剂烧伤动物园里的动物是不是违法就不清楚了……"又比如很多大学生对《中华人民共和国宪法》这部国家根本大法的了解依然很欠缺,以至于不清楚国家机构的设置,从而欠缺大学生应具有的基本法律意识,也不能深入认识公民的基本权利和义务,不懂得如何依据宪法规定行使选举权、言论自由等公民的基本权利,无尊重他人基本权利的观念;或当大学生权利受到侵犯时,也不知通过法律途径来保护自己的合法利益。

2.大学生法律意识淡薄

由于目前大学生法律知识水平总体偏低,导致部分学生法治观念淡薄和法律观点错误。

主要表现在:一是权与法的关系分不清。有些学生认为,在当今的中国,仍是权大于法,有权人可以凌驾于法律之上,不受法律的约束。二是违法与犯罪的界限分不清。有相当一部分大学生认为,违法就是犯罪。三是混淆了社会主义法律与社会主义道德的关系,有部分大学生认为违反道德的行为都是违反法律的。四是把握不住权利和义务的界限,大学生往往过分地强调权利,而忽视了行使权利的同时有不得侵犯国家、集体、社会利益和他人权益的义务。五是体会不到法律的作用,有个别学生只知道法律是用来打击犯罪的,而没有体会到法律在社会生活中对个人合法权益的保障作用。淡薄的法治观念使大学生面对自己的合法权益受到不法侵害时不懂得用法律手段来维护,或不相信法律的作用,甚至放弃法律的武器,采用报复的手段来讨回"公道"。

3. 知行不统一,没有形成良好的法律习惯

大学生认同法治,并意识到法律的重要性,但有时当他们做出行为选择时,却出现了极大的矛盾。比如,当过马路遇到红灯,而路上恰巧没车也无交警时,很多大学生都会选择和别人一样径直走过去;在处理个人感情方面,个别学生会丧失理智采取过激的暴力行为;在个人利益、亲情和法律面前,部分大学生会选择前两种而置法律于不顾;个别学生无视学校校规校纪,把社会上的不良风气带入校园,出现了赌博酗酒、打架斗殴等现象;当经济上难以担负无谓的消费时,便出现了偷窃钱财、电脑、手机等不良行为。这些都体现了大学生较差的守法自觉性,遇事较为冲动的性格特点,在日常行为中对法律"学而不用",使法律权威在利益、情感面前大打折扣。由此可见,个别大学生法治观念的强度还没达到指导行为的程度,还没有形成良好的法律习惯,法治教育的目的还没完全实现。

4. 大学生违法犯罪具有明显的上升趋势

根据中国犯罪学研究会会长、北京大学法学教授康树华所做的一项调查显示,近几年,青少年犯罪占到了整个刑事犯罪的70%~80%,其中大学生犯罪约占17%。多数犯罪的大学生案发后都后悔不已,但已无济于事。

归其原因,首先,从课程设置的角度来看,高校法治教育课程内容与教学时间比例严重失调。当前高校进行法治教育的主要方式是开设法律基础课。由于课时少,内容庞杂繁多,不可避免地造就了教授者犹如蜻蜓点水,匆忙赶进度,简单地进行一系列知识罗列和堆积;学习者疲于应付,死记硬背,应付过关考试,教学效果大打折扣。法治教育课程缺乏应有的连续性,法治教育非一朝一夕就能完成,缺乏对学生日常法治观念、法律意识的长期系统性的培养。教学模式依附传统,缺乏创新,教师在授课过程中过分注重知识灌输,片面追求传授应用性法律知识的容量,必然挂一漏万,法律规定难以成为指引学生行为的有效规则。以致部分大学生虽然掌握了法律知识,在现实生活中遇到问题时仍然只会听从本能。这种传统教学模式导致了法治教育理论与实践的脱节,没能真正调动青年大学生学习法律知识、运用法律武器解决实际问题的积极性和主动性。

其次,对高校法治教育的内容和目标认识不清。在教育内容上重义务、轻权利,导致权利、义务的错位。教师向大学生灌输最多的是:法律是约束人们行为的规则,法律意味着约束,法律意味着义务。这就导致大学生认为自己不过是义务主体,而非权利主体,其结果是大学生消极守法,法治教育也就难以收到预期的效果。有些教师在教学中把法律素质的高低等同于法律知识的多寡,非常努力地为学生灌输法律知识,却忽视了更为重要的信仰教育,即培养学生对法的信仰。

再则,对大学生进行法治教育的环境不尽如人意。我国法律制度不尽完善,让一些不法分子有机可乘,违法犯罪活动时有发生,又由于监管制度不健全,少数政府官员以权谋私,贪污腐败。这些都损害了法律的尊严和公信力,容易造成大学生法治观念的淡化。高校是一个相对封闭的小环境,师生对社会上的不良现象防范意识薄弱,思想上麻痹大意。一部分学生低估了法律在现实社会中的作用,把权力、关系、背景看得很重。一些大学生观念陈旧,认为只要不违法、不犯罪,法律就跟自己没关系。

三、多管齐下,培养大学生的法治观念

事物的发展总是内外因共同作用的结果,高等学校的法治教育是为了增加大学生法律知识的储备和提升其法律意识。法治教育的发展,从制度上和环境上促进外因的作用提升,同时,结合思想道德教育使法治观念深入人心,完成内因的作用,在内外因共同努力下,促使大学生法律意识提高。

第一,发挥课堂教学主渠道、主阵地作用。高校法治教育是认同规范、接受规范和消化规范的教育,是培养自觉、自愿守法精神和体现现代化法治理念的教育。高校进行法治教育的主要载体是法律基础课,这是进行普法教育的主要阵地,通过课程设置,帮助大学生确立遵纪守法意识,提高自觉性、增强免疫力、自控力和抵制力。同时,帮助大学生提高自我防范意识,使自己免遭不法侵害和自身权益受到侵犯时可以进行有效地维护。课程中,除了教授一些基本的法律理论知识,还应多通过实践活动,结合法律实例进行讲解,如"模拟法庭"活动、邀请法律实践者开展法律讲座、亲临法院庭审现场旁观等。对法治教育的评价也应突破以试卷分数为衡量标准的方式,更多地突出学生的实践能力。哈佛大学法学院前院长郎代尔教授曾经说过:"有效地掌握法律原理的最快最好的途径之一是学习那些包含这些原理的案例。"案例要选得准,分析透彻,以达到以例学法、举一反三的效果。同时,在专业课程教学中渗透法治道德教育,注重发挥专业教师潜移默化的教育作用,通过教师无形的引导,使学生在学习中获得双丰收,在专业学习中提高自己的法律意识。

第二,调整法治教学内容,改变大学生法律权利和义务观。法学大师德沃金说:"在一个承认理性的政治道德的社会里,权利是必要的,它给予公民这样的信心,即法律值得享有特别的权威。"权利观念的培育有助于增强对法治的信任、信仰与信心。义务与权利是相伴发生的,权利与义务、价值与责任,本是一对对立统一的概念,没有"无义务的权利,也没有无权利的义务"。当今社会,由于受法律权威性的影响,我们更多强调的是义务,而淡化了我们的权利。因此,在大学生中发生了很多自身权利受到侵害而不了了之的现象。因此,大学教学内容应适时做调整,由以往的单纯教授法律理论转变为守法与用法相结合,关注和尊重大学生自身的合法权利,促成大学生法定权利的积极实现,把权利和义务观念、法律思想和法律心理教育协调起来,实现大学生法律权利和义务的和谐。此外,大学生法治教育应贯穿整个大学学习阶段,其内容随着大学生的成长需要而具有连续性与实用性,如在大一、大二学习法律基础课程,到了大三特别是临近实习和毕业时,学习如《劳动法》《劳动合同法》《社会保障法》等与大学生未来就业联系紧密的法律,法治教育的效果应该是可以预期的。

第三,坚持依法治校,营造良好的守法氛围。依法治校是高等学校实践全面依法治国基本方略的具体步骤。高校是整个社会的缩影,学校本身的管理水平和法治状况会直接或间接地影响学生对法律的信任,进而影响学生法律素养的形成。实现教育管理法制化,既是高校自身发展的需要,也是加强学生法治教育、提升学生法律素养的需要。近年来,高校在学生违纪处理、学位证书颁发等方面频频被学生告上法庭,充分证明了加强依法治校的紧迫

性。高校要依法建立健全各项管理规定,使校园管理有法可依、有章可循。所制定校园规章不得与国家其他法律法规相抵触,内容上以人为本,改变过去重义务、轻权利的做法;程序上公开、公平、公正,充分征求师生意见,广泛进行讨论。

第四,根据大学生的心理特征进行法治道德教育。大学生有较强的自尊心且容易产生逆反心理,对社会上的种种不良风气、不良环境抱有既痛恨又认同的心理。针对这一时期大学生的心理特征,同时结合心理教育,进行法治教育会起到事半功倍的效果。当代大学生违法犯罪的主要原因是法律意识淡薄,很大程度上是由于心理发育不成熟,不良情绪占主导地位。归纳起来,社会优胜劣汰的竞争机制、家庭过高的期望与自身能力差异等所产生的压力使部分大学生心理抑郁,如果找不到合适的方式排解,极有可能通过犯罪的方式释放出来。如北京某高校学生马某携仿真枪绑架案,以及许多大学生因恋爱失意而伤害对方等,都是因为心理脆弱而诱发的犯罪。因此,高校要有意识地开设心理健康知识讲座,提供心理咨询服务,引导大学生控制情绪,增强社会应变能力,学会处理现实与愿望的矛盾,学会自我调适,做事理智思考,形成乐观向上、积极进取的精神。引导大学生建立和谐的人际关系,充满信心地对待生活。正确处理恋爱与性的问题,以严肃的态度对待爱情,正视恋爱关系,保持稳定的情绪与健康的心理。

第五,提高大学生的法律意识,营造良好的法治教育环境和氛围。充分利用校园这一特定的文化传递空间,校园法治环境对大学生法律素质的形成和发展起着潜移默化的作用,高校应坚持以德治校与依法治校相结合,按照法治社会的要求,规范办学和管理行为,明确学校与教师之间、学校与学生之间以及师生之间的权利义务关系,形成良好的校园法治环境,为大学生法律素质的提高营造良好的法治氛围,让大学生体验到法就在身边,使其在日常学习生活中受到法治教育。此外,各高校多渠道、多形式、不间断地开展法治宣传教育,通过橱窗、阅报栏、校报、校园广播、法治讲座、校园网等加强法治宣传,形成浓厚的校园法治教育氛围。积极完善我国的法律制度,因为大学终究只是一个过渡期,大学生最终要走向社会。大学生在校期间,也容易受到校外不良风气和消极事件的影响,因此,有必要为大学生提供一个良好的校外环境。

知识链接

《中央宣传部、司法部关于在公民中开展法治宣传教育的第七个五年规划(2016—2020年)》指出:党的十八大以来,以习近平同志为总书记的党中央对全面依法治国作出了重要部署,对法治宣传教育提出了新的更高要求,明确了法治宣传教育的基本定位、重大任务和重要措施。十八届三中全会要求"健全社会普法教育机制";十八届四中全会要求"坚持把全民普法和守法作为依法治国的长期基础性工作,深入开展法治宣传教育";十八届五中全会要求"弘扬社会主义法治精神,增强全社会特别是公职人员尊法学法守法用法观念,在全社会形成良好法治氛围和法治习惯"。习近平总书记多次强调"领导干部要做尊法学法守法用法的模范",要求法治宣传教育"要创新宣传形式,注重宣传实效",为法治宣传教育工作指明了方向,提供了基本遵循。与新形势新任务的要求相比,有的地方和部门对法治宣传教育重要性的认识还不到位,普法宣传教育机制还不够健全,实效性有待进一步增强。深入开展法治宣传教育,增强全民法治观念,对于服务协调推进"四个全面"战略布局和"十三五"时期经济社会发展,具有十分重要的意义。

第二节 加强法治教育 增强自我保护能力

大学生的法治教育不可能要求人人都成为法律专家,应以培养大学生的法律意识为最根本目标。即培养大学生的权利、义务和责任的意识,让他们懂得用法律维护自己的合法权益,同时也应当依法承担法律上规定的义务。权利是要争取和维护的,而义务的不履行就转化为责任,因此权利、义务和责任意识可以被概括为维权意识和责任意识。大学法治教育的目的就是提高大学生用法的水平,提高大学生依法维权的能力,并且借大学生来提高全社会的法治意识和维权能力,促进社会主义法治社会的建设。

一、学习法律常识——法治教育的坚实基础

知法是守法和护法的前提,没有一定的法律知识的积累,就谈不上法律意识的培养和法律素质的提高。"通识"是指大学生普遍要掌握的、通常要具备的法律知识,帮助大学生从整体上了解我国社会主义法律体系的基本框架,正确理解宪法的特征和基本原则、我国的基本政治经济制度和国家机构之间的相互关系;增强宪法意识以及对国家基本制度的认同感和国家主人翁责任感。正确理解主要部门法的基本原则和立法精神,明确公民在相关法律关系中的权利和义务,树立正确的权利义务观念,增强对社会主义法律制度的认同感和维护法律尊严的责任感。帮助大学生了解我国的行政、民商、经济、刑事等基本法律制度的体系框架;理解我国民法和刑法的基本原则;领会行政行为与行政责任、民事行为与民事权利和民事责任、消费者的权利与救济、合同的订立与效力、知识产权及其保护等法律规定的精神。帮助学生了解我国的行政、民事和刑事诉讼法,以及仲裁和调解制度的基本框架和基本程序;增强依照法律程序维护合法权利的意识等。

其重点包括两方面:一是帮助学生增强社会主义法治观念,二是帮助学生解决成长成才过程中遇到的实际法律问题。这样将"通识"与"需求"相结合,既能普及法律知识,又能照顾到学生用法律解决具体问题的需要,增强法治教育的针对性。法治教育不能贪多求全,要突出重点,有针对性,要解决问题。例如,根据我国相关的法律规定,与大学生切身利益息息相关的常用重点法律法规法条,希望在校大学生能熟悉:《中华人民共和国教育法》《中华人民共和国高等教育法》《学生伤害事故处理办法》《中华人民共和国劳动合同法》等。

二、预防犯罪——法治教育的现实运用

法治教育的目的,在于培养学生的法律意识,进而塑造学生良好的道德品质。法治教育最大特点就是致力于学生的法律意识和法治观念的培养,使学生不仅懂得法律知识,更重要的是在思想上真正得以提高,在行为上有所实践。大学生处于青年期,心理起伏比较大、易冲动、自我控制能力较差、做事情欠缺考虑,加上大学生人生经验少,而社会又极其复杂,如果没有正确的引导,他们很容易走上歧途,甚至导致犯罪。法治教育不能只局限于对法律条文的解释,而应更多地关注大学生应用法律的意识和能力的培养。

培养大学生的法治观念,这既是法治教育的目标,也与实际所要进行的教育活动相吻合。大学生法治教育的目标是要通过法律知识的学习、法律精神的剖析以及法治观念的启蒙,培养、树立起大学生的现代法治观念。大学生的法治教育不应是简单法律知识的学习和掌握,而应是法治观念的教育。但是,对于大学生具体需要树立哪些方面的法治观念,由于

缺乏系统性的研究,长期以来人们难以形成统一的认识,这种状况直接导致了大学生法治教育在具体目标确立方面一直处于混乱状态,致使大学生的法治教育的科学性、系统性得不到应有的保障。有鉴于此,加强大学生法治教育的目标研究,增强大学生法治教育的科学性、系统性,这已成为大学生法治教育急需解决的重大课题。大学生法治教育具有如下具体目标。

1. 培养大学生的宪法观

宪法是一个国家的根本大法,是民主制度化、法律化的基本形式,是政治力量对比关系最集中的体现。宪法规定了一个国家的根本制度和根本任务,具有最高的法律效力,是任何政党、社会组织和个人的根本活动准则。每个大学生都应树立和加强宪法意识,维护宪法的最高权威和尊严。培养大学生的宪法观,着重是要培养他们的法律权威意识,这对于我们今天全面依法治国、建设社会主义法治国家尤为重要。

2. 培养大学生的公民观

公民是指取得一国国籍并受该国法律保护的自然人。公民观作为一种现代社会观念,按照现代法学理论,公民是每一个人最基本、最稳定的身份或资格。公民资格以一个人的国籍为转移,反映了个人与国家之间的关系,以及公民之间在法律上的平等关系。对大学生开展公民观教育,主要就是要明确作为中国公民所享有的法律地位与法律责任,强化大学生的国家、民族意识和社会责任感,自觉维护祖国的独立、主权、统一与尊严,同各种损害国家、集体以及个人合法利益的行为做斗争。公民是构成一国居民的主体,大学生公民观的确立,对彻底根除社会生活中的特权现象,对监督国家机关及其工作人员适用法律的行为,推进我国的全面依法治国、建设社会主义法治国家的进程,具有十分重要的意义。

3. 明确大学生的人权观

人权,就是人的权利,是人作为人享有或应该享有的人身权利和政治经济文化权利。保障人权和制约权力是现代法治的核心。人权作为人的一项基本权利,是由于人性或人的存在而应当平等地并且在同等程度上适用于一切人类社会的一切人,它是不可剥夺和不可转让的。对大学生进行基本人权观的教育,这对于培育他们的人权观念,提高他们的维权意识,积极监督国家行政机关的依法行政,推动人权立法的完善,促进我国人权事业的发展,具有重大意义。

4. 树立大学生的守法观

对于一个国家而言,社会良好秩序的维系必须依靠所有社会主体主动地遵纪守法。如果大多数的社会主体都不遵纪守法,国家则难以进行正常的建设发展。大学生作为将来投身社会建设的生力军和社会主义建设接班人,他们能否具有较强的守法观,能否遵纪守法,这对确保社会主义现代化建设能否有一个良好的生活秩序和生产秩序至关重要。

三、维护权益——法治教育的目标所在

1. 依法维权

法律的首要任务是维护公民的合法权益,也就是说,法律是公民的保护神,当公民的合法权益受到侵害时,最有力的武器就是法律。对于新时代的大学生而言,只有正确认识了法律的这一本质,才能使他们树立起维权的意识,才敢于运用法律维护自己合法权益。全面的法律意识应该包括知法、守法、懂法、用法四个层次,法治教育的目标,不但要使学生知法、守法,更要让学生懂法、用法,以法律武器来保护自己的合法权益,这才是法治教育要达到的

目标。

大学生合法权益既包括实体性权利又包括程序性权利。作为在校大学生,基本上都是年满18周岁以上的公民,因此,首先应当享有作为普通公民应享有的由国家宪法和法律规定的人身、财产等方面的基本权利,受教育权是大学生合法权益的核心部分也是作为学生最基本的权利。其中,受教育权利、参加权、获得公正评价权、获得物资帮助权属于实体性权利,申诉权则属于程序性权利。随着全面依法治国基本方略的提出,高校法治教育的不断推进,大学生的法律意识逐渐提高,自身维权能力也不断提升。目前大学生合法权益遭到侵犯时,维权也是困难重重,其主要原因为:①从历史文化角度来看,数百年的教育传统影响着大学生维权,一些学生在合法权益受到侵犯后,忽视积极地维护自己已经遭受侵犯的权益,选择了沉默。②从立法的角度来看,教育法律法规还不完善,影响着大学生合法权益的维护。比如,当前我国教育法规立法过于抽象,可操作性还不强。没有谈清学生的权利到底有哪些,当权利受到侵犯时,又该怎么去维护。我国教育领域仍存在大量法律调整的真空地带与空白点,教育法律法规缺位,致使教育事业和教育活动中很多的教育关系和教育行为无法可依、无章可循。③就大学生本身而言,也缺乏依法维权的能力。一些大学生虽然接受法律基础课教育,但自身的权利意识仍然比较淡薄,权利概念模糊,维权意识整体水平不高。同时,大学生属于社会上的弱势群体,在经济和能力上的弱势,使他们无法与社会相抗衡。

大学生依法维权仍然存在许多问题,这是应该也是必须去解决的。因为,当大学生的依法维权意识和能力提高之后,对校园和社会的法治建设、和谐建设,都有重要的作用。首先,大学生依法维权意识的提高,有助于学校尽快确立"依法治校"的理念,建立新型的师生关系,对校园的法治建设起到积极的促进作用。其次,也可以改变"师道尊严"影响下的师生关系,让师生在法律的平台上处于平等地位,建立一种平等的师生关系。再次,提升大学生依法维权意识,有助于学校正确认识自己的权利与义务,规范自己的行为。提高大学生依法维权的意识,有助于提高师生的法律素质,促进全面依法治国和建设社会主义法治国家基本方略的落实。高等学校担负着培养合格人才的重任,而合格人才无疑应具备良好的法律素质。

2.权益救济

作为大学生,他们的权利有时会受到侵犯,那是无法避免的。但是大学生当合法权益受到侵犯时该何去何从?高校和社会有必要向大学生提供权益救济,这也是他们的责任。大学生的权益救济应该分为两部分,第一个部分为侵权前的救济,即主要是宣传法治、完善法规(包括校园内的校规和社会上的各项法律法规),提高大学生的法律意识;第二个部分为侵权后的救济,包括对学生提供法律上的援助。依法保护学生合法权益,必须从法治观念、法律意识、法律实体、法定程序等方面入手,遵守现代法治的原则,体现权力至上和正当程序的法治精神,构建学生权益的法治保障体系,拓宽学生权益救济的路径。

大学生权益的救济的方式,依照我国现行的法律法规,总的来说有以下三种:私力救济(自行和解)、社会救济(在第三者的主持下进行调解或仲裁)和公力救济(诉讼)。

大学生权益的救济根据不同场合不同阶段的特点,具体的救济方式也各不相同,以下是一些大学生经常遇到的一些争议及救济方法。

(1)大学生与学校之间的争议问题如何救济

学校与学生之间大致有以下三种争议:

①民事争议。一般有以下五类:一是学校在教学管理中因教学设施或采取措施不当产

生的民事纠纷。二是学校在执行国家教育政策过程中,因和学生理解不一致产生的民事纠纷。三是学生在校期间,由于学校管理不力或者学生之间发生纠纷但学校不予处理或者尽了管理职责而学生不听造成的民事纠纷。四是学校在组织集体活动中发生的民事纠纷。五是由于学校管理不当或个别老师思想素质较差侵害学生名誉权、隐私权等发生的纠纷。此类纠纷,首先可以通过与学校协调解决此类民事纠纷。《中华人民共和国民法通则》未对私力救济进行规定,但常理上,人们一般都是先通过和解或由第三人主持的调解后才会采用诉讼的方式来解决。其次,还可以通过行政调解来解决。即主管教育的行政机关作为中立的第三者为解决双方纠纷进行调解。《学生伤害事故处理办法》第十八条规定了双方可自愿以书面形式请求主管教育的行政部门进行调解。教育行政部门收到调解申请,认为必要的,可指定专门人员进行调解,并应当在受理之日起60日内完成调解。最后,学生可以通过民事诉讼解决纠纷。在诉讼中,双方当事人仍可依据自愿原则向人民法院申请调解。

②行政争议。这类纠纷一般都与学校的学籍管理以及相关证件的发放等有关。此类案件大体有两种解决途径:一是行政复议。如果学生认为学校侵害了自己的合法权益可向教育行政主管部门提起行政复议,行使自己的申诉、抗辩、控告的权利。二是通过行政诉讼来解决。学生的毕业证、学位证与其人身权、财产权有一定关系,涉及其身份和待遇,而且学校颁发学位证、毕业证、进行学籍管理等行为是一种经过授权的行政行为,因此可以认为属于《中华人民共和国行政诉讼法》第十一条规定的受案范围。此外,《中华人民共和国教育法》第四十二条也规定学生有对学校侵犯人身权、财产权等合法权益的行为提起诉讼的权利。

③有关学术性或内部管理性的争议。这类争议是因学术上的不同观点或学生对校方教学安排或校纪处分等有异议而发生的。对这类争议,一般只能通过学校内部程序解决,而不能诉诸法院通过司法程序解决。

(2)发生劳动争议如何救济

①协商解决。劳动争议发生后,当事人就争议事项进行商量,使双方消除矛盾,找出解决争议的方法。不愿协商或者协商不成的,当事人可以并有权申请调解或仲裁。

②企业调解。劳动争议发生后,当事人可以向本单位劳动争议调解委员会申请调解,企业调解达成协议的,制作调解书,双方当事人应自觉履行(此协议不具有法律约束力);如果从当事人申请之日起30日内未达成协议,则视为调解不成。当事人可以在规定的期限60至90天内,向劳动争议仲裁委员会申请仲裁。另外,当事人不愿调解或调解达成协议后反悔的,也可直接向仲裁委员会申请仲裁。

③劳动仲裁。劳动争议一般由所在行政区域内的劳动争议仲裁委员会受理,当发生争议的单位与职工不在同一劳动争议仲裁委员会管辖地区时,由职工当事人工资关系所在地的劳动争议仲裁委员会处理。如果当事人任何一方对裁决不服,则应在收到裁决书15日内向当地人民法院起诉,期满不起诉的,裁决书即发生法律效力,当事人对发生法律效力的调解书和裁决书应当依照规定的期限履行。

④法院判决。当事人任何不服裁决向人民法院起诉的,法院将按照民事诉讼法的有关程序进行。首先对双方当事人进行民事调解,如果双方当事人就劳动争议达成协议,法院将制定民事调解书,调解书一经送达当事人立即生效,与判决书具有同等法律效力。如果调解不成,法院应当在规定的时间内做出书面判决。原被告任何一方对判决不服的,可在法定期限(自收到判决书起15日)内向上级人民法院提起上诉。

> **知识链接**

1.《中华人民共和国宪法》第二十四条规定:国家通过普及理想教育、道德教育、文化教育、纪律和法制教育,通过在城乡不同范围的群众中制定和执行各种守则、公约,加强社会主义精神文明的建设。

国家倡导社会主义核心价值观,提倡爱祖国、爱人民、爱劳动、爱科学、爱社会主义的公德,在人民中进行爱国主义、集体主义和国际主义、共产主义的教育,进行辩证唯物主义和历史唯物主义的教育,反对资本主义的、封建主义的和其他的腐朽思想。

2.《中华人民共和国宪法》第三十七条规定:中华人民共和国公民的人身自由不受侵犯。

任何公民,非经人民检察院批准或者决定或者人民法院决定,并由公安机关执行,不受逮捕。

禁止非法拘禁和以其他方法非法剥夺或者限制公民的人身自由,禁止非法搜查公民的身体。

第三节 加强法治教育 提高道德修养

一、在法治教育中渗透道德教育的意义

法治教育和道德教育相结合,这是法治教育发展的一个途径,同时,也是法治教育的发展趋势。这是由我国历史特点和现状所决定的。当今社会出现了道德法律化的趋势,大部分公众道德被纳入法律框架之中,但要真正得以实现,还必须把外在的法律变为人的内心的自律,这是时代发展的需要。为适应改革开放和社会主义市场经济的新形势,高校教育在进行道德教育、加强道德建设的同时,注重抓好思想、纪律教育,并用法治这种强制性社会力量予以保证,把法律教育统一于自觉的道德教育、道德建设之中。从法治教育与道德情感教育的性质和任务上看,它们在德育工作中共同发挥作用。此外,中华民族文化精神中根深叶茂的道德传统,为新时期道德教育和法治教育提供了大量的可资借鉴的文化资源和精神资源。加强大学生法治教育,增强当代大学生的法律意识,就必须牢牢地根植于中国传统道德这块深厚的土地,从中发掘精华,吸收营养。传统道德情感教育对高校法治教育的积极意义有:

①"以天下为己任,忧国忧民"思想为当代大学生增强法律意识奠定了思想基础。当代大学生法律意识的养成必须有思想前提,这个思想的前提就是国家、民族利益高于个人利益,个人成才必须服从和服务于国家和民族的需要。一个大学生只有树立"天下兴亡,匹夫有责"的思想,才能增强民族自豪感和历史责任感,才能认同国家宪法和法律,拥护宪法和法律的至高权威,支持法治,积极投身民主法治建设,并牢固树立知法、守法观念,以增强自身的法律意识。

②"刚健有为,自强不息"的道德精神为当代大学生学好法律知识提供了精神动力。自强不息的进取精神,既是大学生达到伦理道德最高境界的一种内在冲力,也是增强当代大学生法律意识的内在动力。当代大学生要想大量获得法律认知,就必须明确学习法律知识,把自己塑造成现代化建设合格建设者和可靠接班人的需要;要把在学习中获得的法律认知内化为自己遵纪守法的自觉精神,就必须懂得"不自强而成功者,天下未之有也"的道理,从而树立"人生在于奋斗"的观念,实现自尊、自信、自省、自立、自强的精神境界。只有树立了自

强不息的进取精神,才能在强烈的法律意识指导下,不断追求进步,不断检讨自己的行为,不断完善自我。

③"舍生取义""以义求利"的义利统一观为当代大学生学习法律知识提供了价值判断原则。义利关系问题是我国传统文化价值判断的一个重要问题,中国传统义利观的内容比较复杂,但其基调和主流是先义后利,以义制利。我国宪法和法律明确规定了公民的权利和义务。公民正确处理权利与义务的关系,既要依法行使自己的权利,又要依法履行应尽的义务。大学生养成正确的法律意识,就要以社会主义法律为武器,捍卫自己的正当权益,在享有个人所拥有的权利时,不忘尊重和承认他人的合法权益,不忘履行对国家、对社会、对他人的义务。

④"以和为贵""情理合一"的思想为当代大学生养成法律意识提供了行动指南。强调"修身养性",坚持"以和为贵",通过"情理合一",实现伦常调节是我国传统道德的一个重要思想,也是人们处理人际关系的重要原则和方法。以"以和为贵""情理合一"为内涵的新型人际关系准则,是人与人之间交往的重要前提。因此,它对于当代大学生继承"以和为贵"思想,弘扬"秩序"情结,建立新型人际关系,强化自觉尊法守法意识具有现实指导意义。

二、法治教育与道德教育的关系

法制和道德都属社会规范,在调整规范人们的行为和维护社会秩序方面发挥着各自不同的作用。因此《中华人民共和国宪法》《中华人民共和国高等教育法》《中国普通高校德育大纲》和《高等学校学生行为准则》都有关于法治教育和道德教育的相关规定。在我国高校大学生的法治教学中,一方面部分教师夸大法律的作用,贬低道德调整规范人们行为和维护社会秩序的作用;另一方面,由于道德标准具有模糊性和多元性的特点,以及道德评价具有个体化、非法定性、主观性和观念性等特点,部分教师割裂了法治教育和道德教育的关系,放松对大学生的道德教育。其实道德与法律在调整规范人们的行为方面具有互补性,道德是关于人们思想和行为的善恶、美丑、正义与非正义、公正与偏私、诚实与虚伪、荣誉与耻辱等观念、规范、原则和标准的总称。虽然两者在调整规范人们行为的方式和程度上有差别,但法律以道德为价值取向,并以道德为社会支持,法律是最低限度的道德,已成为人们的共识。因此,大学生的法治教育必须以道德教育为基础,继承优良传统,吸纳道德教育成果,不断强化道德教育,把法律意识融入大学生的道德理念中,将道德内化为大学生自身的观念,使法律至上的意识升华为大学生更深层次的道德义务要求,从而不断深化大学生的法治教育。

2008年6月23日和24日,数百张关于某师范大学女学生洗漱、晾晒、化妆、换衣的偷拍照片流传到网上,并很快在各大网站产生轰动,被称为"某师范大学艳照门"事件。7月1日,警方将嫌疑人陈某在其发布照片的网吧抓获。据悉,陈某为该师范大学生物工程专业一年级学生,6月12日他独自在宿舍时,看到对面女生宿舍有人在洗漱的情景,动了偷拍的念头,用数码相机拍下几张清晰的相片。此后,他多次偷拍对面多个女生宿舍,并在网吧将其中300张分2次用网名"头拍"和"吴遮蔽"上传至"大学生校内网"。照片共涉及一幢楼9个宿舍的40名女生。因为所拍照片中没有淫秽照片,嫌疑人陈某没有触犯刑法和相关法律解释关于传播淫秽物品和信息的规定,但涉嫌违反《中华人民共和国治安管理处罚法》第四十二条第六款关于"偷窥、偷拍、窃听、散布他人隐私"的规定,获行政拘留10日的处罚。

难道说犯罪嫌疑人陈某不知道"偷窥、偷拍、窃听、散布他人隐私"是一种违法行为吗?

作为一名大学生,对一些基本的法律常识是应该知道。因此,关于陈某的这次犯罪行为,可从其道德行为方面进行探讨,这只能说明其道德素质方面的低下,因而导致了这次违法事件的发生。可见,一名大学生如果知法,但缺乏基本的道德素养,那么,他仍然会缺乏基本的自我保护。因此,有必要在对大学生进行法治教育的同时加强对大学生的道德教育。例如,不得随意侵犯他人隐私,这是道德领域的话题,但同时也是法律内容。

第一,道德和法治同属于最基本的社会规范。道德教育与法律教育的融合是自律和他律的功能互补。一般说来,"人性"中总是含有"自利"的因子,人有"好声色"的欲望,而仅靠唤起羞耻感的道德,不能使这些"自利"的人遵守道德。换言之,仅有法律也是不够的。再严厉的法律,没有民众的心理认同,没有道德作为法律的价值基础,违法犯罪就不能禁止。因此,只有通过对大学生的道德教育把社会道德统一内化为个体道德,才能实现大学生个体的自觉与自律;只有通过对大学生法治教育把法律规范内化为个体的守法行为习惯,才能实现对大学生个体的外在强制。这两种教育的融合,将能实现教育在功能上的强制与自觉、有形与无形、他律与自律的融合。正如上面的例子中,陈某理应知道他的行为是违法行为,是触犯社会道德行为,但是依然做了,是因为他内心的"好声色"欲望,"自利"因子的影响,而这些只有通过道德教育的"自律"作用来实现。但是因为他缺乏这部分的自律意识,没能够控制住"自利"因子的作用,最终获得了10日拘留处罚。这就是一个典型的道德教育与法治教育没有发挥功能互补的例子。而他,给我们敲响了警钟。

第二,法治教育以道德教育为前提,法律教育需要道德教育的支持。法律要从根本上得到人的尊重、遵守,除有赖于人们的法律观念和法治意识外,也在相当程度上依赖于人们的道德意识,二者的协调会产生道德教育与法治教育的共赢。道德教育也需要法治教育的支援,法律并不远离道德或反对道德,而是道德规则的公开化或强制的道德。"道德,就像其他的社会生活,必须建立在法律之上,道德的后面必须有伦理准则,包括法规和禁令来支撑。"例如,2009年中国政法大学杀害程春明教授的凶手……这位在中国法律界重要学府已经学习了4年的在读学生付某,就是"法治教育以道德教育为前提,法律教育需要道德教育的支持"这个观点的最好证明。

第三,在一定历史条件下,法律与道德有着大体相同的内在价值和内容,都把实现正义、秩序和人类生活的幸福作为自己的终极目的。法律与道德的联系,表现为二者相互促进。道德对法律的促进作用表现为在立法上,道德即是法律内容的源泉,又是制定法律的指导思想,道德是执法行为的基础,道德是守法意识的主观条件,道德水准越高,守法意识越强。法律对道德的促进作用,主要是通过立法手段进而推动一定道德的普及,通过法律实施,惩治严重的不道德行为,弘扬一定的道德精神,以法律的形式摒弃、禁止一些过时的道德规范,推动道德进步。以人为本,促进大学生全面发展是大学生道德教育与法治教育的共同价值目标。无论从社会发展的要求,还是从道德的实践主体本质,或从教育培养能独立思维、有创新精神、有自主意识和自觉行为的个体来讲,以人为本都应该是道德教育与法治教育的核心。道德教育只有对个体的全面发展需要给予充分的关注和重视,才能深入到人的内心世界,发挥教育对象的能动性,挖掘个体思想道德潜能中的积极因素。同样,以人为本也是现代法治精神的核心。在经济全球化的时代背景下,具备较高道德素质、法律素质的大学生才能不断找到发展自身能力的机会,拓展个人发展空间,更大程度地实现自身价值。只有真正了解了"以人为本",才会不仅关爱自己,保护自己,还会懂得与周围的人和谐发展。

三、法治教育与道德教育相结合

在高校思想政治教育过程中,强调法治教育与道德教育在内容上的整体和谐,把道德的教化作用与法律的约束作用、内心的自觉与法律的约束有机结合起来,旨在追求教育对象自身法律素质与道德素质的整体和谐,提高大学生的综合素质,实现全面发展。

第一,科学定位,厘清两者的关系。道德教育与法治教育均属于社会价值教育范畴,它们共同承担着帮助学生"解决成长成才过程中遇到的实际问题"的任务。大学生在成长、成才过程中,可能遇到各种各样的实际问题,既有道德方面的,也有法律方面的,道德教育与法治教育的目的都是为了培养适宜社会需求的"合格公民",但道德教育重在净化人的内心世界,法治教育重在规范人的外在行为。清华大学高材生刘某用浓硫酸泼狗熊被捕之后,在回答记者提问时,说只是为了好奇。由此看来,刘某没有对道德教育和法治教育的正确定位,道德教育与法治教育就像人们的两条腿,缺一不可。

第二,通过法治教育补充大学生道德养成的约束力度,从而形成一种有力的控制机制。道德情感教育对人的行为的控制主要通过舆论,其约束力度是有限的。法律以国家强制力保证实施,对违法的人有强硬的约束方式,能使人们产生心理上的威慑感,接受法律的教育与引导,进而形成良好的道德习惯。要想使大学生普遍具有良好道德,还必须建立一定的奖惩机制,使守德者受到褒奖且得利,无德者受到谴责且亏利,即凭借法律及管理规章规定的明示和利益的奖惩机制,促成大学生趋利避害、择善而为。

第三,加强高校规范化、制度化管理。任何科学管理都必须建立在制度化、规范化的基础之上。随着《中华人民共和国高等教育法》《中共中央关于进一步加强和改进学校德育工作的若干意见》等思想政治工作法规、政策和制度的出台,思想政治工作的法规制度也日臻完善,这为提高思想政治工作管理的制度化、规范化水平提供了有利的条件,从而在管理上达到情、理、法的高度融合。通过法律教育将大学生在学校生活中的道德规范转化为纪律制度,使大学生活规范化、理想化。倡导和激励文明的、有道德的行为,制裁不道德行径,促使大学生更清楚地认识到应当支持什么、提倡什么、禁止什么、反对什么,从而有力地促进良好道德风尚的形成、巩固和发展。法制化管理是一种具有普遍有效性的现代德育方式,它通过执行制度、管理行为去教育学生,完善学生人格。因而,学校在对学生的管理工作中应充分发挥法治的作用,把德育的内容融于具体的法规与准则之中。

第四,道德教育与法治教育都是构成大学生思想政治教育不可或缺的部分,当今越来越多的思想家和教育家都日益倾向于把道德教育与法治教育看成是一个整体,只有这两部分教育相互结合、相互渗透、相互制约,才可能是一种"完整的教育"。要塑造"完整的教育"和培养"和谐、全面发展"的人才,唯有改变单一的分割的教育观,树立两者相结合的教育价值观。道德教育和法治教育的结合,不是两者的简单调和,不是思想政治教育的道德取向与法治取向的二元相加,也不是一个简单的比例关系问题,而是它们在高层次上的结合。这种结合是全方位的,是教育思想、教育价值观与功能观、教育制度和课程编制等方面的根本改变。具体地说,它是道德化的法治教育和法治化的道德教育的有机整体,以人的全面发展为最高目标。当今,在一些大学教育中,存在着教育理念的偏差甚至错误,片面地认为法治重要而忽视道德教育或者认为道德教育重要而轻视或忽视法治教育。这样都会影响大学教育目的的实现,这些也都只是片面教育,是不符合时代与社会要求的。法治教育与道德情感教育是高校思想政治教育中的两个必不可少的部分,两者互相促进,相辅相成。总之,只有把法治与德治、法治教育与道德情感教育真正地相结合，才能从制度上有效促进他律向自律转化，实现高校法治教育与道德情感教育的可持续发展。

案例：2009年5月24日，某大学派出所接到2006级陈某报案，称有人敲诈他。据查，该案涉及3名在校大学生，王某与戴某系男女朋友关系，在两人恋爱期间，女生戴某与同校陈某相识，并经常向陈某抱怨和哭诉与王某感情不和，一来二去在几次接触后陈某喜欢上了戴某，两人发生了性关系。王某知晓后以陈某给他戴了"绿帽子"，对他的名誉与自尊造成了侵犯为由，与陈某协商，并提出3点建议让陈某任选其一来解决平息此事：①陈某自己打断自己的一条腿；②陈某给王某1万元钱作为补偿；③王某找人打陈某5次，每次抵1000元钱，再给王某5000元钱。双方协商后，王某一再纠缠陈某，并多次打电话到陈某家中骚扰，严重影响了其学习和生活，终于陈某于2009年5月向学校派出所报案。

当问及王某是否知晓此行为已是违法行为时，他认为此"建议"是双方协商"私了"的结果，而没有使用暴力强迫陈某答应，既然双方都协商认可，所以自认为该行为不是违法行为。王某缺乏法治意识，思考问题比较简单，没有意识到双方协议必须建立在合法的基础上，不会用正确的渠道去解决矛盾。所幸陈某及时报案，没有用暴力来消除心中的怨恨和委屈，避免造成更大的伤害。根据对该案的调查，鉴于王某的主观恶意及社会危害性不大，双方经教育和提醒均认识到自己行为的错误所在，本着对学生教育挽救的原则，学校按相关校纪校规给予其记过处分。并希望大学生要正确处理恋爱问题，当遇到矛盾时要理性对待，要通过法律手段或及时告知老师，采取正确的方式化解矛盾。

知识链接

《中共中央关于全面推进依法治国若干重大问题的决定》指出：坚持依法治国和以德治国相结合。国家和社会治理需要法律和道德共同发挥作用。必须坚持一手抓法治、一手抓德治，大力弘扬社会主义核心价值观，弘扬中华传统美德，培育社会公德、职业道德、家庭美德、个人品德，既重视发挥法律的规范作用，又重视发挥道德的教化作用，以法治体现道德理念、强化法律对道德建设的促进作用，以道德滋养法治精神、强化道德对法治文化的支撑作用，实现法律和道德相辅相成、法治和德治相得益彰。

第十四章 廉洁教育

反腐倡廉教育是国家惩治和预防腐败体系的重要内容。开展大学生廉洁教育,是面向全社会开展反腐倡廉教育的重要组成部分,是提升反腐倡廉教育前瞻性、实效性,确保中国特色社会主义事业代代相传、国家长治久安的重要途径。大学生廉洁教育依托的理论,不仅包括教育理论,还包括腐败、廉洁的内涵、特征、形成机理等。只有熟练掌握和灵活运用这些理论,才能不断提高大学生廉洁教育的针对性、实效性和吸引力,更好地引导大学生树立报效祖国、服务人民的信念,构筑拒腐防变的思想道德防线。

第一节 腐 败

腐败问题是当前社会普遍关注的一个热点话题。2016年10月,党的十八届六中全会专题研究全面从严治党,对党的十八大以来全面从严治党的理论和实践创新成果进行归纳总结,形成了新的制度安排,为推进廉洁文化建设指明了方向,对坚持"四个自信"特别是文化自信,具有十分重大而深远的意义。根除腐败,既是我们党的重大政治任务,也是全国人民包括当代大学生的一大愿望。大学生是党和国家各项建设事业的后备力量,也是我们党反腐倡廉事业所依托的生力军。作为当代大学生,要完成这一政治任务,实现这一社会愿望,必须做到有的放矢。要知道"的"是什么,怎么样,就必须了解和掌握腐败的含义、根源、类型、危害以及其在高校的主要表现等基本问题。

一、腐败的含义

"腐败"在《辞海》中是指腐烂,《牛津法律大辞典》对应为"corruption",即腐败是"指从原本纯洁的状态中发生的堕落"。《汉书·食货志上》云:"太仓之粟,陈陈相因,充溢露积于外,腐败不可食。"意为腐烂、败坏。这一含义后来演变为泛指人类道德行为或社会风气的败坏和堕落。

关于腐败的界定,目前还没有统一的标准。有以公共职位为中心来界定腐败的,认为腐败是公职人员违背法律和规则、滥用公共权力以取得非正当利益的行为。有以市场为中心来界定腐败的,认为腐败是将公共权力商品化,实现公共权力与私人及团体利益的交换。有以公共利益为中心来界定腐败的,认为腐败是因为特殊利益(私人的、小团体的或者某个政党的)而忽略或损害公共利益的行为。有从法律角度来界定腐败的,认为腐败是指违背法律规范,滥用职权,危害社会,应承担法律责任的行为。有从社会学角度来界定腐败的,认为腐败是违反社会规范、损害社会或个人利益的行为。还有人认为,腐败无处不在,它不仅仅是掌权者滥用职权的行为,而且是人们为了捞取任何不义之财而滥用职权的行为。凡此种种,不一而足。

基于上述情形,腐败应有广义和狭义之分。广义的腐败可定义为人们为了捞取不义之财而滥用职权(不一定是政府权力)的行为。例如,医疗腐败包含的收红包、乱收费、开处方等;学术腐败包含的剽窃他人学术成果、一稿多投等;足球腐败包含的假球、黑哨等。类似的,大学生考试作弊也属于广义腐败的范畴。然而,大多数学者并不主张过度泛化腐败的含义,如果泛化腐败的含义,就很难确定哪些行为属于腐败行为,哪些行为不是腐败行为,不利于集中力量开展反腐败工作。因此,给出腐败狭义的定义十分重要。有学者认为,对腐败的定义需要把握两个最主要的因素:公共权力和公共利益。以公共权力为中心的含义,有助于揭示腐败的本质——公共权力的异化、公共权力的非正当使用;以公共利益为中心的定义,有助于揭示腐败的内涵——是否对公共利益造成损害可作为衡量腐败与否的重要依据。因此,狭义的腐败,就是公职人员滥用公共权力谋取私利,损害公共利益或公民个人合法权益的行为。

二、腐败的根源

腐败并非是特定时期或特定社会制度独有的现象,也不是特定民族文化的产物。腐败随着私有化的产生而产生,凡有权力存在的地方,就有权力腐败的可能。权力导致腐败,绝对的权力导致绝对的腐败。目前,我国正处于社会转型时期,腐败产生的根源比较复杂,主要表现在以下几个方面。

1.理想信念缺失,是腐败产生的思想根源

面对社会上各种丑恶现象的沉渣泛起,社会生活中日益蔓延的腐化堕落,市场经济发展中的道德失范,少数领导干部和普通群众只看到社会生活中丑恶的一面,受其影响,失去共产主义的理想,衍生庸俗的实用价值观,注重"最实在、最实惠"的经济效益,忽略道德修养,从而导致理想信念蜕化,价值取向移位。正因为思想意识发生了本质变化,好逸恶劳、损人利己、见利忘义、挥霍浪费等就会成为这些人的价值追求,最终导致违法违纪甚至犯罪的腐败行为发生。

2.利益格局多元化,是腐败产生的经济根源

市场经济在推动我国经济快速发展的同时,也带来了利益格局多元化、价值取向多样化,拜金主义、享乐主义、极端个人主义、特权观念等消极腐朽思想也有所抬头。在发展市场经济的初级阶段,两种经济体制并存,使公共权力进入市场有机可乘,权力与经济的互相渗透使腐败成为可能。现实经济生活中,经济权力化、权力经济化、权利与经济互相渗透的现象仍然十分严重。某些握有审批权的主管部门及其工作人员凭借手中的权力,向他人索要财物或其他非法利益,而有些人为了获得批件、批文,也千方百计地找门路、拉关系,向这些掌握批准权的行政工作人员行贿。

3.监督制约不到位,是腐败产生的制度根源

腐败往往遵循着相同的逻辑:不受监督和制约的权力,难免是被滥用的权力;权力被滥用必定导致腐败。尽管目前我国对权力的监督机制类型繁多,但由于组织体制上的缺陷,对领导干部的监督乏力,从而给腐败的产生留下了一定的空间。一个领导干部,一旦失去了有效的监督和约束,就容易滥用权力,为所欲为,甚至明目张胆地违法乱纪。纵观改革开放以来形形色色的腐败案件,几乎每起案件都与权力监督制约的失控有关。

4.封建思想残余和西方资产阶级思想观念的影响,是腐败产生的文化根源

中华民族几千年来自给自足的温饱农业经济和儒释道合流的文化积淀共同形成了中国人保守、与世无争、逆来顺受、明哲保身的立身思想。在这种文化背景下,硬性的法律、法规、制度、条例容易被弹性化,群众监督容易被软化,这在一定程度上放纵了腐败的产生。虽然经过几十年的社会主义革命和建设,但封建剥削阶级的特权思想、人治观念、利己主义和官本位意识在党内和社会生活中依然存在。当这些封建思想意识与现实权力相结合时,就会滋生腐朽丑陋的现象。同时,西方资产阶级唯利是图、损人利己的腐朽思想,以个人为中心的价值观念以及骄奢淫逸的生活方式,已经渗透到我们的社会生活中,侵蚀着党的肌体,腐蚀了一部分人的灵魂。"艰苦奋斗、自强不息、诚实守信、廉洁奉公、为人民服务"的道德观、价值观,在一部分党员干部身上已经蜕化,取而代之的是思想消极、生活腐化,甚至沦为人民的罪人。

三、腐败的类型

腐败现象几乎涉及社会生活的所有领域,呈现出多种表现形态,结合相关学者的研究成果,在此对腐败的类型进行简要介绍。

1.个体腐败和集体腐败

个体腐败指个体独自从事的腐败行为。主要有受贿、索贿、贪污、侵吞公共财产、挥霍公款决策即服务中的利益偏向等。集体腐败则是以集体的名义,利用权力谋取私利的行为。例如,2006年9月湖南郴州发生原市委书记李某等"群蛀"案,该案涉及市长、市委宣传部部长等几十名官员及当地政商界158人,是典型的集体腐败。

2.权力腐败和非权力腐败

权力腐败指掌握公共权力的人员滥用公共权力谋取私利,如任人唯亲、贪污受贿、敲诈勒索、贪赃枉法、玩忽职守等。例如,安徽省政协原副主席王某利用职务之便,非法收受他人财物70余万元,最终被判处死刑、缓期2年执行,剥夺政治权利终身,并处没收个人全部财产,王某的腐败即属权力腐败。非权力腐败指一般公民谋取非法私利的行为,例如,制造假冒伪劣产品、从事欺诈交易、偷税漏税、行贿、赌博等。2008年发生的"三鹿奶粉事件"就是典型的非权力腐败事件。

3.隐性腐败和显性腐败

隐性腐败指普通民众无法察觉的社会高层公职人员腐败和民众所不能完全察觉的社会中层公职人员的腐败,如职务消费方面的腐败。显性腐败是指随时随处可见的腐败,如公款吃喝、公车私用、公费旅游等。舟山市某卫生院原院长付某用公款为自身吃喝玩乐买单44万元,2009年10月21日,舟山市中级人民法院认定其犯贪污罪、受贿罪,一审判处付某有期徒刑11年,付某的腐败即属显性腐败。

4.逐利型腐败、徇私型腐败和因公型腐败

逐利型腐败指公职人员为了追求个人利益而从事的腐败行为,可细分为谋财型、谋权型、贪色型、图名型等。徇私型腐败指出于人情世故考虑而徇私枉法的腐败行为,如关系案、人情案等。因公型腐败指为了谋取单位利益而从事的腐败行为,如单位为获得工程承包权而集体行贿。2003—2009年,江西省国土资源厅原副厅长李某利用分管土地规划、土地利用等职务便利,为他人谋取不正当利益,非法收受财物共计574.4万余元,被法院判处无期徒刑,李某的腐败可归为逐利型腐败。

5.传统型腐败、过渡型腐败和现代型腐败

传统型腐败是指与传统的官僚政治体制和传统的计划经济体制联系在一起的腐败现象,如任人唯亲、裙带关系等。过渡型腐败指与计划经济和市场经济体制联系在一起的腐败现象,如跑官要官、买官卖官等。现代型腐败指与现代市场经济体制的建立联系在一起的腐败现象,如贿选、产品回扣、佣金等。陕西省商州区原区委书记张某,利用职权先后7次违规提拔干部,从中收取贿赂106.9万元,张某的腐败可归为过渡型腐败。

6.互惠型腐败和勒索型腐败

互惠型腐败指参与腐败交易的各方均从中受益或均有所得。勒索型腐败指腐败交易的一方弄权勒索,另一方为避免受到对方侵害而被迫行贿。延边大学原副校长于某利用职务便利索取、非法收取巨额贿赂,为多个请托单位和个人谋取利益,合计人民币360.76万元。2010年11月,法院以受贿罪判处其有期徒刑15年,于某的腐败即属勒索型腐败。

7.轻度腐败和严重腐败

轻度腐败指公职人员利用手中的权力为自己或亲戚朋友捞取好处,如收受礼品馈赠、公款吃喝玩乐等。严重腐败指利用手中的权力制定或执行符合自己或小集团利益的政策,尤其是涉及经济利益的政策与决定。例如,中共中央政治局原委员、上海市委原书记陈良宇违规使用上海市劳动和社会保障局社保资金,为一些不法企业主谋取利益,袒护有严重违纪违法问题的身边工作人员,利用职务便利为亲属谋取不正当利益,造成恶劣影响。2008年3月被天津市第二中级人民法院以受贿罪、滥用职权罪判处有期徒刑18年,没收个人财产人民币30万元。陈良宇腐败即属严重腐败。

四、腐败的危害

1.腐败对政治的危害

一是降低政府的工作效率。腐败削弱政府权威,破坏民众对政府的信任和忠诚,会使政府的发展计划受阻,公共政策变形,信息反馈失真,调控系统失灵,行政效率降低,进而妨碍政府政治、经济、文化、社会功能的实现。二是危及社会稳定。当民众认为公共权力不再是为了公共利益,而是成为少数掌权人谋取私利的工具时,民众就不再支持这个政权,政权赖以运行的合法性将面临危机,社会稳定因此承担很大的风险。三是妨碍民主政治建设。权力腐败会压制民众的积极性和创造性,阻挠其政治参与,所以权力腐败必然极大地阻碍民主政治建设。同时,腐败分子为了维护自身利益,会千方百计地反对和阻挠以扩大民主为方向的政治改革,成为民主政治建设的阻力。四是侵蚀党的先进性,削弱党的战斗力。腐败严重侵蚀党员的思想,造成一些党员是非、善恶、美丑、荣辱观念颠倒,不能发挥党员应有的先锋模范作用。腐败盛行,必然严重损害党的形象,使党在人民群众中的威望日益下降,削弱党的群众基础。

2.腐败对经济的危害

一是腐败导致经济损失。国情研究专家胡鞍钢认为,在20世纪90年代后半期,我国主要类型的腐败所造成的经济损失和消费者福利损失平均每年为9875亿~12570亿元,占国内生产总值的比重为13.2%~16.8%。二是腐败影响投资。在腐败严重的国家,企业在创办之初要贿赂官员,有的还要被迫让他们参与分红,这必然严重打击投资者的积极性,使投资总量减少。三是腐败损害市场机制的有效运作。腐败的政府官员往往在分配资源时根据关系亲疏、自身利益来做决定,必然破坏正常的市场竞争机制,影响社会公平、公正。四是腐败导致收入分配不公。在收入分配领域,腐败能衍生大量的制度外收入,加剧收入的不平等。五是腐败产生大量"地下经济"。一般来说,"地下经济"由逃避政府管制、税收和监察的各类经济活动构成,包括偷税漏税、走私、贩毒、黑市、地下工厂等,"地下经济"的增长率与权力寻租腐败活动的增长率往往成正比。

3.腐败对社会的危害

一是腐败有碍社会公平。无论是谋财型、谋权型、贪色型、图名型腐败，还是任人唯亲、贪污受贿、敲诈勒索、贪赃枉法、徇私舞弊、拉票贿选、玩忽职守等，都会不同程度地妨碍社会公平，"你能这么干，我也可以这么干"容易成为一种社会心态，社会公平的维护就十分困难。二是腐败降低社会道德水平。上层腐败必然波及下层，下层腐败必然波及社会，逐渐从量变到质变，必然导致整个社会出现道德失范倾向，从而降低整个社会道德水平。三是腐败危害法治建设。英国哲学家佛兰西斯·培根在《论司法》中提到："应该懂得，一次不公平的裁判，其恶果甚至超过10次犯罪。因为犯罪虽是冒犯法律——好比污染了水流，而不公平的审判则毁坏法律——好比污染了水源。"

五、腐败在高校的主要表现

1.经济类腐败

一般发生在与财权物有关的部门。一是借助招生，索贿受贿。在高校招生工作中存在不同程度的滥用职权、索贿受贿以及敲诈勒索等违法乱纪行为。尤其是在招收保送生、艺术特长生、体育特长生等方面，容易出现弄虚作假和权钱交易等腐败行为。二是基建工程暗箱操作。近年来，高校用于基本建设方面的经济支出越来越高，高校基建项目在工程招投标和验收过程中容易发生个别领导干部或工作人员利用职务之便索贿、受贿，为自身或朋友谋取私利的腐败问题。三是采购吃回扣。目前有不少高校在物资采购方面仍然采用过去的由主管部门自选采购的做法，各部门既是采购者，也是使用者，就容易出现以权谋私的行为。四是私设"小金库"。目前高校办学经费来源已经转化为除国家拨款外，还有社会捐助、科研经费、学生学费、校办产业等多渠道、多方式的筹资方式。高校作为社会的组成部分，个别部门领导有钱不再交集体，而是"小金库"放一点，个人口袋放一点，出现了利用"小金库"腐败的现象。

2.职务类腐败

近年来，高校在人才选聘、考试、评优、就业等活动中存在个别干部利用职务之便索贿、受贿的腐败行为。一是在选聘人才工作中，利用职务之便索贿受贿。进入高校任职是多数人的梦想，有些人为达到目的便向高校主管人事的部门领导行贿，有些干部则把手中的权力当作谋取个人利益的工具。二是考试时接收钱物和吃请，为不及格学生放行，接受钱物和吃请者多为任课教师。三是入党评优、保送研究生时收受钱物。收受钱物者多为学生的直接管理人员和有关部门负责人，一旦有少数成绩不是很突出、平时表现一般的学生向其送钱送物，他们便置原则于不顾，把荣誉送给了那些给自己好处的学生。四是在学生毕业时收受钱物和吃请，收受钱物和吃请者主要是直接管理学生的人员和有关部门的负责人。他们接受了少数学生的钱物和吃请，就会特别关照这些学生，一旦有好单位来校选拔人才，他们就会把机会优先给予这些学生。

3.学术类腐败

近年来，学术腐败大有蔓延之势，高校主要有以下几种情形。一是剽窃。有完全照搬，对文章不加修改全部抄袭过来的；有改头换面，改换文章的作者、题目，稍微调整文章结构的；有适度融合，将别人观点、材料移植到自己文章、著作当中的。二是挂名。所谓"挂名"是指学术作品不是本人所写，而又署名，"名实"不符的现象。有相互署名的，两人中只要任何一人发表文章，都以两个人的名义发表；有孝敬领导的，把领导的名字排在作品的第一位，甚至白送给领导;有论资排辈的,成果署名的先后顺序并不是按照功劳大小排定,而是优先考虑谁的职位较高、资历较深,就排在前面,而真正做出贡献的人只能排在后面。三是一稿多投。将同一篇文章改换标题,仅对内容提要、关键词稍加修改,便作为一篇新文章投到另一家学术期刊,重复发表。四是版、权、钱交易。如版、钱交易,向出版社买书号出书、发表文章;杂志社以出版专辑的形式将部分版面高额出售给某个单位以谋取暴利。五是请托。如果写不出文章,就找"枪手"代写,给予"枪手"一定的报酬;想发表文章就利用社会关系帮忙实现。六是跑项目,圈钱花。这样的情形多发生在申报各级科研项目中,"三分学术,七分关系"已经成为不二法则。

4. 学生中存在部分腐败及亚腐败现象

由于受到不良风气的影响,各种社会腐败现象也在校园中折射出来,大学生中也出现了腐败和亚腐败现象。一是热衷权力。部分学生对权力过分热衷,靠拉关系、走后门或和领导套近乎,以赢得学生干部职位。二是拉帮结派。一些学生利用各种手段,拉拢其他学生干部,搞小团体,干扰干部选举、评优评先、贫困生认定等。三是以权谋私。如在举办活动、购买办公用品时,虚开发票多报账,有的学生干部虚报收入,将部分外来经费放入私囊。四是弄虚作假,如考试舞弊、虚开证明等情况依然存在。

案例:

从新中国功臣到人民罪人的堕落之路
——新中国成立初期刘青山、张子善严重贪污盗窃国家资产案

刘青山,1914年生,河北安国人,雇工出生。1931年6月加入中国共产党,曾任中共天津地委书记,被捕前任中共石家庄市委副书记。张子善,1914年生,河北深县(现为深州市)人,学生出身。1933年10月加入中国共产党,曾任中共天津地委副书记、天津专区专员,被捕前任中共天津地委书记。

1950年至1951年,他们在担任天津地区领导期间,盗窃地方粮款28.92亿元(旧币,下同,旧币1万元合新币1元)、防汛水利专款30亿元(还10亿元)、救灾粮款4亿元、干部家属救济粮款1.4亿元,克扣修机场民工供应补助粮款5.43亿元,赚取治河民工供应粮款3.75亿元,倒卖治河民工粮食从中渔利22亿元,此外,还以修建为名骗取银行贷款60亿元,从事非法经营,以上共计155.5亿元。

1951年11月,中共河北省第三次代表会议揭露了刘、张的罪行。同年12月,中共河北省做出决议,经中央华北局批准,将刘青山、张子善开除出党。1952年2月,河北省人民政府举办公审大会,随后河北省人民法院报请最高人民法院批准,判处刘青山、张子善死刑,立即执行,并没收其本人的全部财产。

刘青山、张子善案件是新中国成立初期"三反"运动中查出的一起党内领导干部严重贪污盗窃国家资产案件。刘青山、张子善是新中国的建国功臣。他们在党的培养教育下,无论是在抗日战争还是解放战争中,都艰苦奋斗,牢记历史使命,为党为人民做过很多有益的工作,建立过功绩。但在和平环境中,他们经不起资产阶级的腐朽思想和生活方式的侵蚀,逐渐腐化堕落,蜕化为人民的罪人。

这个案例告诫我们,在和平时期,特别是我国社会主义市场经济建设如火如荼的今天,社会思潮、经济发展方式、个人生活方式呈现多样化特点。在这样的背景下,如果不能坚守

道德底线,抵御腐朽思想的侵蚀,不能安于清贫,乐于奉献,极易腐化堕落,成为金钱的奴隶,成为人民唾弃的罪人。同时,案例中的刘青山、张子善,为新中国的建立立下了功绩,已经担任国家高级领导干部,但党和政府面对他们的贪污盗窃行为毫不姑息,严惩不贷,显示出党和政府一贯以来遏制腐败、坚守清廉的毅力和决心。当代大学生受西方思潮影响较大,价值取向呈现出多元化倾向,必须从现在开始选择和坚持为党纪国法所认可的价值观、人生观,才能在将来的社会生活中汲取前人教训,做清正廉洁的社会人。

知识链接

1.《中华人民共和国刑法》第三百八十二条规定:国家工作人员利用职务上的便利,侵吞、窃取、骗取或者以其他手段非法占有公共财物的,是贪污罪。

受国家机关、国有公司、企业、事业单位、人民团体委托管理、经营国有财产的人员,利用职务上的便利,侵吞、窃取、骗取或者以其他手段非法占有国有财物的,以贪污论。

与前两款所列人员勾结,伙同贪污的,以共犯论处。

2.《中华人民共和国刑法》第三百八十三条规定:对犯贪污罪的,根据情节轻重,分别依照下列规定处罚:

(一)贪污数额较大或者有其他较重情节的,处三年以下有期徒刑或者拘役,并处罚金。

(二)贪污数额巨大或者有其他严重情节的,处三年以上十年以下有期徒刑,并处罚金或者没收财产。

(三)贪污数额特别巨大或者有其他特别严重情节的,处十年以上有期徒刑或者无期徒刑,并处罚金或者没收财产;数额特别巨大,并使国家和人民利益遭受特别重大损失的,处无期徒刑或者死刑,并处没收财产。

对多次贪污未经处理的,按照累计贪污数额处罚。

犯第一款罪,在提起公诉前如实供述自己罪行、真诚悔罪、积极退赃,避免、减少损害结果的发生,有第一项规定情形的,可以从轻、减轻或者免除处罚;有第二项、第三项规定情形的,可以从轻处罚。

犯第一款罪,有第三项规定情形被判处死刑缓期执行的,人民法院根据犯罪情节等情况可以同时决定在其死刑缓期执行二年期满依法减为无期徒刑后,终身监禁,不得减刑、假释。

第二节 廉 洁

廉洁,即公正不贪、清白无污。很多人认为"廉洁应该是政府官员的事情,与大学生无关",实则不然。学校本是传授与学习知识的神圣殿堂,但受到社会不良风气的影响,大学生考试作弊、论文造假、逾期还贷等不良现象时常发生,对大学生的人生观、价值观的形成产生扭曲,也必将影响大学生走进社会后的自我成长。因此,养成和提高廉洁素质,已经成为当代大学生十分重要的任务。

一、廉洁的含义

在《现代汉语词典》中,"廉洁"指不损公肥私,不贪污。在《辞源》中解释为"公正,不贪污",正如我们平时说的廉洁奉公、清正廉洁。东汉著名学者王逸在《楚辞·章句》中注释为:"不受曰廉,不污曰洁。"即不接受他人馈赠的钱财礼物是"廉",不让自己清白的人品受到玷污为"洁"。

先哲对廉洁的解释、论述甚多。《论语》中关于廉洁的论述有两层含义：一是针对普通人而言。"富与贵，是人之所欲也。不以其道得之，不处也。"意思是说，对有道德的人来说，如果财富和高官显爵来路不正，他们就不要，这是告诉我们要廉洁处事。二是针对为官从政之人。"其身正，不令而行；其身不正，虽令不从。"主要讲的是官员如果自身清正廉洁，做出表率时，即使不下命令，老百姓也会跟着行动起来；官员如果自身贪污不正，即使下了命令，老百姓也不会听从。唐代柳宗元在《处士段弘古墓志》中提到："廉不贪直不倚。"宋代司马光在《文中子补传》中指出："廉者常乐无求，贪者常忧不足。"

从单个字面上看，"廉"有四种基本含义：作名词是指堂屋的侧边、棱角，如在《九章算术》中"边谓之廉，角谓之隅"，喻品行端方，有气节。作形容词时有两种意义，一是不贪污、廉正、廉明；二是便宜，价钱低，物美价廉。作动词时是指考察、查访。而"洁"的含义则较为单一，一是指干净，如清洁、整洁、纯洁。二是指廉明，不贪污，指人的品德高尚，如廉洁、洁身自好。

从古代的典籍解释及单个字的释义中，我们认为廉洁是洁身守道、高尚正直的道德品质和行为规范。它不仅是一个公民表现出的一种行为，更是一种思想、一种境界，廉洁不只是不贪不占，关键是思想正、灵魂净、心灵洁。对于社会普通人来说，廉洁是"不以其道得之，不处也"，不贪取不应得的钱财，要通过自己的辛勤劳动来获得，同时有光明豁达的人生态度。对于各行各业的从业者，尤其是掌握公共资源的为官从政者，要廉洁自律，秉公办事，不徇私情，不谋私利，全心全意为人民服务。

二、廉洁的重要性

1.廉洁是一个人优良品行的体现

顾炎武在《日知录·廉耻》中谈道："礼义，治人之大法；廉耻，立人之大节。盖不廉，则无所不取；不耻，则无所不为。"讲的是，礼义是社会管理的大法，廉耻是为人立身的大节，不廉洁就没有什么不贪取的，不知耻就没有什么不敢做的。自古以来，廉洁、洁身自好都是圣贤之人的追求，孟子的理想人格是"富贵不能淫，贫贱不能移，威武不能屈"。包拯时刻奉行"廉者民之表也，贪者民之贼也"的信条，他以端正的一言一行和独特的人格魅力，在人民群众中树起了一座雄伟的丰碑，永远保存在人民心中。今天，官员选拔十分重视廉洁之德的考察。从古至今，人们都将廉洁作为评价是非好坏的标准之一，只有廉洁才会获得尊重和敬佩。

2.廉洁关乎良好社会风气的形成

良好的社会风气是社会进步的表现，诸葛亮在《戒子篇》曾经有过"静以修身，俭以养德"的名言，艰苦朴素是老一辈无产阶级革命家廉洁作风的真实写照，周恩来总理就为我们做出了很好的榜样，他以"鞠躬尽瘁，死而后已"要求自己，默默奉献、廉洁自律，为身边的工作人员树立了榜样，为全国人民做出了最好的表率。如果社会上人人都能廉洁自律，用自己勤劳的双手实现自己的幸福生活，社会自然是一片和谐景象。

3.廉洁关系到党的事业传承和发展

唐代诗人李商隐在诗中写道："历览前贤国与家，成由勤俭破由奢。"不论在哪个朝代，节俭总被看作是持家立业的根本、定国安邦的保证。与此相反，清朝慈禧太后穷奢极欲，铺张浪费，致使清朝走向衰亡。在当代中国，廉洁同样重要，它是党的事业得以传承和发展的重要保证。

三、大学生如何廉洁

廉洁是中华民族的传统美德,也是道德规范的重要内容。廉洁的风气将极大地促进社会和谐稳定与经济良性循环。当前,随着我国社会文明程度的不断提高,要求我们每个公民不仅要自觉遵守职业道德、家庭美德、社会公德等基本道德规范,还要具备诚实守信、正直立身的良好品行。作为祖国未来建设者和接班人的大学生,应该具备比普通公民更高的诚实守信、清正廉洁的道德品质。在现实生活中,大学生要养成和提高廉洁自律的意识和品质,必须从以下六个方面着手。

1. 加强学习,提升学识

学习是学生的天职,是增长才干、提高素质的重要途径。我们党是一个十分重视学习的党。在建国初期,我们缺少治国安邦的知识,党中央就号召全党干部向书本学习,在实践中学习,在"一穷二白"的基础上,建立起了社会主义中国。大学生在努力学习科学文化知识、学习为社会和人民服务本领的同时,更要学习《思想道德修养与法律基础》等思想政治理论课,掌握更多的廉洁知识、法律知识,树立正确的人生观和价值观。大学生要充分利用图书馆、网络等多种渠道广泛阅读诗书典籍,不断提高自身的欣赏水平、审美情趣和道德修养。

2. 身体力行,自律自身

道德在于行,道德的养成在于行。大学生要利用周末、假期的时间积极参加社会实践。在服务人民群众的实践中,进一步接触社会,了解国情,可以深刻认识到可亲、可爱、善良的人民,从而激发其社会责任感和历史使命感。此外,要经常自我反省,对自己的言行和一段时间内的学习情况进行总结,通过不断的锻炼和反省来提高、完善自身。

3. 遵纪守法,弘扬正气

没有规矩,不成方圆。国无法不治,民无法不立。古罗马政治家、法律思想家西塞罗在《论法律》中提到:"法律是根据最古老的、一切事物的始源自然表述的对正义和非正义的区分,人类法律受自然引导,惩罚邪恶者,保障和维护高尚者。"人人守法纪,事事依法纪,则社会安宁,经济发展。在校大学生要遵纪守法,知法懂法,才能不犯法,要遵守学校的规章制度,行为举止文明礼貌。要崇廉尚洁、公道正派,坚决抵制各种歪风邪气。学会自我约束、自我规范,保持积极向上的心态。

4. 诚实守信,团结友爱

大学生要知行合一,答应别人的事情,要尽力做到,如果做不到,要及时向别人解释、道歉,努力做到"言必行,行必果"。在学习上要遵从学术规范,恪守学术道德,不作弊,不剽窃。要正直立身,自觉做到"慎独"。《大学》中有"所谓诚其意者,毋自欺也。如恶恶臭,如好好色,此之谓自谦。故君子必慎其独也。"可见,慎独必须以诚意为前提,慎独离不开诚意。大学生远离家乡,身边缺少关心、爱护的人,同学之间要团结友爱,相互关心,建立良好的人际关系。

5. 勤俭节约,艰苦奋斗

富兰克林在《致约翰·艾莱恩的信》中说:"只要你勤俭节约,你就会富裕。"他还有一句名言——"省一分就是挣一分",通过努力,使自己从一个穷孩子发迹成巨富,这对当代"蜜罐里长大"的大学生来说有着教育警示意义。在大学,我们随处可见食堂饭桌上剩下的饭菜,很多同学花钱大手大脚、上网成瘾、盲目追求时尚,每月父母打来的钱不到月底就花完了,只得向身边同学借钱,这些习惯很不好。艰苦奋斗从小事做起,大学生尤其要养成吃苦耐劳、艰苦奋斗的良好作风,珍惜他人和社会劳动成果,生活俭朴,杜绝浪费,不与人攀比,不爱慕虚荣,不追求超越自身和家庭实际的物质享受,牢固树立资源危机意识和勤俭节约意识,并在日常生活中从小事做起、从点滴做起。

6. 心怀感激,服务社会

鸟有反哺情,羊有跪乳恩。我们每一个人从出生之日起,就得到别人的帮助和支持。大学生作为国家栋梁之材,更是得到国家及社会各界的关心和爱护,对于那些帮助、关爱过我们的人,我们要永远铭记他们的恩情。滴水之恩当涌泉相报,我们要牢记父母的嘱托,铭记老师的谆谆教诲,懂得身上肩负着中华民族伟大复兴中国梦的历史使命。在平时的日常生活中,我们应当时刻怀着一颗感恩的心,保持阳光、积极的心态,珍惜身边的每一位亲友,积极参加各种公益活动,关心班集体的事情,对需要帮助的人,给予我们鼓励的微笑、贴心的话语、温暖的双手。学会感恩,我们也就学会了成长。当所有的感激汇集在一起就凝结成一句话——服务社会。

案例:

诚实自强的大学生典范王一硕

2000年,王一硕考上了河南中医学院,但每年学费就是6000元。家里就十几亩土地,供兄妹四人上学很困难,还四处向亲戚朋友借了不少钱。两个妹妹在读中学,王一硕退缩了,到西安去打工。河南中医学院帮助了他,为他申请助学贷款,使他走进了大学校园继续学习生活。

学费问题解决了,生活费从哪来呢?王一硕自力更生,用劳动养活自己,大学三年,他利用课余时间做过推销员,做过家教,捡过矿泉水瓶子,也卖过蔬菜水果……此间,他只花了家里300元钱,还给正在上学的妹妹寄钱。他每天只有两三元的伙食费,但他学习刻苦努力,成绩很好,始终不忘来之不易的学习机会,懂得感恩,回报社会。

王一硕大学快毕业的时候,他所学的专业就业形势很好,但他毅然选择了响应国家号召,参加了大学生服务西部志愿者计划,成为全国首批大学生服务西部志愿者的一员。怀着对社会感恩之心,王一硕来到了国家级扶贫重点县陕西省麟游县。他跑遍每个村庄、每个地块,查阅当地的气象资料,推广黄芪、柴胡等中药材的种植技术方案。在他的努力下,当地3万亩药材基地为群众增收近千万元。王一硕还自掏腰包印刷了3万本中药种植技术小册子免费送给群众。

王一硕的志愿者工作干得非常出色,荣获了"陕西省杰出青年志愿者""河南省十大杰出青年志愿者"称号,并获得"中国青年志愿者铜奖"奖章。

志愿者工作结束后,王一硕回到河南中医学院攻读研究生。如何还清助学贷款,一直是他心中的一件大事。为了挣钱还贷,他推销过药品,做过家教,还卖过春联。但这些打工的收入是远远不够的。王一硕在陕西做志愿者的时候,曾义务帮助药品企业申请过国家质量管理标准(GMP)认证。于是他发挥专业知识优势和工作经验,以低价为一家尚未通过GMP认证的药品企业做认证申请服务。由于他工作认真并使该企业顺利通过GMP认证,后来多家药品企业都慕名来找他合作。良好的诚信使王一硕获得了许多企业的信任,得到了更多的工作机会,成功赚到了还助学贷款的钱。期间,他主动与贷款银行保持联系,讲明自己的去向,并提前还清了助学贷款。之后,他被评为"全国诚实守信道德模范"。

王一硕自强、诚信、感恩的故事是大学生成才的榜样。诚信是人格的最基本素质。抱怨社会、抱怨父母是改变不了命运的,诚实做人、自强自立才能使人生道路越走越宽。

"天下兴亡,匹夫有责",作为祖国的未来和希望,青年大学生践行廉洁之德义不容辞。要成为一个廉洁的人,在立身方面,要以正直为本,做到直言不讳、刚直不阿、爱憎分明;在处事方面,要做到严于律己、宽以待人、尊重他人。做一个廉洁自律的好公民,做到爱国守法、明礼诚信、团结友善、勤俭自强、敬业奉献。在任何情况下都坚持原则,廉洁自守,不以权谋私,不挥霍浪费,不侵害公共利益,为国家富强、社会进步做出应有的贡献。青年学子们,接过传承廉洁的火炬,为中华民族的廉洁之德注入新的内涵。

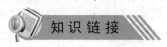

《中国共产党廉洁自律准则》

党员廉洁自律规范

第一条　坚持公私分明,先公后私,克己奉公。
第二条　坚持崇廉拒腐,清白做人,干净做事。
第三条　坚持尚俭戒奢,艰苦朴素,勤俭节约。
第四条　坚持吃苦在前,享受在后,甘于奉献。

党员领导干部廉洁自律规范

第五条　廉洁从政,自觉保持人民公仆本色。
第六条　廉洁用权,自觉维护人民根本利益。
第七条　廉洁修身,自觉提升思想道德境界。
第八条　廉洁齐家,自觉带头树立良好家风。

第三节　大学生廉洁教育

开展大学生廉洁教育,是贯彻落实中共中央《建立健全教育、制度、监督并重的惩治和预防腐败体系实施纲要》和教育部《关于在大中小学全面开展廉洁教育的意见》精神,进一步加强和改进大学生思想政治教育的新举措。大学生廉洁教育工作是一个系统工程,既要遵循青少年成长成才的规律,突出大学生自身特点,又要结合反腐倡廉教育的总体要求,找准着力点和着眼点,发挥学校教育资源优势,提高大学生廉洁教育的实效性。

一、大学生廉洁教育的含义

大学生廉洁教育既具有一般思想政治教育的属性,又有其自身特殊的内涵和外延。要准确界定大学生廉洁教育的含义,必须先搞清楚廉洁教育这一基础含义。目前,学界对廉洁教育含义的界定颇多,可归纳为以下几种。

第一种:廉洁教育是教育者有目的、有计划、有组织地对受教育者施加廉洁思想影响的实践活动,其教育对象是全体公民。

第二种:廉洁教育是一种使受教育者变得廉洁或更加廉洁的特殊活动,社会共同体和执政集团指派和委托特定的教育者借助一定的"教育影响",间接地将社会公众,特别是掌握公共权力、承担公共管理职能的公职人员培育成具有廉洁之德、守持廉洁之行的中坚分子,使他们忠实地行使职权,积极扮演公共责任承担者和公共利益维护者角色的活动。

第三种:廉洁教育是指教育者通过综合的、多维度的教育方式和丰富多彩的、富有成效的教育内容,在一定时间里对受教育者进行有关廉洁方面的教育实践活动,促进受教育者的廉洁习成、廉洁塑造、廉洁保持以及廉洁的光大。

第四种:廉洁教育是指教育者营造适合廉洁教育对象廉洁品质形成的教育环境,使受教育者与教育者在教育环境中交互影响,进而促进受教育者在廉洁认知、情感和践行能力等方面不断构建和提升的教育活动。

综合以上的四种观点,大学生廉洁教育,除了要明确教育目标、对象和方式外,还要强调大学生的能动性。因此,大学生廉洁教育可以定义为:教育者营造适合大学生廉洁品质形成的教育环境,使大学生与教育者在教育环境中交互影响,促进自身廉洁认知、情感和践行能力等方面不断建构和提升的教育活动。为适应大学生的特点,廉洁教育的重点应放在基本理论知识教育、弘扬廉洁文化、培养大学生廉洁品质上。

二、开展大学生廉洁教育的意义

1. 有利于培养社会主义事业建设者和接班人

对于一个国家而言,人才是最宝贵的资源,是保持一个国家综合实力和核心竞争力的决定性因素。大学生有知识,最具发展潜力,最富有创新力,代表着国家的未来和民族的希望。大学生的廉洁品质如何,直接影响党风、政风和社会风气的进步与好转。高校是人才培养的摇篮,不仅要教会大学生如何做事,更要教会大学生怎么做人,让大学生真正懂得什么是"德",怎样才能做一个德才兼备的人。因此,将廉洁教育前移至大学阶段,致力培养大学生廉洁品质,对培养"又红又专"的社会主义事业建设者和接班人具有重大而深远的意义。

2. 有助于构建社会主义和谐社会

社会的和谐需要社会各行各业全体成员的共同参与,大学生也不例外。腐败已经并正在破坏社会各要素之间的和谐关系,已经成为导致社会不和谐、不稳定、不公平的重要因素。大学生是最具影响力的社会群体之一,腐败在大学生中也时有发生,如果不针对大学生开展廉洁教育,让他们"自然成长",对腐败从反感到无所谓到认同到随波逐流,一旦他们踏入社会、走向工作岗位,很可能把这些不良认识带入自己的工作领域,甚至成为腐败分子,势必阻碍社会主义和谐社会建设。因此,加强大学生廉洁教育,将廉洁教育渗透到校园文化建设、和谐校园建设过程中,以此引导大学生树立强烈的社会责任意识,启发大学生的思想道德觉悟,引导大学生正确认识廉洁的重要性,对于营造以廉为荣、以贪为耻的社会风尚,构建和谐社会、共创和谐社会具有重要意义。

3. 有助于丰富和完善高校德育内容体系

由于一些高校对大学生廉洁教育没有引起足够的重视,高校廉洁教育还未经常化,没有形成长效机制,内容也未形成体系。已有的廉洁教育内容与大学生的思想实际结合不紧密。针对这些问题,积极推进大学生廉洁教育,逐步形成大学生廉洁教育的目标体系、内容体系、方法体系,有利于丰富和完善高校德育内容体系,使大学生思想政治教育更具完整性。

4. 有利于大学生的健康成长

总体上讲,大学生的世界观、人生观和价值观的主流是好的、积极向上的。但是,随着国际国内形势的深刻变化,大学生面临着西方文化思潮、价值观念的冲击,容易诱发拜金主义、享乐主义和极端个人主义。大学校园中出现的学生家长馈赠宴请教师、招生中徇私舞弊、违规收费、就业拉关系等不正之风,也会对大学生产生更具冲击力的现实影响。一些大学生考试作弊、干部贿选、请客送礼、拉帮结派等腐败现象也客观存在,势必影响到大学生的健康成长。把廉洁教育纳入高校教育教学和人才培养的全过程,引导大学生认清腐败现象的本质和危害,帮助大学生树立"崇廉尚洁"的价值观念,学会自警自律,对促进大学生健康成长成才具有重要意义。

三、大学生廉洁教育的基本范式

1. 总体要求上应坚持四个原则

一是适配性原则。大学生廉洁教育要适合大学生的年龄层次、心理特点、知识水平和接受能力,注重思想性和趣味性的统一,注重方式方法的多样性,增强生动性和感染力。二是正面引导原则。大学生廉洁教育在安排上要考虑大学生的是非辨别能力,重点采取正面引导的方式,例如,开展社会主义核心价值观教育、基本道德规范教育、法律法规教育、革命传统教育、先进典型教育等,在校园文化建设中融入廉政文化建设。三是全面渗透原则。发挥高校教育资源优势,将大学生廉洁教育渗透到课堂教学、日常教育管理、网络思想政治教育、第二课堂活动、社会实践等环节,不另搞一套。四是自我教育原则。大学生廉洁教育仅靠施教者的努力是不够的,往往会出现"隔靴搔痒"的情况,要尊重大学生的主体地位,引导大学生自觉改造自己的主观世界,加强自我修养,廉洁自律。

2. 内容安排上应区别好两个范畴

即区分好大学生思想政治教育内容与"狭义"的大学生廉洁教育内容范畴。大学生廉洁教育离不开理想信念教育、爱国主义教育、思想政治教育、法治纪律教育等,这对于引导和督促大学生保持廉洁、拒腐防变具有重要作用。但在高校,这些内容主要归属于大学生思想政治教育范畴,有其自身一套教育体系和范式。在实践操作层面不宜将这些内容划入大学生廉洁教育内容范畴,避免"搞一次理想信念教育就等于搞了廉洁教育""搞了普法教育就等于搞了廉洁教育"的现象出现。大学生廉洁教育的主要内容应包括:有关腐败、廉洁的基本知识,国家反腐倡廉相关理论、做法和经验,国家有关反腐倡廉的政策法规文件,全球反腐概况、合作反腐问题,学生如何保持廉洁自律等。

3. 途径设计上应抓好五个载体

一是将廉洁教育融入课堂教学。可适度、适时纳入专业课教师教书育人环节,切忌为纳入而纳入。应纳入思想政治理论课、形势与政策课,按学校实际占有一定的课时。二是将廉洁教育纳入校园网。在学校主页上设置大学生廉洁教育网页,设置理论之窗、上级精神、法律法规、名人名言、经典阅读、先进典范、学生成果、他山之石、学习体会等栏目,同时链接校外廉洁教育网站。三是将廉洁教育纳入第二课堂活动。采取报告、讲座、座谈、演讲、辩论、征文、漫画、书法等活动形式,适度开展廉洁教育活动。四是将廉洁文化融入校园文化。如制作廉洁文化类纸杯、书签和电脑屏保等,制作廉洁教育类板报、黑板报、文化橱窗,在具体的校园文化活动中融入廉洁教育的元素等。五是将廉洁教育纳入社会实践活动中,如组织学生参观廉洁教育基地,到法庭旁听审判,到监狱接受警示教育,开展社会调查,开展廉政宣讲活动等。

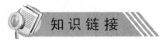 知识链接

教育部《关于在大中小学全面开展廉洁教育的意见》指出,大学阶段廉洁教育的目标和主要内容是:以社会主义核心价值体系为引领和主导,加强法制和诚信教育,加强社会公德、职业道德和家庭美德教育,组织学习党和国家关于党风廉政建设和反腐败方面的方针政策、法律法规等,引导大学生树立报效祖国、服务人民的信念,不断提高大学生的道德自律意识,增强拒腐防变的良好心理品质,逐步形成廉洁自律、爱岗敬业的职业观念。

第十五章 自然灾害

第一节 应对雷电

据统计，现今全球平均每年因雷电灾害造成的死亡人数在3000人以上。雷电灾害目前已被联合国列为全球十大自然灾害之一。

一、雷电的概念

雷电是一种自然界的放电现象，发生时伴随有闪电和雷鸣。雷电一般产生于对流旺盛的雨云中，由于云层的摩擦，导致电荷累积，进而产生雷电。因此，雷电也常常伴随有强烈的阵风和暴雨。

雷电会带来强大的电流冲击，在经过物体时会产生高温及强大的冲击效应，并对周围产生强烈的电磁辐射，因此，雷电具有极强的瞬间破坏能力。人被雷电击中，则会在身体上出现雷击纹，并导致皮肤烧伤、表皮脱落、皮内出血等损伤，并对耳鼓膜和内脏造成损害冲击，严重者可导致心跳、呼吸停止、脑组织受损。

二、在哪些地方容易遭雷击

一般来说，雷击容易发生在土壤电阻率较小和土壤电阻率变化明显的地方。有金属矿床的地区、河床、地下水出口处、山坡与稻田接壤处、山坡和山脚下、河边、湖边、海边、低洼地区和地下水位高的地方，都是容易遭受雷击的地方。一些孤立的铁塔、烟囱等高大建（构）筑物，也容易遭受雷击。当雷雨来临时，由于树木比较高大，容易受雷电袭击。在雷雨天应远离大树，并尽可能下蹲，双脚并拢。

三、如何预防雷击事故

1.恶劣天气预防雷击注意内容

①大风、雷雨等恶劣天气中，应尽量减少外出。如必须外出走时，应仔细地观察地形，谨慎行路，以免踩到电线。应避免在电线杆、铁塔等电力设施附近走动，遇到垂落的电线也应绕行。

②外出行走时不要赤脚。

③在室内，如遇雷雨大风天气，应及时将正在运转的电器关闭，并拔出插头；不要赤手赤脚去修理带电的线路或设备；如果不慎浸水，应立即切断电源，以防止正在使用的电器因进水、绝缘损坏而发生事故。

④雨天在外行走时，要注意观察，不要与路灯杆、信号灯杆及落地广告牌的金属部分接触，遇有积水的地方应绕行。

⑤发现配电盘、厢式变电站等电力设施被水淹没，不要靠近，并及时通知供电部门进行处理。

2. 被雷击后可采取的急救办法

①伤者就地平卧,松解衣扣、腰带等。

②立即进行口对口人工呼吸和胸外心脏按压,坚持到病人苏醒为止。

③手导引或针刺人中、十宣、涌泉、命门等穴位。

④送医院急救。

雷雨天不要在树下避雨;电源线不要超负荷;不要用湿手湿布擦带电灯头。

雷雨天如何防雷击?有些人认为,建筑物只要安装了避雷针和避雷带,建筑物内的人和设备便不会遭到雷击。

这种观点是错误的。首先,避雷针的避雷作用有一定保护范围,当建筑物超出避雷针保护范围时,便不受避雷针的保护。其次,避雷针的性能是否符合技术要求(如材料规格、接地阻值等)犹未可知;若因年久失修失去作用,不但起不到防雷效果,反而会增加雷击概率。再次,避雷针只能保护建筑物不受雷击,而不能保护建筑物内部的人和设备免遭雷击。避雷针只能将50%的雷电能量泄放入地,其余50%的能量会通过感应作用和能量耦合,通过各种管线和设备泄放入地。

四、遇到雷电天气应该注意哪些

1. 遇到雷鸣闪电注意内容

①遇有强雷鸣闪电时,应尽量待在室内不要冒险外出。不要使用设有外接天线的收音机和电视机,不要接打电话。

②如在室外,应立即寻找庇护所。通常将装有避雷针的、钢架的或钢盘混凝土建筑物作为避雷场所,具有完整金属车厢的车辆也可以利用。

③没有掩蔽所时,千万不要靠近空旷地带或山顶上的孤树,这些地方最易受到雷击。不要待在开阔的水域和小船上;尽量避开高树林子的边缘,以及电线、旗杆的周围和干草堆、帐篷等无避雷设备的高大物体附近;不要靠近铁轨、长金属栏杆和其他庞大的金属物体,山顶、制高点等场所也不能停留。

④雷电期间,最好不要骑自行车和摩托车;不要携带金属物体露天行走;不要靠近避雷设备的任何部分。

⑤如找不到合适的避雷场所时,应尽量降低重心和减少人体与地面的接触面积,可蹲下,双脚并拢,手放膝上,身向前屈,千万不要躺在地上、壕沟或土坑里,如能披上雨衣,防雷效果就更好。在野外的人群,无论是运动的还是静止的,都应拉开几米的距离,不要挤在一起,也可躲在较大的山洞里。

⑥注意:如果头发竖起或皮肤发生颤动时,就预示着可能要发生雷击了,此时应立即倒在地上。受到雷击的人可能被烧伤或造成严重休克,但身上并不带电,可以安全救护。

⑦强雷鸣闪电时,一定不要使用手机!

2. 个人防雷注意内容

①应该留在室内,并关好门窗;在室外工作的人应躲入建筑物内。

②不宜使用无防雷措施或防雷措施不足的电视、音响等电器,不宜使用水龙头。

③切勿接触天线、水管、铁丝网、金属门窗、建筑物外墙,远离电线等带电设备或其他类似金属装置。

④不要使用电话和手提电话。

⑤切勿游泳或从事其他水上运动,不宜进行室外球类运动,离开水面以及其他空旷场地,寻找地方躲避。
⑥切勿站立于山顶、楼顶或接近其他导电性高的物体。
⑦切勿处理开口容器盛载的易燃物品。
⑧在旷野无法躲入有防雷设施的建筑物内时,应远离树木和桅杆。
⑨在空旷场地不宜打伞,不宜肩扛较长的物件。
⑩不宜骑用摩托车和自行车。

五、典型案例

案例一: 2008年5月26日下午2时许,广州地区雨势又急又猛且伴有雷电,某大学医学院女生朱某和苏某同撑一把伞,路经学校北门到教室上课,不幸被闪电击中,当场昏迷。苏某的头部被灼伤,朱某的胸部被灼伤。

案例二: 2014年,加拿大安大略省某市警方当地时间9月5日确认,一名18岁的女大学生当天早晨在该市一大学校园内遭到雷击身亡。警方称,当天早上约9时,警方应急服务部门接到一大学报告一名行人被雷击后,立即做出响应。警方介绍,受害人是一名大学一年级的女学生。当地消防部门称,遇难女学生当时站在树下,雷电击中树木,电流传到了她的身体。据两名目击者称,他们看到一名女生被雷击中倒在树下,身上冒着烟,皮肤被烧焦。警方称,这名女学生被发现时已经没有了生命迹象,送医院几分钟后,被宣布死亡。

知识链接

1. 休克人员的救助方法

休克是一种急性循环功能不全综合征,人员休克时表现为血压下降、心率增快、脉搏细弱、全身乏力、皮肤湿冷、面色苍白或青脉萎陷。休克人员开始时意识尚清醒,如不及时对其进行救助,则可能进入昏迷状态甚至死亡。

①将休克人员平卧,下肢稍抬高,以利于对大脑血流供应。如休克人员有呼吸困难,则将其头部和躯干稍抬高一点,以利于呼吸。

②将休克人员颈部垫高,下颌抬起,使头部最大限度地后仰,同时头偏向一侧,防止呕吐物和分泌物进入呼吸道,保持其呼吸畅通,尤其是休克伴昏迷者。

③注意给体温过低的休克人员保暖,盖上被子或毯子,但对伴发高烧的感染性休克人员应给予降温处理。

④保持安静,避免随意搬动休克人员,以免增加其心脏负担,使休克加重。

⑤如因过敏导致的休克,应尽快使休克人员脱离致敏场所和致敏物质。

⑥有条件的要立即让休克人员吸氧,对未昏迷的休克人员,应酌情给予含盐饮料。

⑦一旦发现人员出现休克,应分秒必争打"120"急救,或尽快送至就近医院抢救。

2. 晕厥人员的救助方法

晕厥亦称晕倒,晕厥人员由于脑部一时性血液不足或脑血管痉挛而发生暂时性知觉丧失而突然昏倒。情绪紧张、气候闷热、过度疲劳、疼痛恐惧等可诱发血管神经性晕厥。高血压、心律失常、心肌炎、心肌梗死等疾病可导致心脑疾病与晕厥发生。

①迅速将晕厥人员平卧,将其腰带、领扣松解,打开门窗,便于空气流通。

②将晕厥人员头部稍低,双足略抬高,保障脑部供血。

③随时清除晕厥人员口、喉中的分泌物,以便呼吸畅通。
④对呼吸暂停的晕厥人员,应立即进行口对口人工呼吸。
⑤可针刺或用手指掐晕厥人员的人中、内关、合谷等穴位,促使其苏醒。
⑥如晕厥人员有心脏病史,并怀疑是心脏病引起的晕厥时,应取半卧位,以利呼吸。
⑦注意对晕厥人员身体的保暖,随时观察其呼吸、脉搏等情况。
⑧待晕厥人员清醒后,可给其服用温糖水或热饮料。在晕厥人员晕厥时,切忌经口给其任何饮料及药物。
⑨经救助仍未清醒者,应立即打"120"急救,或尽快送至就近医院抢救。

3.被雷击伤人员的救护方法

①若伤者遭受雷击后衣服着火,救助者应马上让伤者躺下,使火焰不致烧伤其面部。向伤者身上泼水,或者用衣服、被子等把伤者裹住,扑灭火焰。

②若伤者失去知觉,但有呼吸和心跳,则伤者有可能自行恢复。救助者应让其舒展平卧,安静休息后送医院治疗。

③若伤者已停止呼吸和心跳,这有可能是"假死",此时应采取紧急措施进行抢救。救助者先对其进行口对口人工呼吸,然后对伤者进行心脏按压,并迅速拨打"120"急救电话,或送附近医院进行抢救。

第二节 应对暴雨、洪水、泥石流、滑坡

一、暴雨灾害

1.暴雨灾害的概念

暴雨是降水强度很大的雨。我国气象上规定,24小时降水量为50毫米或以上的雨称为暴雨。按其降水强度大小又分为三个等级,即24小时降水量为50~99.9毫米称暴雨;降水量为100~250毫米称为大暴雨;降水量250毫米以上称为特大暴雨。

暴雨灾害指的是一次短时的或连续的强降水过程,在地势低洼、地形闭塞的地区,雨水不能迅速宣泄造成农田积水和土壤水分过度饱和,给农业带来灾害;甚至引起山洪暴发、江河泛滥、堤坝决口,给人民和国家造成重大经济损失。

暴雨的发生主要是受到大气环流和天气、气候系统的影响,是一种自然现象。但暴雨对社会的生产、生活是否造成灾害,取决于社会经济、人口、防灾抗灾能力等诸多因素,因而暴雨灾害的发生不仅有其自然的原因,而且有社会和人为因素的影响。

2.应对暴雨的措施

为了在暴雨来临时减少受到的伤害,在暴雨来临前应该做到:

①检查房屋是否牢固,如果是危旧房屋,或处于低洼地势的房屋,应及时撤出。
②及时疏通排水管道,保持排水顺畅。
③检查电路等基本设施安全情况,关闭电源总开关。
④若出门在外,则需要小心道路上的低凹处,防止跌入坑洞中。水深看不见底的地方不要去。在积水中行走要注意观察,如果发现路面有漩涡、突泉,应远远绕行。
⑤暴雨来临时不要到低洼处,要去地势较高且相对安全的地方躲避。

二、洪水灾害

1.洪水灾害的概念及产生因素

洪水是一种水文现象,是指超过江河、湖泊、水库、海洋等水场所的承纳能力,造成水量剧增或水位急涨的现象。

洪水的产生因素大致可分为暴雨洪灾、冰凌融雪洪灾、风暴潮灾害、海啸灾害、溃坝洪灾等五类。其中前四类的产生因素属于突然的水量激增,溃坝洪灾的产生因素属于容纳环境的破坏。

洪水按照形成后的表现形式,还分为溃决型、漫溢型、内涝型、蓄洪型、山地型、海岸型、城市型。

2.洪水灾害的危害性

在各种自然灾害中,洪水最常见且危害最大。洪水出现频率高,波及范围广,来势凶猛,破坏性极大。洪水不但淹没房屋和人口,造成大量人员伤亡,而且还卷走人们居住地的一切物品,包括粮食,并淹没农田,毁坏农作物,导致粮食大幅度减产,从而造成饥荒。洪水还会破坏工厂厂房,通信与交通设施,从而对国民经济造成破坏。同时,洪水暴发之后还会滋生多种细菌,引起疾病,对灾后建设造成极大的影响。

3.面对洪水的自救措施

①受到洪水威胁,如果时间充裕,应按照预定路线,有组织地向山坡、高地等处转移;在措手不及,已经被洪水包围的情况下,要尽可能地利用船只、木排、门板、木床等,进行水上转移。

②洪水来得太快,已经来不及转移时,要立即爬上屋顶、楼房高屋、大树、高墙,暂时避险,等待援救。不要单独游水转移。

③在山区,如果连降大雨,很容易暴发山洪。遇到这种情况,应该注意避免渡河,以防被山洪冲走,还要注意防止山体滑坡、滚石、泥石流的伤害。

④发现高压线铁塔倾倒、电线低垂或断折时,要远离避险,不可触摸或接近,防止触电。

⑤在市区,可以扎制木排,或搜集木盆、木块等漂浮材料加工为救生设备以备急需;洪水到来时难以找到适合的饮用水,所以在洪水来之前可用木盆、水桶等盛水工具贮备干净的饮用水。

三、泥石流灾害

1.泥石流的概念

泥石流是山区常见的自然地质现象,是指在降水、溃坝或冰雪融化形成的地面流水作用下,在沟谷或山坡上产生的一种挟带大量泥沙、石块等固体物质的特殊洪流。

泥石流往往突然暴发,浑浊的流体沿着陡峻的山沟前推后拥、奔腾咆哮而下,地面为之震动,山谷犹如雷鸣,在很短时间内将大量泥沙石块冲出沟外,在宽阔的堆积区横冲直撞、漫流堆积,常常给人类生命、财产造成很大危害。

案例: 2010年8月7日22时许,甘肃省甘南藏族自治州舟曲县突降强降雨,县城北面的罗家峪、三眼峪泥石流下泄,由北向南冲向县城,造成沿河房屋被冲毁,泥石流阻断白龙江,形成堰塞湖。舟曲县内三分之二区域被水淹没,县城部分街道一片汪洋。形成堰塞体的泥石流掩埋了一个300余户的村庄。舟曲县城里最靠近北山的村子月圆村基本上找不到完整的房屋。而在排洪沟的两侧,大部分的房屋要么被冲毁,要么被泡在水中。舟曲县城关第一小学在经过泥石流之后,只剩下了一栋教学楼,其余的教室和操场全部被冲毁;而城关镇政府的办公楼则被完全夷为平地。据中国舟曲灾区指挥部消息,截至21日,舟曲"8·8"特大泥石流灾害中遇难1434人,失踪331人,累计受灾人数2062人。

2. 泥石流的分类

(1) 物质成分分类

泥石流按其物质成分可分成三类:

①由大量黏性土和粒径不等的砂粒、石块组成的叫泥石流。

②以黏性土为主,含少量砂粒、石块,黏度大,呈稠泥状的叫泥流。

③由水和大小不等的砂粒、石块组成的为水石流。

(2) 物质状态分类

泥石流按其物质状态可分为两类:

①黏性泥石流,含水量黏性土的泥石流或泥流。其特征是:黏性大,固体物质占40%~60%,最高达80%。水不是搬运介质,而是组成物质。稠度大,石块呈悬浮状态,暴发突然,持续时间短,破坏力大。

②稀性泥石流,以水为主要成分,黏性土含量少,固体物质占10%~40%,有很大分散性。水为搬运介质,石块以滚动或跃移方式前进,具有强烈的下切作用。其堆积物在堆积区呈扇状散流,堆积后似"石海"。

以上分类是我国最常见的两种分类,除此之外还有多种分类方法。例如,按泥石流的成因分类,有冰川型泥石流、降雨型泥石流;按泥石流沟的形态分类,有沟谷型泥石流、山坡型泥石流;按泥石流的流域大小分类,有大型泥石流、中型泥石流和小型泥石流;按泥石流发展阶段分类,有发展期泥石流、旺盛期泥石流和衰退期泥石流等。

3. 泥石流的特点

泥石流特点是沿沟"流动",具有明显的直进性和非恒定性。它是在重力作用下,物质由高处向低处的一种运动形式。因此,流动的速度受地形坡度的制约,即地形坡度较缓时,泥石流的运动速度较慢;地形坡度较陡时,泥石流的运动速度较快。

当泥石流运动速度较快,并且当泥石流运移路径上有路桥、城镇、村庄分布时,常常由于人们猝不及防而造成巨大生命、财产损失。所以,泥石流与滑坡、崩塌一样是山区最为常见的突发性地质灾害。

泥石流的发生具有突然性,但事实上,泥石流的发生要经历一个孕育——发生——发展——休止的过程,只是时间上有的长、有的短。在孕育阶段,都或多或少、或显或隐地有一些前兆显示。如果能及时捕捉到这些前兆,就能为防灾、避灾赢得宝贵时间。

4. 泥石流的识别

物源依据:泥石流的形成,必须有一定量的松散土、石参与。所以,沟谷两侧山体破碎、疏散物质数量较多,沟谷两边滑坡、垮塌现象明显,植被不发育,水土流失、坡面侵蚀作用强烈的沟谷,易发生泥石流。

地形地貌依据:能够汇集较大水量、保持较高水流速度的沟谷,才能容纳、搬运大量的土、石。沟谷上游三面环山、山坡陡峻,沟域平面形态呈漏斗状、勺状、树叶状,中游山谷狭窄、下游沟口地势开阔,沟谷上、下游高差大于300米,沟谷两侧斜坡坡度大于25°的地形条件,有利于泥石流形成。

水源依据:水为泥石流的形成提供了动力条件。局地暴雨多发区域、有溃坝危险的水库、塘坝下游、冰雪季节性消融区,具备在短时间内产生大量流水的条件,有利于泥石流的形成。其中,局地性暴雨多发区,泥石流发生频率最高。

如果一条沟在物源、地形、水源三个方面都有利于泥石流的形成,这条沟就是泥石流沟。但泥石流发生频率、规模大小、黏稠程度,会随着上述因素的变化而发生变化。已经发生过泥石流的沟谷,今后仍有发生泥石流的危险。

以上的判别是范围性的判别,当身处山区时,可以通过"看"和"听"来判断是否会发生泥石流。

①看:指观察到河(沟)床中正常流水突然断流或洪水突然增大并且河水开始变浑浊,当有上述异常情况出现,可能意味着河(沟)上游泥石流将要发生或已经发生,应立即撤离。

②听:指深谷或沟内传来类似火车轰鸣声或闷雷声,哪怕极其微弱也可认定泥石流正在形成。如果沟谷深处变得昏暗并伴有轰鸣声或轻微的振动声,也说明沟谷上游已发生泥石流。一旦遭遇大的降雨,要迅速转移到高处避险。不要在顺沟方向躲避,而要垂直于河流,往河沟两边的山坡上避险。

5.泥石流发生时如何自救

①沿山谷徒步时,一旦遭遇大雨,并察觉到泥石流的发生,应马上与泥石流成垂直方向向两边的山坡上爬,爬得越高越好,跑得越快越好,绝对不能往泥石流的下游走。

②注意观察周围环境,特别留意是否听到远处山谷传来打雷般的声响,如听到要高度警惕,这很可能是泥石流将至的征兆。

③要选择平整的高地作为营地,尽可能避开有滚石和大量堆积物的山坡下面,不要在山谷和河沟底部扎营。

四、滑坡灾害

1.滑坡的概念

滑坡是指斜坡上的土体或者岩体,受河流冲刷、地下水活动、雨水浸泡、地震及人工切坡等因素影响,在重力作用下,沿着一定的软弱面或者软弱带,整体地或者分散地顺坡向下滑动的自然现象。运动的岩(土)体称为变位体或滑移体,未移动的下伏岩(土)体称为滑床。

案例:2007年6月15日下午5时许,位于清太坪镇大堰塘村三组的500万立方米滑坡体坠入300米以下的清江,卷起15~30米高的涌浪。险区1000米以外邻近乡镇正在劳作的18人受滑坡体冲击,其中10人获救,8人失踪,另有15栋房屋滑入清江。险情同时危及巴东县清太坪、水布垭、金果坪三个乡镇的部分区域。当地政府随即组织险区附近受灾群众72户287人紧急避险。截至17日凌晨,滑坡体总方量已超过500万立方米,8人失踪,15栋房屋滑入清江。

2.滑坡发生的预兆

不同类型、不同性质、不同特点的滑坡,在滑动之前,均会表现出不同的异常现象,显示出滑动的预兆。

归纳起来常见的有以下几种:

①大滑动之前,在滑坡前缘坡脚处,有堵塞多年的泉水复活现象,或者出现泉水(水井)突然干枯、井(钻孔)水位突变等类似的异常现象。

②在滑坡体中、前部出现横向及纵向放射状裂缝,它反映了滑坡体向前推挤并受到阻碍,已进入临滑状态。

③大滑动之前,在滑坡体前缘坡脚处,土体出现上隆(凸起)现象。这是滑坡向前推挤的明显迹象。

④大滑动之前,有岩石开裂或被剪切挤压的声响,这种迹象反映了深部变形与破裂。动物对此十分敏感,有异常反应。

⑤临滑之前,滑坡体四周岩体(上体)会出现小型坍塌和松弛现象。

⑥如果在滑坡体上有长期位移观测资料,那么大滑动之前,无论是水平位移量还是垂直位移量,均会出现加速变化的趋势。这是明显的临滑迹象。

⑦滑坡后缘的裂缝急剧扩展,并从裂缝中冒出热气(或冷风)。

⑧动物惊恐异常,植物变态。如猪、狗、牛惊恐不宁、不入睡,老鼠乱窜不进洞,树木枯萎或歪斜等。

3.如何判断滑坡稳定性

在野外,从宏观角度观察滑坡体,可以根据一些外表迹象和特征,粗略地判断它的稳定性。

(1)已稳定的堆积层老滑坡体

已稳定的堆积层老滑坡体有以下特征:

①后壁较高,长满了树木,找不到擦痕,且十分稳定。

②滑坡平台宽、大,且已夷平,土体密实无沉陷现象。

③滑坡前缘的斜坡较缓,上体密实,长满树木,无松散坍塌现象。前缘迎河部分有被河水冲刷过的迹象。

④河水已远离滑坡舌部,甚至在舌部外已有漫滩、阶地分布。

⑤滑坡体两侧的自然冲刷沟切割很深,甚至已达基岩。

⑥滑坡体舌部的坡脚有泉水流出等。

(2)不稳定的滑坡

不稳定的滑坡常具有下列迹象:

①滑坡体表面总体坡度较陡,而且延伸较长,坡面高低不平。

②有滑坡平台,面积不大,且有向下缓倾和未夷平现象。

③滑坡表面有泉水、湿地,且有新生冲沟。

④滑坡体表面有不均匀沉陷的局部平台,参差不齐。

⑤滑坡前缘土石松散,小型坍塌时有发生,并面临河水冲刷的危险。

⑥滑坡体上无巨大直立树木。

需要指出,以上标志只是一般而论,若要做出较为准确的判断,还需进一步观察和研究。

4.遭遇滑坡如何自救

当遇到滑坡正在发生时,首先应镇静,不可惊慌失措。为了自救或救助他人,应该做到以下几点:

①要迅速环顾四周,向较为安全的地段撤离。一般除高速滑坡外,只要行动迅速,都有可能逃离危险区段。跑离时,向两侧跑为最佳方向。在向下滑动的山坡中,向上或向下跑均是很危险的。当遇到无法跑离的高速滑坡时,更不能慌乱,在一定条件下,如滑坡呈整体滑动时,原地不动,或抱住大树等物,不失为一种有效的自救措施。在确保安全的情况下,离原

居住处越近越好,交通、水、电越方便越好。同时要听从统一安排,不要自择路线。当无法继续逃离时,应迅速抱住身边的树木等固定物体。可躲避在结实的障碍物下,或蹲在地坎、地沟里。应注意保护好头部,可利用身边的衣物裹住头部。

②对于尚未滑动的滑坡危险区,一旦发现可疑的滑坡活动,应立即报告邻近的村、乡、县等有关政府或单位,以便组织有关政府、单位、部队、专家及当地群众参加抢险救灾活动。

③滑坡时,极易造成人员受伤,当受伤时应呼救"120"。呼救时应说明灾害事件发生的时间、地点以及事件的性质、伤情、伤亡人数、急需哪方面的救援以及呼救人的姓名、单位、所用呼救电话号码。遭遇山体滑坡时,首先要沉着冷静,不要慌乱。然后采取必要措施迅速撤离到安全地点,避灾场地应选择在易滑坡两侧边界外围。

④滑坡停止后,不应立刻回到室内检查情况。因为滑坡会连续发生,贸然回到室内,可能会遭到第二次滑坡的侵害。只有当滑坡已经过去,并且自家的房屋远离滑坡,确认完好安全后,方可进入。

第三节 应 对 地 震

一、地震的概念

地震又称地动、地振动,是地壳快速释放能量过程中造成振动,期间会产生地震波的一种自然现象。

地震一般发生在地壳之中。地壳内部在不停地变化,由此而产生力的作用,使地壳岩层变形、断裂、错动,于是便发生地震。

尽管人们目前还无法控制诸如地震这样的自然灾害使之不发生,但是完全可以在日常生活中掌握遭遇灾难时的自救方法,以便在危急时刻尽可能地减少伤亡事件的发生。

二、家庭避震方法

1.逃生方法

(1)冷静判断

地震发生时,至关重要的是要有清醒的头脑。只有镇静,才有可能运用平时学到的地震知识判断地震的大小和远近。

记住,近震常以上下颠簸开始,之后才左右摇摆;远震却少有上下颠簸感觉,而以左右摇摆为主。

(2)就近躲避

震时是跑还是躲?我国多数专家认为:震时就近躲避,震后迅速撤离到安全地方,是应急避震较好的办法。古人在《地震记》里曾记载:"卒然闻变,不可疾出,伏而待定,纵有覆巢,可冀完卵。"发生地震时,如没有条件迅速撤离到室外,则不要急着往外跑,而应抓紧求生时间寻找合适的避震场所。

(3)选择合适的避震空间

室内房屋倒塌后形成的三角空间,往往是人们得以幸存的相对安全地点,被称为避震空间。这主要是指大块倒塌体与支撑物构成的空间。

室内较安全的避震空间有:承重墙墙根、墙角、坚固家具附近、厨房、厕所、储藏室等开间小的地方,以及有水管和暖气管道等处。

屋内最不利避震的场所是:没有支撑物的床上;吊顶、吊灯下;周围无支撑的地板上;玻璃(包括镜子)和大窗户旁。

(4)做好自我保护

选择好躲避处后应蹲下或坐下,脸朝下,额头枕在两臂上;或抓住桌腿等身边牢固的物体,以免震时摔倒或因身体失控移位而受伤;保护头颈部,低头,用手护住头部或后颈;保护眼睛,低头、闭眼,以防异物伤害;保护口、鼻,有可能时,可用湿毛巾捂住口、鼻,以防灰土、毒气。

(5)摇晃时要立即关火,失火时则立即灭火

不能随便点明火,因为空气中可能有易燃易爆气体。

2.平时家庭防震的准备工作

①对大衣柜、餐具柜橱、电冰箱等做好固定,防止其倾倒。

②注意家具的摆放,确保安全的空间。不要将电视机、花瓶等放置在较高的地方。

③充分注意煤油、取暖炉等用火器具及危险品的管理和保管。

④装修房子时绝对不可以拆掉承重墙。要加固水泥预制板墙,使其坚固不易倒塌。

⑤在已发布地震预报地区,居民须做好家庭防震准备。

⑥准备的紧急备用品包括:饮用水、食品、急救医药品、便携式收音机、手电筒、干电池、绳索、手纸等。紧急备用品应打包放在便于取到处。

⑦清理好杂物,让门口、楼道畅通;阳台护墙要清理,拿掉花盆、杂物;易燃易爆和有毒物品要放在安全的地方。

⑧进行家庭防震演练,包括紧急避险、紧急撤离与疏散练习。

三、公共场所避震

听从现场工作人员的指挥,不要慌乱,不要一起拥向楼梯、出口,要避免拥挤,避免被挤到墙壁或栅栏处。在影剧院、体育馆等处,应注意避开吊灯、电扇等悬挂物。在商场、书店等处,应躲在近处的大柱子、内墙角,或朝着没有障碍的通道躲避,然后屈身蹲下,用手或其他东西护头;处于楼上位置的,原则上向底层转移为好。但楼梯往往是建筑物抗震的薄弱部位,因此,要看准脱险的合适时机;避开玻璃门窗、玻璃橱窗或柜台;避开高大不稳或摆放重物、易碎品的货架;避开广告牌、吊灯等高耸或悬挂物。

四、大楼内人员避震

1.震时保持冷静,震后走到户外

这是避震的国际通用守则,国内外许多起地震实例表明,在地震发生的短暂瞬间,人们在进入或离开建筑物时,被砸死砸伤的概率最大。千万不可在慌乱中跳楼,这一点极为重要。

2.寻找安全空间躲避

最好找一个可形成三角空间的地方。蹲在暖气旁较安全,因为暖气的承载力较大,金属管道的网络性结构和弹性不易被撕裂,即使在地震大幅度晃动时也不易被甩出去;暖气管道通气性好,不容易造成人员窒息;管道内的存水还可延长存活期。更重要的一点是,被困人员可采用敲击暖气管道的方式向外界传递信息,而暖气靠外墙的位置有利于最快获得救助。

需要特别注意的是,当躲在卫生间这样的小开间时,尽量离炉具、煤气管道及易破碎的

碗碟远一些。若茶水间、卫生间处在建筑物的犄角里,且隔断墙为薄板墙时,就不要把它作为最佳避震场所。

此外,不要钻进柜子里、桌子下,因为人一旦钻进去后便立刻丧失机动性,视野受阻,四肢被缚,不仅会错过逃生机会还不利于被救;躺卧的姿势也不好,人体的平面面积加大,被击中的概率要比站立大5倍,而且很难机动变位。

3.近水不近火

这是确保在都市震灾中获得他人及时救助的重要原则。不要靠近煤气灶、煤气管道和电器,不可躲在窗户下面,尽量靠近水源处。一旦被困,要设法与外界联系,除用手机联系外,可敲击管道和暖气片。

五、搭乘电梯时的避震

在搭乘电梯时遇到地震,将操作面板上各楼层的按钮全部按下,电梯一旦停下,迅速离开电梯,确认安全后避难。高层大厦的电梯,一般都装有管制运行的装置。地震发生时,会自动地运作,停在最近的楼层。万一被关在电梯中的话,请通过电梯中的专用电话与管理室联系、求助。

六、震后自救

地震时如被埋压在废墟下,周围又是一片漆黑,只有极小的空间,此时一定不要惊慌,要沉着,树立生存的信心,相信会有人来施救,要千方百计保护自己。

要保持呼吸畅通,挪开头部、胸部的杂物,闻到煤气、毒气时,用湿衣服等物捂住口、鼻;避开身体上方不结实的倒塌物和其他容易引起掉落的物体;扩大和稳定生存空间,用砖块、木棍等支撑残垣断壁,以防余震发生后,环境进一步恶化。

尽量保存体力,用石块敲击能发出声响的物体,向外发出呼救信号,不要哭喊、急躁和盲目行动,这样会大量消耗精力和体力。

如果被埋在废墟下的时间比较长,救援人员未到或者没有听到援救信号,就要想办法维持自己的生命,尽量寻找食品和饮用水,必要时自己的尿液也能起到解渴作用。

知识链接

"地震云"是指地震即将发生时,震区上空出现的不同颜色的,如白色、灰色、橙色、橘红色等的带状云。其分布方向同震中垂直,一般出现于早晨和傍晚。地震云的高度和长度:据目测估计,地震云的高到可达6000米以上,相当于气象云中高云类的高度。

早在17世纪中国古籍中就有"昼中或日落之后,天际晴朗,而有细云如一线,甚长,震兆也"的记载。1935年我国宁夏回族自治区的隆德县《重修隆德县志》中记载有"天晴日暖,碧空清净,忽见黑云如缕,婉如长蛇,横卧天际,久而不散,势必为地震"。

但是,世界各国对于地震云的研究还是最近几年的事,其中以我国和日本处于领先地位。我国对地震云的研究始于1976年唐山大地震之后,目前成功的例证有十余个,日本利用地震云预报地震成功的例证有上百个。有趣的是,首先提出"地震云"这个名字的人不是地震学学者,而是政治家,他就是日本前福冈市市长键田忠三郎,他曾经亲身经历过日本福冈1956年的7级地震,并且在地震时亲眼看到天空中有一种非常奇特的云,以后只要这种云出现,总有地震相应发生,于是他就把这样的云称为"地震云"。

附录1 中华人民共和国高等教育法

(1998年8月29日第九届全国人民代表大会常务委员会第四次会议通过 根据2015年12月27日第十二届全国人民代表大会常务委员会第十八次会议《关于修改〈中华人民共和国高等教育法〉的决定》修正)

第一章 总 则

第一条 为了发展高等教育事业,实施科教兴国战略,促进社会主义物质文明和精神文明建设,根据宪法和教育法,制定本法。

第二条 在中华人民共和国境内从事高等教育活动,适用本法。

本法所称高等教育,是指在完成高级中等教育基础上实施的教育。

第三条 国家坚持以马克思列宁主义、毛泽东思想、邓小平理论为指导,遵循宪法确定的基本原则,发展社会主义的高等教育事业。

第四条 高等教育必须贯彻国家的教育方针,为社会主义现代化建设服务、为人民服务,与生产劳动和社会实践相结合,使受教育者成为德、智、体、美等方面全面发展的社会主义建设者和接班人。

第五条 高等教育的任务是培养具有社会责任感、创新精神和实践能力的高级专门人才,发展科学技术文化,促进社会主义现代化建设。

第六条 国家根据经济建设和社会发展的需要,制定高等教育发展规划,举办高等学校,并采取多种形式积极发展高等教育事业。

国家鼓励企业事业组织、社会团体及其他社会组织和公民等社会力量依法举办高等学校,参与和支持高等教育事业的改革和发展。

第七条 国家按照社会主义现代化建设和发展社会主义市场经济的需要,根据不同类型、不同层次高等学校的实际,推进高等教育体制改革和高等教育教学改革,优化高等教育结构和资源配置,提高高等教育的质量和效益。

第八条 国家根据少数民族的特点和需要,帮助和支持少数民族地区发展高等教育事业,为少数民族培养高级专门人才。

第九条 公民依法享有接受高等教育的权利。

国家采取措施,帮助少数民族学生和经济困难的学生接受高等教育。

高等学校必须招收符合国家规定的录取标准的残疾学生入学,不得因其残疾而拒绝招收。

第十条 国家依法保障高等学校中的科学研究、文学艺术创作和其他文化活动的自由。

在高等学校中从事科学研究、文学艺术创作和其他文化活动,应当遵守法律。

第十一条 高等学校应当面向社会,依法自主办学,实行民主管理。

第十二条 国家鼓励高等学校之间、高等学校与科学研究机构以及企业事业组织之间开展协作,实行优势互补,提高教育资源的使用效益。

国家鼓励和支持高等教育事业的国际交流与合作。

第十三条 国务院统一领导和管理全国高等教育事业。

省、自治区、直辖市人民政府统筹协调本行政区域内的高等教育事业,管理主要为地方培养人才和国务院授权管理的高等学校。

第十四条 国务院教育行政部门主管全国高等教育工作,管理由国务院确定的主要为全国培养人才的高等学校。国务院其他有关部门在国务院规定的职责范围内,负责有关的高等教育工作。

第二章　高等教育基本制度

第十五条 高等教育包括学历教育和非学历教育。

高等教育采用全日制和非全日制教育形式。

国家支持采用广播、电视、函授及其他远程教育方式实施高等教育。

第十六条 高等学历教育分为专科教育、本科教育和研究生教育。

高等学历教育应当符合下列学业标准:

(一)专科教育应当使学生掌握本专业必备的基础理论、专门知识,具有从事本专业实际工作的基本技能和初步能力;

(二)本科教育应当使学生比较系统地掌握本学科、专业必需的基础理论、基本知识,掌握本专业必要的基本技能、方法和相关知识,具有从事本专业实际工作和研究工作的初步能力;

(三)硕士研究生教育应当使学生掌握本学科坚实的基础理论、系统的专业知识,掌握相应的技能、方法和相关知识,具有从事本专业实际工作和科学研究工作的能力。博士研究生教育应当使学生掌握本学科坚实宽广的基础理论、系统深入的专业知识、相应的技能和方法,具有独立从事本学科创造性科学研究工作和实际工作的能力。

第十七条 专科教育的基本修业年限为二至三年,本科教育的基本修业年限为四至五年,硕士研究生教育的基本修业年限为二至三年,博士研究生教育的基本修业年限为三至四年。非全日制高等学历教育的修业年限应当适当延长。高等学校根据实际需要,报主管的教育行政部门批准,可以对本学校的修业年限作出调整。

第十八条 高等教育由高等学校和其他高等教育机构实施。

大学、独立设置的学院主要实施本科及本科以上教育。高等专科学校实施专科教育。经国务院教育行政部门批准,科学研究机构可以承担研究生教育的任务。

其他高等教育机构实施非学历高等教育。

第十九条 高级中等教育毕业或者具有同等学力的,经考试合格,由实施相应学历教育的高等学校录取,取得专科生或者本科生入学资格。

本科毕业或者具有同等学力的,经考试合格,由实施相应学历教育的高等学校或者经批准承担研究生教育任务的科学研究机构录取,取得硕士研究生入学资格。

硕士研究生毕业或者具有同等学力的,经考试合格,由实施相应学历教育的高等学校或者经批准承担研究生教育任务的科学研究机构录取,取得博士研究生入学资格。

允许特定学科和专业的本科毕业生直接取得博士研究生入学资格,具体办法由国务院教育行政部门规定。

第二十条 接受高等学历教育的学生,由所在高等学校或者经批准承担研究生教育任务的科学研究机构根据其修业年限、学业成绩等,按照国家有关规定,发给相应的学历证书或者其他学业证书。

接受非学历高等教育的学生,由所在高等学校或者其他高等教育机构发给相应的结业证书。结业证书应当载明修业年限和学业内容。

第二十一条 国家实行高等教育自学考试制度,经考试合格的,发给相应的学历证书或者其他学业证书。

第二十二条 国家实行学位制度。学位分为学士、硕士和博士。公民通过接受高等教育或者自学,其学业水平达到国家规定的学位标准,可以向学位授予单位申请授予相应的学位。

第二十三条 高等学校和其他高等教育机构应当根据社会需要和自身办学条件,承担实施继续教育的工作。

第三章 高等学校的设立

第二十四条 设立高等学校,应当符合国家高等教育发展规划,符合国家利益和社会公共利益。

第二十五条 设立高等学校,应当具备教育法规定的基本条件。

大学或者独立设置的学院还应当具有较强的教学、科学研究力量,较高的教学、科学研究水平和相应规模,能够实施本科及本科以上教育。大学还必须设有三个以上国家规定的学科门类为主要学科。设立高等学校的具体标准由国务院制定。

设立其他高等教育机构的具体标准,由国务院授权的有关部门或者省、自治区、直辖市人民政府根据国务院规定的原则制定。

第二十六条 设立高等学校,应当根据其层次、类型、所设学科类别、规模、教学和科学研究水平,使用相应的名称。

第二十七条 申请设立高等学校的,应当向审批机关提交下列材料:

(一)申办报告;

(二)可行性论证材料;

(三)章程;

(四)审批机关依照本法规定要求提供的其他材料。

第二十八条 高等学校的章程应当规定以下事项:

(一)学校名称、校址;

(二)办学宗旨;

(三)办学规模;

(四)学科门类的设置;

(五)教育形式;

(六)内部管理体制;

(七)经费来源、财产和财务制度;

(八)举办者与学校之间的权利、义务;

(九)章程修改程序;

（十）其他必须由章程规定的事项。

第二十九条 设立实施本科及以上教育的高等学校，由国务院教育行政部门审批；设立实施专科教育的高等学校，由省、自治区、直辖市人民政府审批，报国务院教育行政部门备案；设立其他高等教育机构，由省、自治区、直辖市人民政府教育行政部门审批。审批设立高等学校和其他高等教育机构应当遵守国家有关规定。

审批设立高等学校，应当委托由专家组成的评议机构评议。

高等学校和其他高等教育机构分立、合并、终止，变更名称、类别和其他重要事项，由本条第一款规定的审批机关审批；修改章程，应当根据管理权限，报国务院教育行政部门或者省、自治区、直辖市人民政府教育行政部门核准。

第四章　高等学校的组织和活动

第三十条 高等学校自批准设立之日起取得法人资格。高等学校的校长为高等学校的法定代表人。

高等学校在民事活动中依法享有民事权利，承担民事责任。

第三十一条 高等学校应当以培养人才为中心，开展教学、科学研究和社会服务，保证教育教学质量达到国家规定的标准。

第三十二条 高等学校根据社会需求、办学条件和国家核定的办学规模，制定招生方案，自主调节系科招生比例。

第三十三条 高等学校依法自主设置和调整学科、专业。

第三十四条 高等学校根据教学需要，自主制定教学计划、选编教材、组织实施教学活动。

第三十五条 高等学校根据自身条件，自主开展科学研究、技术开发和社会服务。

国家鼓励高等学校同企业事业组织、社会团体及其他社会组织在科学研究、技术开发和推广等方面进行多种形式的合作。

国家支持具备条件的高等学校成为国家科学研究基地。

第三十六条 高等学校按照国家有关规定，自主开展与境外高等学校之间的科学技术文化交流与合作。

第三十七条 高等学校根据实际需要和精简、效能的原则，自主确定教学、科学研究、行政职能部门等内部组织机构的设置和人员配备；按照国家有关规定，评聘教师和其他专业技术人员的职务，调整津贴及工资分配。

第三十八条 高等学校对举办者提供的财产、国家财政性资助、受捐赠财产依法自主管理和使用。

高等学校不得将用于教学和科学研究活动的财产挪作他用。

第三十九条 国家举办的高等学校实行中国共产党高等学校基层委员会领导下的校长负责制。中国共产党高等学校基层委员会按照中国共产党章程和有关规定，统一领导学校工作，支持校长独立负责地行使职权，其领导职责主要是：执行中国共产党的路线、方针、政策，坚持社会主义办学方向，领导学校的思想政治工作和德育工作，讨论决定学校内部组织机构的设置和内部组织机构负责人的人选，讨论决定学校的改革、发展和基本管理制度等重大事项，保证以培养人才为中心的各项任务的完成。

社会力量举办的高等学校的内部管理体制按照国家有关社会力量办学的规定确定。

第四十条　高等学校的校长,由符合教育法规定的任职条件的公民担任。高等学校的校长、副校长按照国家有关规定任免。

第四十一条　高等学校的校长全面负责本学校的教学、科学研究和其他行政管理工作,行使下列职权:

(一)拟订发展规划,制定具体规章制度和年度工作计划并组织实施;

(二)组织教学活动、科学研究和思想品德教育;

(三)拟订内部组织机构的设置方案,推荐副校长人选,任免内部组织机构的负责人;

(四)聘任与解聘教师以及内部其他工作人员,对学生进行学籍管理并实施奖励或者处分;

(五)拟订和执行年度经费预算方案,保护和管理校产,维护学校的合法权益;

(六)章程规定的其他职权。

高等学校的校长主持校长办公会议或者校务会议,处理前款规定的有关事项。

第四十二条　高等学校设立学术委员会,履行下列职责:

(一)审议学科建设、专业设置、教学、科学研究计划方案;

(二)评定教学、科学研究成果;

(三)调查、处理学术纠纷;

(四)调查、认定学术不端行为;

(五)按照章程审议、决定有关学术发展、学术评价、学术规范的其他事项。

第四十三条　高等学校通过以教师为主体的教职工代表大会等组织形式,依法保障教职工参与民主管理和监督,维护教职工合法权益。

第四十四条　高等学校应当建立本学校办学水平、教育质量的评价制度,及时公开相关信息,接受社会监督。

教育行政部门负责组织专家或者委托第三方专业机构对高等学校的办学水平、效益和教育质量进行评估。评估结果应当向社会公开。

第五章　高等学校教师和其他教育工作者

第四十五条　高等学校的教师及其他教育工作者享有法律规定的权利,履行法律规定的义务,忠诚于人民的教育事业。

第四十六条　高等学校实行教师资格制度。中国公民凡遵守宪法和法律,热爱教育事业,具有良好的思想品德,具备研究生或者大学本科毕业学历,有相应的教育教学能力,经认定合格,可以取得高等学校教师资格。不具备研究生或者大学本科毕业学历的公民,学有所长,通过国家教师资格考试,经认定合格,也可以取得高等学校教师资格。

第四十七条　高等学校实行教师职务制度。高等学校教师职务根据学校所承担的教学、科学研究等任务的需要设置。教师职务设助教、讲师、副教授、教授。

高等学校的教师取得前款规定的职务应当具备下列基本条件:

(一)取得高等学校教师资格;

(二)系统地掌握本学科的基础理论;

(三)具备相应职务的教育教学能力和科学研究能力;

（四）承担相应职务的课程和规定课时的教学任务。

教授、副教授除应当具备以上基本任职条件外，还应当对本学科具有系统而坚实的基础理论和比较丰富的教学、科学研究经验，教学成绩显著，论文或者著作达到较高水平或者有突出的教学、科学研究成果。

高等学校教师职务的具体任职条件由国务院规定。

第四十八条 高等学校实行教师聘任制。教师经评定具备任职条件的，由高等学校按照教师职务的职责、条件和任期聘任。

高等学校的教师的聘任，应当遵循双方平等自愿的原则，由高等学校校长与受聘教师签订聘任合同。

第四十九条 高等学校的管理人员，实行教育职员制度。高等学校的教学辅助人员及其他专业技术人员，实行专业技术职务聘任制度。

第五十条 国家保护高等学校教师及其他教育工作者的合法权益，采取措施改善高等学校教师及其他教育工作者的工作条件和生活条件。

第五十一条 高等学校应当为教师参加培训、开展科学研究和进行学术交流提供便利条件。

高等学校应当对教师、管理人员和教学辅助人员及其他专业技术人员的思想政治表现、职业道德、业务水平和工作实绩进行考核，考核结果作为聘任或者解聘、晋升、奖励或者处分的依据。

第五十二条 高等学校的教师、管理人员和教学辅助人员及其他专业技术人员，应当以教学和培养人才为中心做好本职工作。

第六章 高等学校的学生

第五十三条 高等学校的学生应当遵守法律、法规，遵守学生行为规范和学校的各项管理制度，尊敬师长，刻苦学习，增强体质，树立爱国主义、集体主义和社会主义思想，努力学习马克思列宁主义、毛泽东思想、邓小平理论，具有良好的思想品德，掌握较高的科学文化知识和专业技能。

高等学校学生的合法权益，受法律保护。

第五十四条 高等学校的学生应当按照国家规定缴纳学费。

家庭经济困难的学生，可以申请补助或者减免学费。

第五十五条 国家设立奖学金，并鼓励高等学校、企业事业组织、社会团体以及其他社会组织和个人按照国家有关规定设立各种形式的奖学金，对品学兼优的学生、国家规定的专业的学生以及到国家规定的地区工作的学生给予奖励。

国家设立高等学校学生勤工助学基金和贷学金，并鼓励高等学校、企业事业组织、社会团体以及其他社会组织和个人设立各种形式的助学金，对家庭经济困难的学生提供帮助。

获得贷学金及助学金的学生，应当履行相应的义务。

第五十六条 高等学校的学生在课余时间可以参加社会服务和勤工助学活动，但不得影响学业任务的完成。

高等学校应当对学生的社会服务和勤工助学活动给予鼓励和支持，并进行引导和管理。

第五十七条 高等学校的学生，可以在校内组织学生团体。学生团体在法律、法规规定的范围内活动,服从学校的领导和管理。

第五十八条 高等学校的学生思想品德合格,在规定的修业年限内学完规定的课程,成绩合格或者修满相应的学分,准予毕业。

第五十九条 高等学校应当为毕业生、结业生提供就业指导和服务。

国家鼓励高等学校毕业生到边远、艰苦地区工作。

第七章 高等教育投入和条件保障

第六十条 高等教育实行以举办者投入为主、受教育者合理分担培养成本、高等学校多种渠道筹措经费的机制。

国务院和省、自治区、直辖市人民政府依照教育法第五十六条的规定,保证国家举办的高等教育的经费逐步增长。

国家鼓励企业事业组织、社会团体及其他社会组织和个人向高等教育投入。

第六十一条 高等学校的举办者应当保证稳定的办学经费来源,不得抽回其投入的办学资金。

第六十二条 国务院教育行政部门会同国务院其他有关部门根据在校学生年人均教育成本,规定高等学校年经费开支标准和筹措的基本原则;省、自治区、直辖市人民政府教育行政部门会同有关部门制订本行政区域内高等学校年经费开支标准和筹措办法,作为举办者和高等学校筹措办学经费的基本依据。

第六十三条 国家对高等学校进口图书资料、教学科研设备以及校办产业实行优惠政策。高等学校所办产业或者转让知识产权以及其他科学技术成果获得的收益,用于高等学校办学。

第六十四条 高等学校收取的学费应当按照国家有关规定管理和使用,其他任何组织和个人不得挪用。

第六十五条 高等学校应当依法建立、健全财务管理制度,合理使用、严格管理教育经费,提高教育投资效益。

高等学校的财务活动应当依法接受监督。

第八章 附 则

第六十六条 对高等教育活动中违反教育法规定的,依照教育法的有关规定给予处罚。

第六十七条 中国境外个人符合国家规定的条件并办理有关手续后,可以进入中国境内高等学校学习、研究、进行学术交流或者任教,其合法权益受国家保护。

第六十八条 本法所称高等学校是指大学、独立设置的学院和高等专科学校,其中包括高等职业学校和成人高等学校。

本法所称其他高等教育机构是指除高等学校和经批准承担研究生教育任务的科学研究机构以外的从事高等教育活动的组织。

本法有关高等学校的规定适用于其他高等教育机构和经批准承担研究生教育任务的科学研究机构,但是对高等学校专门适用的规定除外。

第六十九条 本法自 1999 年 1 月 1 日起施行。

附录2　普通高等学校学生安全教育及管理暂行规定

第一章　总　则

第一条　为了加强高等学校管理,维护正常的教学和生活秩序,保障学生人身和财物的安全,促进身心健康发展,特制定本暂行规定。

第二条　高等学校学生安全教育及管理的主要任务是:宣传、贯彻国家有关安全管理工作的方针、政策、法律、法规,对学生实施安全教育及管理,妥善处理各类安全事故,引导学生健康成长。

第三条　高等学校学生安全教育及管理,要以预防为主,本着保护学生、教育先行、明确责任、教管结合、实事求是、妥善处理的原则,做好教育、管理和处理工作。

第四条　本暂行规定所称学生指在普通高等学校学习取得学籍的全日制学生,即按国家任务、用人单位委托培养、自费三种计划形式录取的学生。

第二章　安全教育

第五条　高等学校应将对学生进行安全教育作为一项经常性工作,列入学校工作的重要议事日程,加强领导。学校各部门和有关群众团体或组织要相互配合,积极开展安全教育,普及安全知识,增强学生的安全意识和法制观念,提高防范能力。

第六条　学生安全教育应根据不同专业及青年学生的特点,从学生入学到毕业,在各种教学活动和日常生活中,特别是节假日前适时进行,并善于利用发生的安全事故教育学生,防患于未然。学校应根据环境、季节及有关规律进行防盗、防火、防特、防病、防事故等方面的教育,并使之经常化、制度化。

第七条　高等学校对学生进行安全教育须注重心理疏导,加强思想政治工作,教育学生注意保持健康的心理状态,帮助学生克服因各种原因造成的心理障碍,把事故消除在萌芽状态。

第三章　安全管理

第八条　高等学校要做好学生日常安全管理工作,加强安全防范,建立和健全规章制度,严格管理。学校要把安全教育及管理工作纳入领导任期的责任目标,落实到年级班主任。学校应由一名校领导主要负责。

第九条　高等学校应确定学生安全教育及管理工作的主管部门,明确其职责,具体组织实施安全教育及其管理工作。各有关部门应分工协作,积极配合。

第十条　全体教职工要从关心学生、爱护学生出发,树立安全思想,努力做好本职工作和改善环境与条件,保护学生人身和财产安全。

第十一条　学生发生意外事故以及学生要求保护人身或财物安全等情况时,学校应迅速采取有效措施。

第十二条 学生必须严格遵守国家法律、法规和学校各项规章制度，注意自身的人身和财物安全，防止各种事故的发生。

第十三条 学生在日常教学及各项活动中，应遵守纪律和有关规定，听从指导，服从管理；在公共场所，要遵守社会公德，增强安全防范意识，提高自我保护能力。

第十四条 学生组织集体课外活动，须经学校同意，按学校规定进行。学校须认真进行安全审查，条件不具备时不得批准。

第十五条 学生应严格遵守宿舍管理的规定，自觉维护宿舍的安全与卫生，提高自我管理能力。

第十六条 发现刑事、治安案件或交通、灾害等事故，在场学生应保护现场，及时报告学校或公安部门并协助处理。在学校范围内的，学校应迅速采取措施，控制事态发展，减轻伤害和损失。

第四章 事故处理

第十七条 学生人身和财产发生一般伤害后，学校要及时调查处理，根据当事人或他人的过错，责令其赔偿损失，并给予批评教育或相应的行政、纪律处分。

在校园内，发生学生非正常死亡、重伤或被窃、失火等造成财产重大损失事故后，学校应迅速采取措施进行抢救、保护现场，同时加强思想政治工作，稳定情绪，恢复秩序，并协同地方有关部门妥善处理。

第十八条 学校对事故调查后认为涉及追究刑事责任的，要及时与公安部门联系，协助调查处理。

重大事故学校有关领导应亲自参与调查工作，并认真研究调查报告，及时处理。

第十九条 在安全管理或事故处理过程中，学校认为有必要需搜查学生住处，须报请公安部门依法进行。调查处理案件中要以事实为依据，不得逼供或诱供。

第二十条 重大事故发生后，学校应在一天内向所在省、直辖市、自治区有关主管部门报告，并及时通知学生家长。事故处理结束后一周内书面报告有关主管部门。

第二十一条 学生在教学、实习过程与日常生活中，因学校或有关单位责任发生死亡、重伤或残疾，由学校或有关单位承担责任，做好处理及善后工作。

在教学、实习过程与日常生活中，学生因不遵守纪律或不按要求活动而发生意外事故，学校不承担责任。

第二十二条 因忽视安全生产、管理不善；工作不负责任，违章指挥；玩忽职守，徇私舞弊等对学生造成严重的人身、财物损害的，由其所在单位或上级主管部门，视具体情况对有关责任人员分别给予责令检查、赔偿损失、行政处分，直至依法追究刑事责任。

第二十三条 学生未经批准擅自离校不归发生意外事故的，学校不承担责任。对擅自离校不归，学校不知去向的学生，学校应及时寻找并报告当地公安部门，及时通知学生家长。半月不归且未说明原因者，学校可张榜公布，按自动退学除名。

第二十四条 学生假期或办理离校手续后发生意外事故的，学校不承担责任。

第二十五条 在校内正常生活及由学校在校外组织的活动中，由于不能避免的原因或自然灾害而发生的事故，由学校视具体情况处理。

第二十六条　有条件的高等学校可为学生办理人身保险。

第二十七条　凡经学校指定的专业医院确诊为精神病、癫痫病患者的学生,应予退学,由其监护人负责领回。学生及其监护人不得无理纠缠,扰乱学校教学、生活秩序。

第二十八条　因事故伤残的学生,经治疗后病情稳定,学校认为生活能自理,能坚持在校学习,可留校继续学习;不能坚持在校学习者,应予退学,由学校按其实际学习年限发给肄业证书,并根据事故性质和伤残程度一次性给予适当经济补助。退学学生回其监护人所在地,当地民政等有关部门应协助做好接收、落户等工作,由当地劳动部门按照国家关于残疾人劳动就业有关规定安置。

第二十九条　学生因病死亡和责任不由学校承担的意外死亡,学校不承担丧葬费。如家庭确有困难者,学校可酌情予以一次性经济补助。

第三十条　因责任不在本人的意外死亡学生,由学校或有关单位参照国家关于事业单位职工死亡丧葬有关规定处理,负担丧葬费的全部,学校可一次性给予适当经济补助。

无论何种情况(事故)给予的经济补助,一般不超过国家规定的学生在校期间(以四年计)的平均奖学金数。

凡是事故责任由学校以外的其他单位、个人承担的,学校不再给予经济补助。

第三十一条　因保护国家财产和他人人身安全,见义勇为而致残或英勇牺牲的学生,学校应报请所在省、自治区、直辖市人民政府授予荣誉称号,并给予相应的待遇。

第三十二条　对事故处理不服或持有异议者,可向学校或学校上一级部门申诉,或者依法向人民法院提起民事诉讼。

第五章　附　　则

第三十三条　普通高等学校研究生事故处理,参照本办法执行。

第三十四条　本暂行规定结合《普通高等学校学生管理规定》《高等学校校园秩序管理若干规定》执行。

第三十五条　各省、自治区、直辖市教育行政部门和各高等学校可根据本暂行规定制定实施细则。

第三十六条　本暂行规定由国家教育部解释。

第三十七条　本暂行规定自发布之日起试行。

附录3　普通高等学校学生管理规定

《普通高等学校学生管理规定》已于2016年12月16日经教育部2016年第49次部长办公会议修订通过,现将修订后的《普通高等学校学生管理规定》公布,自2017年9月1日起施行。

第一章　总　则

第一条　为规范普通高等学校学生管理行为,维护普通高等学校正常的教育教学秩序和生活秩序,保障学生合法权益,培养德、智、体、美等方面全面发展的社会主义建设者和接班人,依据教育法、高等教育法以及有关法律、法规,制定本规定。

第二条　本规定适用于普通高等学校、承担研究生教育任务的科学研究机构(以下称学校)对接受普通高等学历教育的研究生和本科、专科(高职)学生(以下称学生)的管理。

第三条　学校要坚持社会主义办学方向,坚持马克思主义的指导地位,全面贯彻国家教育方针;要坚持以立德树人为根本,以理想信念教育为核心,培育和践行社会主义核心价值观,弘扬中华优秀传统文化和革命文化、社会主义先进文化,培养学生的社会责任感、创新精神和实践能力;要坚持依法治校,科学管理,健全和完善管理制度,规范管理行为,将管理与育人相结合,不断提高管理和服务水平。

第四条　学生应当拥护中国共产党领导,努力学习马克思列宁主义、毛泽东思想、中国特色社会主义理论体系,深入学习习近平总书记系列重要讲话精神和治国理政新理念新思想新战略,坚定中国特色社会主义道路自信、理论自信、制度自信、文化自信,树立中国特色社会主义共同理想;应当树立爱国主义思想,具有团结统一、爱好和平、勤劳勇敢、自强不息的精神;应当增强法治观念,遵守宪法、法律、法规,遵守公民道德规范,遵守学校管理制度,具有良好的道德品质和行为习惯;应当刻苦学习,勇于探索,积极实践,努力掌握现代科学文化知识和专业技能;应当积极锻炼身体,增进身心健康,提高个人修养,培养审美情趣。

第五条　实施学生管理,应当尊重和保护学生的合法权利,教育和引导学生承担应尽的义务与责任,鼓励和支持学生实行自我管理、自我服务、自我教育、自我监督。

第二章　学生的权利与义务

第六条　学生在校期间依法享有下列权利:

(一)参加学校教育教学计划安排的各项活动,使用学校提供的教育教学资源;

(二)参加社会实践、志愿服务、勤工助学、文娱体育及科技文化创新等活动,获得就业创业指导和服务;

(三)申请奖学金、助学金及助学贷款;

(四)在思想品德、学业成绩等方面获得科学、公正评价,完成学校规定学业后获得相应的学历证书、学位证书;

（五）在校内组织、参加学生团体，以适当方式参与学校管理，对学校与学生权益相关事务享有知情权、参与权、表达权和监督权；

（六）对学校给予的处理或者处分有异议，向学校、教育行政部门提出申诉，对学校、教职员工侵犯其人身权、财产权等合法权益的行为，提出申诉或者依法提起诉讼；

（七）法律、法规及学校章程规定的其他权利。

第七条 学生在校期间依法履行下列义务：

（一）遵守宪法和法律、法规；

（二）遵守学校章程和规章制度；

（三）恪守学术道德，完成规定学业；

（四）按规定缴纳学费及有关费用，履行获得贷学金及助学金的相应义务；

（五）遵守学生行为规范，尊敬师长，养成良好的思想品德和行为习惯；

（六）法律、法规及学校章程规定的其他义务。

第三章 学籍管理

第一节 入学与注册

第八条 按国家招生规定录取的新生，持录取通知书，按学校有关要求和规定的期限到校办理入学手续。因故不能按期入学的，应当向学校请假。未请假或者请假逾期的，除因不可抗力等正当事由以外，视为放弃入学资格。

第九条 学校应当在报到时对新生入学资格进行初步审查，审查合格的办理入学手续，予以注册学籍；审查发现新生的录取通知、考生信息等证明材料，与本人实际情况不符，或者有其他违反国家招生考试规定情形的，取消入学资格。

第十条 新生可以申请保留入学资格。保留入学资格期间不具有学籍。保留入学资格的条件、期限等由学校规定。

新生保留入学资格期满前应向学校申请入学，经学校审查合格后，办理入学手续。审查不合格的，取消入学资格；逾期不办理入学手续且未有因不可抗力延迟等正当理由的，视为放弃入学资格。

第十一条 学生入学后，学校应当在3个月内按照国家招生规定进行复查。复查内容主要包括以下方面：

（一）录取手续及程序等是否合乎国家招生规定；

（二）所获得的录取资格是否真实、合乎相关规定；

（三）本人及身份证明与录取通知、考生档案等是否一致；

（四）身心健康状况是否符合报考专业或者专业类别体检要求，能否保证在校正常学习、生活；

（五）艺术、体育等特殊类型录取学生的专业水平是否符合录取要求。

复查中发现学生存在弄虚作假、徇私舞弊等情形的，确定为复查不合格，应当取消学籍；情节严重的，学校应当移交有关部门调查处理。

复查中发现学生身心状况不适宜在校学习，经学校指定的二级甲等以上医院诊断，需要在家休养的，可以按照第十条的规定保留入学资格。

复查的程序和办法，由学校规定。

第十二条 每学期开学时,学生应当按学校规定办理注册手续。不能如期注册的,应当履行暂缓注册手续。未按学校规定缴纳学费或者有其他不符合注册条件的,不予注册。

家庭经济困难的学生可以申请助学贷款或者其他形式资助,办理有关手续后注册。

学校应当按照国家有关规定为家庭经济困难学生提供教育救助,完善学生资助体系,保证学生不因家庭经济困难而放弃学业。

第二节 考核与成绩记载

第十三条 学生应当参加学校教育教学计划规定的课程和各种教育教学环节(以下统称课程)的考核,考核成绩记入成绩册,并归入学籍档案。

考核分为考试和考查两种。考核和成绩评定方式,以及考核不合格的课程是否重修或者补考,由学校规定。

第十四条 学生思想品德的考核、鉴定,以本规定第四条为主要依据,采取个人小结、师生民主评议等形式进行。

学生体育成绩评定要突出过程管理,可以根据考勤、课内教学、课外锻炼活动和体质健康等情况综合评定。

第十五条 学生每学期或者每学年所修课程或者应修学分数以及升级、跳级、留级、降级等要求,由学校规定。

第十六条 学生根据学校有关规定,可以申请辅修校内其他专业或者选修其他专业课程;可以申请跨校辅修专业或者修读课程,参加学校认可的开放式网络课程学习。学生修读的课程成绩(学分),学校审核同意后,予以承认。

第十七条 学生参加创新创业、社会实践等活动以及发表论文、获得专利授权等与专业学习、学业要求相关的经历、成果,可以折算为学分,计入学业成绩。具体办法由学校规定。

学校应当鼓励、支持和指导学生参加社会实践、创新创业活动,可以建立创新创业档案、设置创新创业学分。

第十八条 学校应当健全学生学业成绩和学籍档案管理制度,真实、完整地记载、出具学生学业成绩,对通过补考、重修获得的成绩,应当予以标注。

学生严重违反考核纪律或者作弊的,该课程考核成绩记为无效,并应视其违纪或者作弊情节,给予相应的纪律处分。给予警告、严重警告、记过及留校察看处分的,经教育表现较好,可以对该课程给予补考或者重修机会。

学生因退学等情况中止学业,其在校学习期间所修课程及已获得学分,应当予以记录。学生重新参加入学考试、符合录取条件,再次入学的,其已获得学分,经录取学校认定,可以予以承认。具体办法由学校规定。

第十九条 学生应当按时参加教育教学计划规定的活动。不能按时参加的,应当事先请假并获得批准。无故缺席的,根据学校有关规定给予批评教育,情节严重的,给予相应的纪律处分。

第二十条 学校应当开展学生诚信教育,以适当方式记录学生学业、学术、品行等方面的诚信信息,建立对失信行为的约束和惩戒机制;对有严重失信行为的,可以规定给予相应的纪律处分,对违背学术诚信的,可以对其获得学位及学术称号、荣誉等作出限制。

第三节 转专业与转学

第二十一条 学生在学习期间对其他专业有兴趣和专长的,可以申请转专业;以特殊招生形式录取的学生,国家有相关规定或者录取前与学校有明确约定的,不得转专业。

学校应当制定学生转专业的具体办法,建立公平、公正的标准和程序,健全公示制度。学校根据社会对人才需求情况的发展变化,需要适当调整专业的,应当允许在读学生转到其他相关专业就读。

休学创业或退役后复学的学生,因自身情况需要转专业的,学校应当优先考虑。

第二十二条 学生一般应当在被录取学校完成学业。因患病或者有特殊困难、特别需要,无法继续在本校学习或者不适应本校学习要求的,可以申请转学。有下列情形之一,不得转学:

(一)入学未满一学期或者毕业前一年的;

(二)高考成绩低于拟转入学校相关专业同一生源地相应年份录取成绩的;

(三)由低学历层次转为高学历层次的;

(四)以定向就业招生录取的;

(五)研究生拟转入学校、专业的录取控制标准高于其所在学校、专业的;

(六)无正当转学理由的。

学生因学校培养条件改变等非本人原因需要转学的,学校应当出具证明,由所在地省级教育行政部门协调转学到同层次学校。

第二十三条 学生转学由学生本人提出申请,说明理由,经所在学校和拟转入学校同意,由转入学校负责审核转学条件及相关证明,认为符合本校培养要求且学校有培养能力的,经学校校长办公会或者专题会议研究决定,可以转入。研究生转学还应当经拟转入专业导师同意。

跨省转学的,由转出地省级教育行政部门商转入地省级教育行政部门,按转学条件确认后办理转学手续。须转户口的由转入地省级教育行政部门将有关文件抄送转入学校所在地的公安机关。

第二十四条 学校应当按照国家有关规定,建立健全学生转学的具体办法;对转学情况应当及时进行公示,并在转学完成后3个月内,由转入学校报所在地省级教育行政部门备案。

省级教育行政部门应当加强对区域内学校转学行为的监督和管理,及时纠正违规转学行为。

第四节 休学与复学

第二十五条 学生可以分阶段完成学业,除另有规定外,应当在学校规定的最长学习年限(含休学和保留学籍)内完成学业。

学生申请休学或者学校认为应当休学的,经学校批准,可以休学。休学次数和期限由学校规定。

第二十六条 学校可以根据情况建立并实行灵活的学习制度。对休学创业的学生,可以单独规定最长学习年限,并简化休学批准程序。

第二十七条 新生和在校学生应征参加中国人民解放军(含中国人民武装警察部队),学校应当保留其入学资格或者学籍至退役后2年。

学生参加学校组织的跨校联合培养项目,在联合培养学校学习期间,学校同时为其保留学籍。

学生保留学籍期间,与其实际所在的部队、学校等组织建立管理关系。

第二十八条 休学学生应当办理手续离校。学生休学期间,学校应为其保留学籍,但不享受在校学习学生待遇。因病休学学生的医疗费按国家及当地的有关规定处理。

第二十九条 学生休学期满前应当在学校规定的期限内提出复学申请,经学校复查合格,方可复学。

第五节 退 学

第三十条 学生有下列情形之一,学校可予退学处理:

(一)学业成绩未达到学校要求或者在学校规定的学习年限内未完成学业的;

(二)休学、保留学籍期满,在学校规定期限内未提出复学申请或者申请复学经复查不合格的;

(三)根据学校指定医院诊断,患有疾病或者意外伤残不能继续在校学习的;

(四)未经批准连续两周未参加学校规定的教学活动的;

(五)超过学校规定期限未注册而又未履行暂缓注册手续的;

(六)学校规定的不能完成学业、应予退学的其他情形。

学生本人申请退学的,经学校审核同意后,办理退学手续。

第三十一条 退学学生,应当按学校规定期限办理退学手续离校。退学的研究生,按已有毕业学历和就业政策可以就业的,由学校报所在地省级毕业生就业部门办理相关手续;在学校规定期限内没有聘用单位的,应当办理退学手续离校。

退学学生的档案由学校退回其家庭所在地,户口应当按照国家相关规定迁回原户籍地或者家庭户籍所在地。

第六节 毕业与结业

第三十二条 学生在学校规定学习年限内,修完教育教学计划规定内容,成绩合格,达到学校毕业要求的,学校应当准予毕业,并在学生离校前发给毕业证书。

符合学位授予条件的,学位授予单位应当颁发学位证书。

学生提前完成教育教学计划规定内容,获得毕业所要求的学分,可以申请提前毕业。学生提前毕业的条件,由学校规定。

第三十三条 学生在学校规定学习年限内,修完教育教学计划规定内容,但未达到学校毕业要求的,学校可以准予结业,发给结业证书。

结业后是否可以补考、重修或者补作毕业设计、论文、答辩,以及是否颁发毕业证书、学位证书,由学校规定。合格后颁发的毕业证书、学位证书,毕业时间、获得学位时间按发证日期填写。

对退学学生,学校应当发给肄业证书或者写实性学习证明。

第七节 学业证书管理

第三十四条 学校应当严格按照招生时确定的办学类型和学习形式,以及学生招生录取时填报的个人信息,填写、颁发学历证书、学位证书及其他学业证书。

学生在校期间变更姓名、出生日期等证书需填写的个人信息的,应当有合理、充分的理由,并提供有法定效力的相应证明文件。学校进行审查,需要学生生源地省级教育行政部门及有关部门协助核查的,有关部门应当予以配合。

第三十五条 学校应当执行高等教育学籍学历电子注册管理制度,完善学籍学历信息管理办法,按相关规定及时完成学生学籍学历电子注册。

第三十六条 对完成本专业学业同时辅修其他专业并达到该专业辅修要求的学生,由学校发给辅修专业证书。

第三十七条 对违反国家招生规定取得入学资格或者学籍的,学校应当取消其学籍,不得发给学历证书、学位证书;已发的学历证书、学位证书,学校应当依法予以撤销。对以作弊、剽窃、抄袭等学术不端行为或者其他不正当手段获得学历证书、学位证书的,学校应当依法予以撤销。

被撤销的学历证书、学位证书已注册的,学校应当予以注销并报教育行政部门宣布无效。

第三十八条 学历证书和学位证书遗失或者损坏,经本人申请,学校核实后应当出具相应的证明书。证明书与原证书具有同等效力。

第四章 校园秩序与课外活动

第三十九条 学校、学生应当共同维护校园正常秩序,保障学校环境安全、稳定,保障学生的正常学习和生活。

第四十条 学校应当建立和完善学生参与管理的组织形式,支持和保障学生依法、依章程参与学校管理。

第四十一条 学生应当自觉遵守公民道德规范,自觉遵守学校管理制度,创造和维护文明、整洁、优美、安全的学习和生活环境,树立安全风险防范和自我保护意识,保障自身合法权益。

第四十二条 学生不得有酗酒、打架斗殴、赌博、吸毒,传播、复制、贩卖非法书刊和音像制品等违法行为;不得参与非法传销和进行邪教、封建迷信活动;不得从事或者参与有损大学生形象、有悖社会公序良俗的活动。

学校发现学生在校内有违法行为或者严重精神疾病可能对他人造成伤害的,可以依法采取或者协助有关部门采取必要措施。

第四十三条 学校应当坚持教育与宗教相分离原则。任何组织和个人不得在学校进行宗教活动。

第四十四条 学校应当建立健全学生代表大会制度,为学生会、研究生会等开展活动提供必要条件,支持其在学生管理中发挥作用。

学生可以在校内成立、参加学生团体。学生成立团体,应当按学校有关规定提出书面申请,报学校批准并施行登记和年检制度。

学生团体应当在宪法、法律、法规和学校管理制度范围内活动,接受学校的领导和管理。学生团体邀请校外组织、人员到校举办讲座等活动,需经学校批准。

第四十五条 学校提倡并支持学生及学生团体开展有益于身心健康、成长成才的学术、科技、艺术、文娱、体育等活动。

学生进行课外活动不得影响学校正常的教育教学秩序和生活秩序。

学生参加勤工助学活动应当遵守法律、法规以及学校、用工单位的管理制度,履行勤工助学活动的有关协议。

第四十六条 学生举行大型集会、游行、示威等活动,应当按法律程序和有关规定获得批准。对未获批准的,学校应当依法劝阻或者制止。

第四十七条 学生应当遵守国家和学校关于网络使用的有关规定,不得登录非法网站和传播非法文字、音频、视频资料等,不得编造或者传播虚假、有害信息;不得攻击、侵入他人计算机和移动通讯网络系统。

第四十八条 学校应当建立健全学生住宿管理制度。学生应当遵守学校关于学生住宿管理的规定。鼓励和支持学生通过制定公约,实施自我管理。

第五章 奖励与处分

第四十九条 学校、省(区、市)和国家有关部门应当对在德、智、体、美等方面全面发展或者在思想品德、学业成绩、科技创造、体育竞赛、文艺活动、志愿服务及社会实践等方面表现突出的学生,给予表彰和奖励。

第五十条 对学生的表彰和奖励可以采取授予"三好学生"称号或者其他荣誉称号、颁发奖学金等多种形式,给予相应的精神鼓励或者物质奖励。

学校对学生予以表彰和奖励,以及确定推荐免试研究生、国家奖学金、公派出国留学人选等赋予学生利益的行为,应当建立公开、公平、公正的程序和规定,建立和完善相应的选拔、公示等制度。

第五十一条 对有违反法律法规、本规定以及学校纪律行为的学生,学校应当给予批评教育,并可视情节轻重,给予如下纪律处分:

(一)警告;

(二)严重警告;

(三)记过;

(四)留校察看;

(五)开除学籍。

第五十二条 学生有下列情形之一,学校可以给予开除学籍处分:

(一)违反宪法,反对四项基本原则、破坏安定团结、扰乱社会秩序的;

(二)触犯国家法律,构成刑事犯罪的;

(三)受到治安管理处罚,情节严重、性质恶劣的;

(四)代替他人或者让他人代替自己参加考试、组织作弊、使用通信设备或其他器材作弊、向他人出售考试试题或答案牟取利益,以及其他严重作弊或扰乱考试秩序行为的;

(五)学位论文、公开发表的研究成果存在抄袭、篡改、伪造等学术不端行为,情节严重的,或者代写论文、买卖论文的;

(六)违反本规定和学校规定,严重影响学校教育教学秩序、生活秩序以及公共场所管理秩序的;

(七)侵害其他个人、组织合法权益,造成严重后果的;

(八)屡次违反学校规定受到纪律处分,经教育不改的。

第五十三条 学校对学生作出处分,应当出具处分决定书。处分决定书应当包括下列内容:

(一)学生的基本信息;

(二)作出处分的事实和证据;

（三）处分的种类、依据、期限；

（四）申诉的途径和期限；

（五）其他必要内容。

第五十四条　学校给予学生处分，应当坚持教育与惩戒相结合，与学生违法、违纪行为的性质和过错的严重程度相适应。学校对学生的处分，应当做到证据充分、依据明确、定性准确、程序正当、处分适当。

第五十五条　在对学生作出处分或者其他不利决定之前，学校应当告知学生作出决定的事实、理由及依据，并告知学生享有陈述和申辩的权利，听取学生的陈述和申辩。

处理、处分决定以及处分告知书等，应当直接送达学生本人，学生拒绝签收的，可以以留置方式送达；已离校的，可以采取邮寄方式送达；难于联系的，可以利用学校网站、新闻媒体等以公告方式送达。

第五十六条　对学生作出取消入学资格、取消学籍、退学、开除学籍或者其他涉及学生重大利益的处理或者处分决定的，应当提交校长办公会或者校长授权的专门会议研究决定，并应当事先进行合法性审查。

第五十七条　除开除学籍处分以外，给予学生处分一般应当设置6到12个月期限，到期按学校规定程序予以解除。解除处分后，学生获得表彰、奖励及其他权益，不再受原处分的影响。

第五十八条　对学生的奖励、处理、处分及解除处分材料，学校应当真实完整地归入学校文书档案和本人档案。

被开除学籍的学生，由学校发给学习证明。学生按学校规定期限离校，档案由学校退回其家庭所在地，户口应当按照国家相关规定迁回原户籍地或者家庭户籍所在地。

第六章　学生申诉

第五十九条　学校应当成立学生申诉处理委员会，负责受理学生对处理或者处分决定不服提起的申诉。

学生申诉处理委员会应当由学校相关负责人、职能部门负责人、教师代表、学生代表、负责法律事务的相关机构负责人等组成，可以聘请校外法律、教育等方面专家参加。

学校应当制定学生申诉的具体办法，健全学生申诉处理委员会的组成与工作规则，提供必要条件，保证其能够客观、公正地履行职责。

第六十条　学生对学校的处理或者处分决定有异议的，可以在接到学校处理或者处分决定书之日起10日内，向学校学生申诉处理委员会提出书面申诉。

第六十一条　学生申诉处理委员会对学生提出的申诉进行复查，并在接到书面申诉之日起15日内作出复查结论并告知申诉人。情况复杂不能在规定限期内作出结论的，经学校负责人批准，可延长15日。学生申诉处理委员会认为必要的，可以建议学校暂缓执行有关决定。

学生申诉处理委员会经复查，认为做出处理或者处分的事实、依据、程序等存在不当，可以作出建议撤销或变更的复查意见，要求相关职能部门予以研究，重新提交校长办公会或者专门会议作出决定。

第六十二条　学生对复查决定有异议的，在接到学校复查决定书之日起15日内，可以向学校所在地省级教育行政部门提出书面申诉。

省级教育行政部门应当在接到学生书面申诉之日起30个工作日内,对申诉人的问题给予处理并作出决定。

第六十三条 省级教育行政部门在处理因对学校处理或者处分决定不服提起的学生申诉时,应当听取学生和学校的意见,并可根据需要进行必要的调查。根据审查结论,区别不同情况,分别作出下列处理:

(一)事实清楚、依据明确、定性准确、程序正当、处分适当的,予以维持;

(二)认定事实不存在,或者学校超越职权、违反上位法规定作出决定的,责令学校予以撤销;

(三)认定事实清楚,但认定情节有误、定性不准确,或者适用依据有错误的,责令学校变更或者重新作出决定;

(四)认定事实不清、证据不足,或者违反本规定以及学校规定的程序和权限的,责令学校重新作出决定。

第六十四条 自处理、处分或者复查决定书送达之日起,学生在申诉期内未提出申诉的视为放弃申诉,学校或者省级教育行政部门不再受理其提出的申诉。

处理、处分或者复查决定书未告知学生申诉期限的,申诉期限自学生知道或者应当知道处理或者处分决定之日起计算,但最长不得超过6个月。

第六十五条 学生认为学校及其工作人员违反本规定,侵害其合法权益的;或者学校制定的规章制度与法律法规和本规定抵触的,可以向学校所在地省级教育行政部门投诉。

教育主管部门在实施监督或者处理申诉、投诉过程中,发现学校及其工作人员有违反法律、法规及本规定的行为或者未按照本规定履行相应义务的,或者学校自行制定的相关管理制度、规定,侵害学生合法权益的,应当责令改正;发现存在违法违纪的,应当及时进行调查处理或者移送有关部门,依据有关法律和相关规定,追究有关责任人的责任。

第七章 附 则

第六十六条 学校对接受高等学历继续教育的学生、港澳台侨学生、留学生的管理,参照本规定执行。

第六十七条 学校应当根据本规定制定或修改学校的学生管理规定或者纪律处分规定,报主管教育行政部门备案(中央部委属校同时抄报所在地省级教育行政部门),并及时向学生公布。

省级教育行政部门根据本规定,指导、检查和监督本地区高等学校的学生管理工作。

第六十八条 本规定自2017年9月1日起施行。原《普通高等学校学生管理规定》(教育部令第21号)同时废止。其他有关文件规定与本规定不一致的,以本规定为准。

附录4 学生伤害事故处理办法

第一章 总 则

第一条 为积极预防、妥善处理在校学生伤害事故,保护学生、学校的合法权益,根据《中华人民共和国教育法》《中华人民共和国未成年人保护法》和其他相关法律、行政法规及有关规定,制定本办法。

第二条 在学校实施的教育教学活动或者学校组织的校外活动中,以及在学校负有管理责任的校舍、场地、其他教育教学设施、生活设施内发生的,造成在校学生人身损害后果的事故的处理,适用本办法。

第三条 学生伤害事故应当遵循依法、客观公正、合理适当的原则,及时、妥善地处理。

第四条 学校的举办者应当提供符合安全标准的校舍、场地、其他教育教学设施和生活设施。

教育行政部门应当加强学校安全工作,指导学校落实预防学生伤害事故的措施,指导、协助学校妥善处理学生伤害事故,维护学校正常的教育教学秩序。

第五条 学校应当对在校学生进行必要的安全教育和自护自救教育;应当按照规定,建立健全安全制度,采取相应的管理措施,预防和消除教育教学环境中存在的安全隐患;当发生伤害事故时,应当及时采取措施救助受伤害学生。

学校对学生进行安全教育、管理和保护,应当针对学生年龄、认知能力和法律行为能力的不同,采用相应的内容和预防措施。

第六条 学生应当遵守学校的规章制度和纪律;在不同的受教育阶段,应当根据自身的年龄、认知能力和法律行为能力,避免和消除相应的危险。

第七条 未成年学生的父母或者其他监护人(以下称为监护人)应当依法履行监护职责,配合学校对学生进行安全教育、管理和保护工作。

学校对未成年学生不承担监护职责,但法律有规定的或者学校依法接受委托承担相应监护职责的情形除外。

第二章 事故与责任

第八条 发生学生伤害事故,造成学生人身损害的,学校应按照《中华人民共和国侵权责任法》及相关法律、法规的规定,承担相应的事故责任。

第九条 因下列情形之一造成的学生伤害事故,学校应当依法承担相应的责任:

(一)学校的校舍、场地、其他公共设施,以及学校提供给学生使用的学具、教育教学和生活设施、设备不符合国家规定的标准,或者有明显不安全因素的;

(二)学校的安全保卫、消防、设施设备管理等安全管理制度有明显疏漏,或者管理混乱,存在重大安全隐患,而未及时采取措施的;

(三)学校向学生提供的药品、食品、饮用水等不符合国家或者行业的有关标准、要求的;

(四)学校组织学生参加教育教学活动或者校外活动,未对学生进行相应的安全教育,并未在可预见的范围内采取必要的安全措施的;

(五)学校知道教师或者其他工作人员患有不适宜担任教育教学工作的疾病,但未采取必要措施的;

(六)学校违反有关规定,组织或者安排未成年学生从事不宜未成年人参加的劳动、体育运动或者其他活动的;

(七)学生有特异体质或者特定疾病,不宜参加某种教育教学活动,学校知道或者应当知道,但未予以必要的注意的;

(八)学生在校期间突发疾病或者受到伤害,学校发现,但未根据实际情况及时采取相应措施,导致不良后果加重的;

(九)学校教师或者其他工作人员体罚或者变相体罚学生,或者在履行职责过程中违反工作要求、操作规程、职业道德或者其他有关规定的;

(十)学校教师或者其他工作人员在负有组织、管理未成年学生的职责期间,发现学生行为具有危险性,但未进行必要的管理、告诫或者制止的;

(十一)对未成年学生擅自离校等与学生人身安全直接相关的信息,学校发现或者知道,但未及时告知未成年学生的监护人,导致未成年学生因脱离监护人的保护而发生伤害的;

(十二)学校有未依法履行职责的其他情形的。

第十条 学生或者未成年学生监护人由于过错,有下列情形之一,造成学生伤害事故,应当依法承担相应的责任:

(一)学生违反法律法规的规定,违反社会公共行为准则、学校的规章制度或者纪律,实施按其年龄和认知能力应当知道具有危险或者可能危及他人的行为的;

(二)学生行为具有危险性,学校、教师已经告诫、纠正,但学生不听劝阻、拒不改正的;

(三)学生或者其监护人知道学生有特异体质,或者患有特定疾病,但未告知学校的;

(四)未成年学生的身体状况、行为、情绪等有异常情况,监护人知道或者已被学校告知,但未履行相应监护职责的;

(五)学生或者未成年学生监护人有其他过错的。

第十一条 学校安排学生参加活动,因提供场地、设备、交通工具、食品及其他消费与服务的经营者,或者学校以外的活动组织者的过错造成的学生伤害事故,有过错的当事人应当依法承担相应的责任。

第十二条 因下列情形之一造成的学生伤害事故,学校已履行了相应职责,行为并无不当的,无法律责任:

(一)地震、雷击、台风、洪水等不可抗的自然因素造成的;

(二)来自学校外部的突发性、偶发性侵害造成的;

(三)学生有特异体质、特定疾病或者异常心理状态,学校不知道或者难于知道的;

(四)学生自杀、自伤的;

(五)在对抗性或者具有风险性的体育竞赛活动中发生意外伤害的;

(六)其他意外因素造成的。

第十三条 下列情形下发生的造成学生人身损害后果的事故,学校行为并无不当的,不承担事故责任;事故责任应当按有关法律法规或者其他有关规定认定:

（一）在学生自行上学、放学、返校、离校途中发生的；
（二）在学生自行外出或者擅自离校期间发生的；
（三）在放学后、节假日或者假期等学校工作时间以外，学生自行滞留学校或者自行到校发生的；
（四）其他在学校管理职责范围外发生的。

第十四条　因学校教师或者其他工作人员与其职务无关的个人行为，或者因学生、教师及其他个人故意实施的违法犯罪行为，造成学生人身损害的，由致害人依法承担相应的责任。

第三章　事故处理程序

第十五条　发生学生伤害事故，学校应当及时救助受伤害学生，并应当及时告知未成年学生的监护人；有条件的，应当采取紧急救援等方式救助。

第十六条　发生学生伤害事故，情形严重的，学校应当及时向主管教育行政部门及有关部门报告；属于重大伤亡事故的，教育行政部门应当按照有关规定及时向同级人民政府和上一级教育行政部门报告。

第十七条　学校的主管教育行政部门应学校要求或者认为必要，可以指导、协助学校进行事故的处理工作，尽快恢复学校正常的教育教学秩序。

第十八条　发生学生伤害事故，学校与受伤害学生或者学生家长可以通过协商方式解决；双方自愿，可以书面请求主管教育行政部门进行调解。

成年学生或者未成年学生的监护人也可以依法直接提起诉讼。

第十九条　教育行政部门收到调解申请，认为必要的，可以指定专门人员进行调解，并应当在受理申请之日起60日内完成调解。

第二十条　经教育行政部门调解，双方就事故处理达成一致意见的，应当在调解人员的见证下签订调解协议，结束调解；在调解期限内，双方不能达成一致意见，或者调解过程中一方提起诉讼，人民法院已经受理的，应当终止调解。

调解结束或者终止，教育行政部门应当书面通知当事人。

第二十一条　对经调解达成的协议，一方当事人不履行或者反悔的，双方可以依法提起诉讼。

第二十二条　事故处理结束，学校应当将事故处理结果书面报告主管的教育行政部门；重大伤亡事故的处理结果，学校主管的教育行政部门应当向同级人民政府和上一级教育行政部门报告。

第四章　事故损害的赔偿

第二十三条　对发生学生伤害事故负有责任的组织或者个人，应当按照法律法规的有关规定，承担相应的损害赔偿责任。

第二十四条　学生伤害事故赔偿的范围与标准，按照有关行政法规、地方性法规或者最高人民法院司法解释中的有关规定确定。

教育行政部门进行调解时，认为学校有责任的，可以依照有关法律法规及国家有关规定，提出相应的调解方案。

第二十五条　对受伤害学生的伤残程度存在争议的,可以委托当地具有相应鉴定资格的医院或者有关机构,依据国家规定的人体伤残标准进行鉴定。

第二十六条　学校对学生伤害事故负有责任的,根据责任大小,适当予以经济赔偿,但不承担解决户口、住房、就业等与救助受伤害学生、赔偿相应经济损失无直接关系的其他事项。

学校无责任的,如果有条件,可以根据实际情况,本着自愿和可能的原则,对受伤害学生给予适当的帮助。

第二十七条　因学校教师或者其他工作人员在履行职务中的故意或者重大过失造成的学生伤害事故,学校予以赔偿后,可以向有关责任人员追偿。

第二十八条　未成年学生对学生伤害事故负有责任的,由其监护人依法承担相应的赔偿责任。

学生的行为侵害学校教师及其他工作人员以及其他组织、个人的合法权益,造成损失的,成年学生或者未成年学生的监护人应当依法予以赔偿。

第二十九条　根据双方达成的协议、经调解形成的协议或者人民法院的生效判决,应当由学校负担的赔偿金,学校应当负责筹措;学校无力完全筹措的,由学校的主管部门或者举办者协助筹措。

第三十条　县级以上人民政府教育行政部门或者学校举办者有条件的,可以通过设立学生伤害赔偿准备金等多种形式,依法筹措伤害赔偿金。

第三十一条　学校有条件的,应当依据保险法的有关规定,参加学校责任保险。

教育行政部门可以根据实际情况,鼓励中小学参加学校责任保险。

提倡学生自愿参加意外伤害保险。在尊重学生意愿的前提下,学校可以为学生参加意外伤害保险创造便利条件,但不得从中收取任何费用。

第五章　事故责任者的处理

第三十二条　发生学生伤害事故,学校负有责任且情节严重的,教育行政部门应当根据有关规定,对学校的直接负责的主管人员和其他直接责任人员,分别给予相应的行政处分;有关责任人的行为触犯刑律的,应当移送司法机关依法追究刑事责任。

第三十三条　学校管理混乱,存在重大安全隐患的,主管的教育行政部门或者其他有关部门应当责令其限期整顿;对情节严重或者拒不改正的,应当依据法律法规的有关规定,给予相应的行政处罚。

第三十四条　教育行政部门未履行相应职责,对学生伤害事故的发生负有责任的,由有关部门对直接负责的主管人员和其他直接责任人员分别给予相应的行政处分;有关责任人的行为触犯刑律的,应当移送司法机关依法追究刑事责任。

第三十五条　违反学校纪律,对造成学生伤害事故负有责任的学生,学校可以给予相应的处分;触犯刑律的,由司法机关依法追究刑事责任。

第三十六条　受伤害学生的监护人、亲属或者其他有关人员,在事故处理过程中无理取闹,扰乱学校正常教育教学秩序,或者侵犯学校、学校教师或者其他工作人员的合法权益的,学校应当报告公安机关依法处理;造成损失的,可以依法要求赔偿。

第六章 附 则

第三十七条 本办法所称学校,是指国家或者社会力量举办的全日制的中小学(含特殊教育学校)、各类中等职业学校、高等学校。

本办法所称学生是指在上述学校中全日制就读的受教育者。

第三十八条 幼儿园发生的幼儿伤害事故,应当根据幼儿为完全无行为能力人的特点,参照本办法处理。

第三十九条 其他教育机构发生的学生伤害事故,参照本办法处理。

在学校注册的其他受教育者在学校管理范围内发生的伤害事故,参照本办法处理。

第四十条 本办法自2002年9月1日起实施,原国家教委、教育部颁布的与学生人身安全事故处理有关的规定,与本办法不符的,以本办法为准。

在本办法实施之前已处理完毕的学生伤害事故不再重新处理。

附录5　高等学校校园秩序管理若干规定

1990年9月18日国家教育委员会令第13号发布

第一条　为了优化育人环境,加强高等学校校园管理,维护教学、科研、生活秩序和安定团结的局面,建立有利于培养社会主义现代化建设专门人才的校园秩序,制定本规定。

第二条　本规定所称的高等学校(以下简称"学校")是指全日制普通高等学校和成人高等学校。

本规定所称的师生员工是指学校的教师(包括外籍教师)、学生(包括外国在华留学生)、教育教学辅助人员、管理人员和工勤人员。

第三条　学校的师生员工以及其他到学校活动的人员都应当遵守本规定,维护宪法确立的根本制度和国家利益,维护学校的教学、科研秩序和生活秩序。

学校应当加强校园管理,采取措施,及时有效地预防和制止校园内的违反法律、法规、校规的活动。

第四条　学校应当尊重和维护师生员工的人身权利、政治权利、教育和受教育的权利以及法律规定的其他权利,不得限制、剥夺师生员工的权利。

第五条　进入学校的人员,必须持有本校的学生证、工作证、听课证或者学校颁发的其他进入学校的证章、证件。

未持有前款规定的证章、证件的国内人员进入学校,应当向门卫登记后进入学校。

第六条　国内新闻记者进入学校采访,必须持有记者证和采访介绍信,在通知学校有关机构后,方可进入学校采访。

外国新闻记者和港澳台新闻记者进入学校采访,必须持有学校所在省、自治区、直辖市人民政府外事机关或港澳台办的介绍信和记者证,并在进校采访前与学校外事机构联系,经许可后方可进入学校采访。

第七条　外国人、港澳台人员进入学校进行公务、业务活动,应当经过省、自治区、直辖市或者国务院有关部门同意并告知学校后,或按学术交流计划经学校主管领导研究同意后,方可进入学校。自行要求进入学校的外国人、港澳台人员,应当在学校外事机构或港澳台办批准后,方可进入学校。接受师生员工个人邀请进入学校探亲访友的外国人、港澳台人员,应当履行门卫登记手续后进入学校。

第八条　依照本规定第五条、第六条、第七条的规定进入学校的人员,应当遵守法律、法规、规章和学校的制度,不得从事与其身份不符的活动,不得危害校园治安。

对违反本规定第五条、第六条、第七条和本条前款规定的人员,师生员工有权向学校保卫机构报告,学校保卫机构可以要求其说明情况或者责令其离开学校。

第九条　学生一般不得在学生宿舍留宿校外人员,遇有特殊情况留宿校外人员,应当报请学校有关机构许可,并且进行留宿登记,留宿人离校应注销登记。不得在学生宿舍内留宿异性。

违反前款规定的,学校保卫机构可以责令留宿人离开学生宿舍。

第十条　告示、通知、启事、广告等,应当张贴在学校指定或者许可的地点。散发宣传品、印刷品应当经过学校有关机构同意。对于张贴、散发反对我国宪法确立的根本制度、损害国家利益或者侮辱诽谤他人的公开张贴物、宣传品和印刷品的当事者,由司法机关依法追究其法律责任。

第十一条　在校园设置临时或者永久建筑物以及安装音响、广播、电视设施,设置者、安装者应当报请学校有关机构审批,未经批准不得擅自设置、安装。

师生员工或者有关团体、组织使用学校的广播、电视设施,必须报请学校有关机构批准,禁止任何组织或者个人擅自使用学校广播、电视设施。

违反第一款、第二款、第三款规定的,学校有关机构可以劝其停止设置、安装或者停止活动,已经设置、安装的,学校有关机构可以拆除,或者责令设置者、安装者拆除。

第十二条　在校内举行集会、讲演等公共活动,组织者必须在七十二小时前向学校有关机构提出申请,申请中应当说明活动的目的、人数、时间、地点和负责人的姓名。学校有关机构应当最迟在举行时间的四小时前将许可或者不许可的决定通知组织者。逾期未通知的,视为许可。

集会、讲演等应符合我国的教育方针和相应的法规、规章,不得反对我国宪法确立的根本制度,不得干扰学校的教学、科研和生活秩序,不得损害国家财产和其他公民的权利。

第十三条　在校内组织讲座、报告等室内活动,组织者应当在七十二小时前向学校有关机构提出申请,申请中应当说明活动的内容、报告人和负责人的姓名。学校有关机构应当最迟在举行时间的四小时前将许可或者不许可的决定通知组织者。逾期未通知的,视为许可。

讲座、报告等不得反对我国宪法确立的根本制度,不得违反我国的教育方针,不得宣传封建迷信,不得进行宗教活动,不得干扰学校的教学、科研和生活秩序。

第十四条　师生员工应当严格按照学校的安排进行教学、科研、生活和其他活动,任何人都不得破坏学校的教学、科研和生活秩序,不得阻止他人根据学校的安排进行教学、科研、生活和其他活动。

禁止师生员工赌博、酗酒、打架斗殴以及其他干扰学校的教学、科研和生活秩序的行为。

第十五条　师生员工组织社会团体,应当按照《社会团体登记管理条例》的规定办理。成立校内非社会团体的组织,应当在成立前由其组织者报请学校有关机构批准,未经批准不得成立和开展活动。

校内非社会团体的组织和校内报刊必须遵守法律、法规、规章,贯彻我国的教育方针和遵守学校的制度,接受学校的管理,不得进行超出其宗旨的活动。

第十六条　违反本规定第十二条、第十三条、第十四条和第十五条的规定的,学校有关机构可以责令其组织者以及其他当事人立即停止活动。违反本规定第十二条第二款的规定,损害国家财产的,学校有关机构可以责令其赔偿损失。

第十七条　禁止无照人员在校园内经商。设在校园内的商业网点必须在指定地点经营。违反前款规定的,学校有关机构可以责令其停止经商活动或者离开校园。

第十八条　对违反本规定,经过劝告、制止仍不改正的师生员工,学校可视情节给予行政处分或者纪律处分;属于违反治安管理行为的,由公安机关依法处理;情节严重构成犯罪的,由司法机关处理。

师生员工对学校的处分不服的,可以向有关教育行政部门提出申诉,教育行政部门应当在接到申诉的三十日内做出处理决定。

对违反本规定,经劝告、制止仍不改正的校外人员,由公安、司法机关根据情节依法处理。

第十九条 各高等学校可以根据本规定制定具体管理制度。

第二十条 本规定自发布之日起施行。

参 考 文 献

[1] 宇文宏.大学生安全知识必读[M].保定:河北大学出版社,2002.
[2] 吕灵昌,宋刚,王增国.大学生安全必读[M].徐州:中国矿业大学出版社,2004.
[3] 宋志伟,燕国瑞.大学生安全教育[M].北京:清华大学出版社,2007.
[4] 李晋东.大学生安全教育读本[M].西安:陕西师范大学出版社,2007.
[5] 张剑虹.大学生安全教育读本[M].重庆:西南师范大学出版社,2007.
[6] 吴超.大学生安全文化[M].北京:机械工业出版社,2005.
[7] 黄士力.大学生安全教育案例评析[M].宁波:宁波出版社,2007.
[8] 张绍彦.犯罪学教科书[M].北京:法律出版社,2000.
[9] 李凡路,栗斌,潘彤光.大学生安全教育[M].北京:国防大学出版社,2015.
[10] 徐凯.大学生安全教育[M].西安:西安电子科技大学出版社,2014.
[11] 李四军.大学生安全教育[M].西安:陕西师范大学出版社总社有限公司,2013.
[12] 方言.大学生安全教育[M].北京:电子工业出版社,2012.
[13] 王焕斌.高校安全警示教育教程[M].北京:科学技术文献出版社,2016.
[14] 苏文渤,蒋海波.大学生安全教育知识[M].北京:中央广播电视大学出版社,2011.
[15] 王长江,姚丹,陈欣.大学生安全教育[M].北京:北京邮电大学出版社,2011.
[16] 刘谊,彭骥,刘露.高校新生安全教育探讨[J].科技信息,2011(24):77.
[17] 查晶,杨俊峰.当前维护高校稳定工作概况研究[J].北京教育(德育),2008(01):62-64.
[18] 程诗敏.基于思想政治教育的大学生安全观教育探析[J].学校党建与思想教育,2012(21):48-50.
[19] 邱有华.大学生责任教育探析[J].学校党建与思想教育,2011(9):64-65.
[20] 张鹏超.关于深化高校"平安校园"机制建设的思考[J].宁波工程学院学报,2009,21(04):32-35.
[21] 王红云.加强校园安全教育与管理,共同创建平安校园[J].当代教育论坛(校长教育研究),2008(11):56-57.
[22] 李沛涵,晏超.传承大学之道 建设平安校园[J].成都电子机械高等专科学校学报,2009,12(02):39-43.
[23] 孙亚峰.浅谈大学生安全教育的必要性及措施[J].吉林建筑工程学院学报,2012,29(05):118-120.
[24] 李楠,黎霞,程根银.正视大学生安全教育[J].中国安全科学学报,2005(10):43-46+2.
[25] 席嘉.关于大学生安全教育的思考[J].中国高教研究,1994(03):79-81.
[26] 裴劲松,高艳,邓小凤,等.着力构建大学生安全教育立体新格局[J].中国高等教育,2009(Z2):75-76.
[27] 苏延立.加强当代大学生安全教育的有效途径[J].煤炭高等教育,2012,30(02):84-86.
[28] 安力.关于高校开设大学生安全教育课程的思考[J].企业家天地(理论版),2011(05):232-233.
[29] 陈明乐.大学生安全教育的价值思考与路径选择[J].经济研究导刊,2011(24):

314-316.

[30] 陈霂.关于大学生安全教育选修课建设的思考[J].科教文汇(下旬刊),2011(09):31-32.

[31] 唐国俊.加强大学生公共安全教育维护公共安全[J].湖南环境生物职业技术学院学报,2011,17(04):45-47.

[32] 薛力猛.大学生安全意识现状与对策研究[J].黑龙江科技信息,2011(24):196.

[33] 孟国忠.大学生安全教育质量保障体系的构建[J].学校党建与思想教育,2012(06):55-56.

[34] 施红斌,王廷玥.江苏某高校学生安全意识与安全技能调查报告[J].临沧师范高等专科学校学报,2011,21(03):75-78.

[35] 丁金祥.浅谈加强大学生安全教育及其机制建设[J].黎明职业大学学报,2011(04):44-46.

[36] 马凤宝.浅析高校安全教育的现状和对策[J].高校后勤研究,2007(01):111-112+110.

[37] 董振寿.高校建设平安校园的对策思考[J].集美大学学报(哲学社会科学版),2008(03):116-120.

[38] 邓国林,朱蓉蓉.试论高校校园安全文化建设[J].江苏高教,2008(02):88-89.

[39] 武金陵.推进"平安校园"建设 营造良好育人环境[J].重庆科技学院学报(社会科学版),2011(02):164-166.

[40] 刘勇.如何做好高校安全教育[J].科技资讯,2008(06):125+127.

[41] 付宏东.大学生安全教育模式探微——"金字塔"模型建构[J].高等函授学报(哲学社会科学版),2010,24(05):45-46+65.

[42] 贾新华.金融危机背景下大学生就业工作的创新[J].中国成人教育,2010(05):56-57.

[43] 蒋洪池,朱慧.美国大学校园安全管理特色透视——基于密苏里大学堪萨斯分校的实证分析[J].煤炭高等教育,2010,28(01):63-65.

[44] 双内青.大学生弱势群体心理健康探析[J].科教文汇(上旬刊),2010(01):179-180.

[45] 胡如朝.论大学生安全教育体系的构建[J].湖南科技学院学报,2010,31(01):169-171.

[46] 张大林.高校大学生安全教育探析[J].现代经济信息,2009(22):355-356.

[47] 肖跃华,张峰.大学生安全教育的实践与探索[J].乐山师范学院学报,2009,24(11):137-140.

[48] 吴蕾蕾.高校和谐学生社区管理探索——基于温州医学院的实证考察[J].社科纵横(新理论版),2009,24(04):244-245.

[49] 张克勤.守护生命:日本中小学的安全教育[J].外国中小学教育,2009(06):33-38.

[50] 刘伟辉.高校安全教育存在的问题及其对策[J].企业导报,2009(03):167-168.

[51] 沈江龙,沈楚.人文关怀:思想政治教育的逻辑起点[J].河南社会科学,2009,17(01):203-205.

[52] 李庆华,张博.思想政治教育中大学生需要心理探析[J].思想政治教育研究,2013,29(06):64-67.

[53] 李红权,张春宇.大学生廉洁教育:目标、现状与对策[J].黑龙江高教研究,2011(10):119-121.

[54] 郭中然,姜国俊.网络交往对大学生道德认知与道德情感负面影响的干预对策研究[J].现代教育科学,2008(05):150-153.

[55] 李光辉.传统文化与大学生网络道德品质自我养成[J].黑龙江高教研究,2007(01):90-91.

[56] 李碧武."互联网+教育"的冷思考[J].中国信息技术教育,2015(17):96-99.

[57] 张宁.风险文化理论研究及其启示——文化视角下的风险分析[J].中央财经大学学报,2012(12):91-96.

[58] 刘晓鲁.大学生安全教育调查及思考[J].传承,2011(15):50-51.

[59] 衣庆泳,靳涌韬.高校"四位一体"公共安全教育模式的构建[J].黑龙江高教研究,2014(05):58-60.

[60] 孙铭涛.互联网时代高校安全教育工作的挑战及对策研究[J].北京教育(德育),2015(02):9-10.